JN025643

INNOVATION

研究開発を変える

イノベーションによる成長戦略の実現

木村 壽男 著
Kimura Hisao

同友館

まえがき

日本のGDP（国内総生産）は、長期にわたって停滞している。名目値では、既に10年前に中国に抜かれ世界3位となり、2020年の現在、米中との格差は拡がっている。GDPの世界ランキングは、長期的にはさらに低下するとの予測もある。日本企業の財務体質は概ね良好であるが、長期にわたって低成長が続いている。科学技術面でも世界的地位の低下が危惧され、日本の世界における論文数シェアは低下傾向にある。修士・博士号取得者数や科学技術予算についても、米国や中国と比べると低位水準で伸び悩んでいる。特に、博士課程への入学者数は、今世紀に入って以降、低下傾向にある（文部科学省「令和元年版科学技術白書」）。

個別企業に目を移しても、米国企業の“GAFA”(Google、Apple、Facebook、Amazon）がIT（情報技術）プラットフォーマーとして大きな存在感を示している一方で、日本の代表的企業の世界的地位は低迷している。株式時価総額、売上高規模、ブランド価値、研究開発投資額といった指標で世界的地位が低下傾向にある。

日本及び日本企業の世界的地位が総じて低下傾向にある現在、その最大の打開策は、研究開発が成長エンジンとなって国際競争力を高め、新たな成長軌道をつくることにある。研究開発は絶え間ないイノベーションを実現させ、企業の成長戦略の中核とならなければならない。

研究開発に今、求められているのは、「技術の総本山」であることではない。魅力的な新製品・新事業を継続的に創造し、企業の成長戦略を主導していくことが最大の使命となっている。

Apple（当時はApple Computer）は、iMacが成熟化し、収益面で苦境にあった2000年前後、音楽関連市場への参入を意思決定し、2001年に初代iPodを投入して大成功を収めた。その後、iPodを進化させつつ、2007年にはiPhoneを市場投入し、長期にわたる企業成長・躍進を実現している。日本企業においても、トヨタ自動車のHV（ハイブリッド車）、東レの炭素繊維事業、富士フイルムのヘルスケア事業、ホンダのHondaJetといったイノベーションの成功事例がある。研究開発には、このように革新的な新製品・新事業を継続的に創出していくことが期待されている。

ただ、この大きな期待は往々にして、「近年、わが社の研究所から画期的な新製品や新技術が生まれていない」といった不満につながる。研究開発の「生産性」というキーワードが普及した背景には、研究開発投資が増加する一方で成果が高まらないことへの経営者の不満があると思われる。

確かに、研究開発の「生産性」の測定は難しく、誰もが納得できる万国共通の方程式は存在しないが、例えば、「あなたの研究所の生産性は高いですか？」との問いに、「高いです」と即答できる人は少ないのではないだろうか。

低い生産性は、各方面に多大な悪影響をもたらす。経営者は研究開発組織の能力を信ずることができず、革新的な新製品・新事業の成功を前提とした成長戦略を描くことが困難となる。研究開発部門長は研究開発投資額に見合う成果を生み出せないことで、経営に対する積極的な戦略提案を躊躇してしまいがちになる。また、第一線の研究者は大きな成功体験が得られず、自己肯定感などのモチベーションを維持することが難しくなってしまう。

研究開発の生産性を長期にわたって高めていくためには、「絶え間ないイノベーションを実現する」以外に有効な方策はない。研究開発への投資削減は短期的な生産性向上には有効であるが、モチベーションへの悪影響や組織能力の弱体化の危険性もあり、可能ならば避けたい。イノベーションを継続的に実現できる研究開発組織に変えていかない限り、長期的な生産性の向上は達成できない。

ただ、研究開発組織を絶え間ないイノベーションによって高い生産性を達成できる組織へと変革するためには、様々な困難が待ち受けている。研究開発の戦略が不鮮明で共有化されていない、テーマ創造が個人任せになっている、テーマ評価が適正でない等々の組織上の問題を発掘・明確化し、粘り強く問題解決に取り組んでいくことが求められる。

その際、それらの問題解決を散発的に実施するのではなく、研究開発組織全体の問題や課題を体系的にとらえ、優先順位をつけて進めることが必要である。本書では、研究開発組織の変革アプローチを以下の3つに類型化し、各アプローチについて系統立てて解説していきたい。

①研究開発戦略を変える

②イノベーションを組織として本格実践する

③イノベーションを生み出す組織基盤をつくる

なお、本書は2015年6月に上梓した『研究開発は成長戦略エンジン』の内容を「組織を変革する」という観点で再構成するとともに、近年の研究開発を取り巻く環境変化や先進企業活動を踏まえて改訂している。

2020年1月

木村　壽男

【目　次】

第１章　研究開発は変わる必要があるのか ………………………… 1

1　研究開発をみる４つの視点　2
2　研究開発は信頼されているか　6
3　研究開発のあり方を変える　7
4　研究開発が目指すもの　12

第２章　研究開発を診断する ……………………………………… 15

1　研究開発の「生産性」を診断する　16
2　研究開発の「活力」を診断する　24
3　研究開発の変革方向を定める　35

●第Ⅰ部　研究開発戦略を変える●

第３章　成長戦略を構想する ……………………………………… 43

1　今、求められる成長戦略とは　44
2　成長戦略をつくる　48

第４章　研究開発戦略を具体化する …………………………… 69

1　研究開発戦略のあり方と策定ポイント　70
2　研究開発戦略を具体化していく　74

●第Ⅱ部　イノベーションを組織的に実践する●

第5章　組織的な新製品・新事業テーマの創造 …… 91

1　イノベーションによる企業成長が求められている　92
2　組織的なテーマ創造とは　95
3　組織的なテーマ創造を進める　101

第6章　R&Dマーケティングの実践 …… 113

1　R&Dマーケティングとは　114
2　R&Dマーケティングに求められるもの　116
3　R&Dマーケティングの組織的展開　121

第7章　オープンイノベーションの本格展開 …… 139

1　なぜ、今、オープンイノベーションなのか　140
2　オープンイノベーションの進展と本格化　142
3　オープンイノベーションの類型　145
4　オープンイノベーションの得失と基本課題　151
5　産学連携の効果的な活用　156

●第Ⅲ部　イノベーションを生み出す組織基盤づくり●

第8章　全社技術戦略の中枢機能となる …… 167

1　技術戦略を取り巻く環境　168
2　今、求められる技術戦略のコンセプト　170
3　技術戦略の検討プロセス　172

第9章　R&Dテーマのマネジメントを充実させる …… 193

1 R&D テーマ評価システムの再構築
——テーマ価値の総和を最大化する 194
2 R&D テーマ推進マネジメントの高度化による成功確率の向上 211
3 知財マネジメントによる事業化成功確率の向上 218

第10章 研究人材マネジメントの革新 …… 225

1 研究人材マネジメントの難しさ 226
2 研究人材マネジメント革新のポイント 229
3 事業創造リーダーの具体的育成方法 233
4 研究人材全体の体系的な R&D マネジメント能力強化 242

第11章 革新的組織風土づくり …… 243

1 イノベーションには革新的組織風土が不可欠 244
2 革新的な組織風土づくりの阻害要因 245
3 革新的組織風土づくりの７つの成功要因 249

謝辞 …… 262
【参考文献】 …… 263

第 1 章

研究開発は
変わる必要があるのか

1　研究開発をみる４つの視点

（1）「投資」の視点――量から質への転換

文部科学省科学技術・学術政策研究所の「科学技術指標2019」によれば、日本の研究開発投資額は2017年では19.1兆円と世界３位であるが、米国及び中国の50兆円を超える規模の投資額と比較すると差異が大きい。また、研究開発投資額の2000～2016年の成長率でも日本は1.1倍と「微増」といった状況である一方で、米国は1.9倍、ドイツ1.8倍、フランス1.6倍、中国にいたっては17.5倍と格差がある。Google（Alphabet）や Apple は今や研究開発型企業に変貌し、現在ではトヨタ自動車の研究開発投資額（約１兆円）を超える規模の投資を行っている。中国の華為技術（ファーウェイ）も同様である。

また、日本の研究者数は70万人程度で労働人口の１％前後であるが、人口当たりの修士・博士号取得者数では他の主要国が増加傾向にある中、日本は減少傾向にある。科学技術予算についても、米国や中国と比べると低位水準で伸び悩んでいる。

このように、マクロ視点では研究開発に関連する投資において、日本と米国・中国との格差は拡がっているが、個々の企業レベルで見ると、多くの日本企業が長期にわたって研究開発投資額を増やしている。日本企業の研究開発投資額の上位10社を見ても、2018年度は全企業が、2019年度はうち８社が対前年度比で増額している。

研究開発の企業成長への貢献に対する経営者の期待は高く、今後もそれは不変であろう。それは、日本企業の研究開発投資額が GAFA や中国企業ほどではないものの、長期トレンドとしては増加基調にあることからもうかがえる。

ただ、例えば、大手製薬企業では、売上高に占める研究開発投資額の比率は20％前後に達しており、一部の業種や企業にとって、研究開発投資の拡大余地は小さくなってきている。オープンイノベーションの活用を含め、研究開発投資は「量（額）」から「質（内容）」へと視点が移り、より「選別投資」の志向が高まっていくことが予想される。

（2）「成果」の視点――企業成長、技術革新の両面とも課題

日本企業は、2008年秋に生じた米国発の世界的金融危機を乗り越え、財務体質はかつてないほど強固なものとなっている。上場企業の過半数は、手元資金が有利子負債より多い「実質無借金企業」との報告もある。企業経営における「守り」の面では、かなり充実してきている。

しかしながら、売上成長という「攻め」の部分では、依然として大きな問題を抱えている。財務省・法人企業統計調査でも、日本企業の今世紀約20年間の売上成長の低さが際立っている。企業の1社当たりの時価総額成長率も、米国・中国企業より低いとのデータもある。

個別企業に目を移しても、米Appleの株式時価総額が2018年8月に1兆ドルを超え、GAFA等がITプラットフォーマーとして大きな存在感を示している中、日本の代表的企業は株式時価総額、売上高規模、ブランド価値、研究開発投資額といった指標のランキングで世界的地位を下げている。

科学技術の面でも、世界的地位の低下が危惧される。日本の世界における総論文数シェア及び注目度の高い「Top10％・Top1％補正論文数」が低下傾向にある。日本のエレクトロニクス関連企業や創薬企業では、1990年代半ば以降、総じて基礎研究投資が減退しているとの指摘がある。一方で、例えば、AI（人工知能）関連特許の民間企業ランキングで米国・中国企業が上位を独占し、米国の創薬企業はサイエンス（科学）を機軸にイノベーションを続けている。

このように、日本の研究開発は、企業成長及び科学技術（技術革新）という「成果」の面で課題が大きいといわざるをえない。

（3）「生産性」の視点

生産性は、「成果÷投資」で算出される。この図式は、研究開発においても同様である。したがって、成果が伸び悩む一方で投資が増えれば、生産性は低下してしまう。個々の企業の研究所長や所員が「あなたの研究所の生産性は高いですか？」と問われたとき、「高いです」と即答できる人は少数派ではないだろうか。

低い生産性は、各方面に多大な悪影響をもたらす。経営者は研究開発組織の能力を信ずることができず、革新的な新製品・新事業の成功を前提とした成長戦略を描くことが困難となる。研究開発部門長は研究開発投資額に見合う成果を生み出せないことで、成長戦略提案の機会を逃してしまいがちになる。そして、第一線の研究者は大きな成功体験が得られず、自己肯定感などのモチベーションを維持することが難しくなってしまう。

さて、研究開発活動の大半は、「戦略業務」である。概して、定常業務より戦略業務の方が、その名の通り戦略的判断余地（自由度）が大きく、その分、生産性向上の余地も大きいと考えられる。

研究開発の生産性は、「Σ（R&Dテーマの価値×成功確率）÷研究開発投資額」という計算式で表すこともできる。同式によれば、生産性を上げるためには、①テーマの価値を上げる、②成功確率を高める、③投資額を減らすの３つに同時あるいは選択的に取り組めばよいことになる。

上記式の分子である「Σ（R&Dテーマの価値×成功確率)」は「イノベーション量」にあたる。つまり、「イノベーション」と「生産性」は対立概念や対義語ではなく、「絶え間ないイノベーションが生産性を飛躍的に高める」という因果関係にある。

確かに、生産性向上の一アプローチとして研究開発への「投資額を減らす」という選択肢もあるが、研究者のモチベーション低下等につながる危険性もあり、「テーマの価値を高める」、「成功確率を高める」といった「分子」の拡大を優先した後の最終手段ととらえた方がよいと考える。

なお、「イノベーション」といえば、古くはナイロンやトランジスタ、今世紀以降であればiPodやiPhone、量子コンピュータやiPS細胞といった世紀の大発明をイメージしがちだが、現実の企業活動においては、広く「新製品・新事業の創造」や「革新的な新技術開発」という意味合いでとらえるべきである。

本書では、特に、「新製品・新事業の創造」に焦点を当てたい。

（4）「組織活力」の視点

筆者は、通常、「組織活力」という言葉を、組織の「活性度」（活）と「能力」（力）を足し合わせた意味で使用している。ただ、組織の活性度と能力は独立変数のような関係ではなく、相互依存関係にあると考える。組織の能力が高まればテーマの成功確率が高まり、結果として組織が活性化する。また、活性化した組織では個々人が自らの能力を高める意識や行動が活発化し、組織全体の能力が高まっていくという図式である。

組織活力に関連するキーワードとして、近年、「エンゲージメント(engagement)」が着目されている。この言葉は、従業員の会社への忠誠心や愛着心などの「絆の強さ」を意味する。エンゲージメント指標に関する国際比較調査が米IBM他で行われているが、いずれの調査でも日本は最下位に近い位置にいるようだ。研究者・技術者だけが特異な状態とは考えにくく、その改善は必要であろう。

一方で、私の限られた経験の範囲でいえば、組織活力と生産性は正の相関、つまり、組織活力の高い研究開発組織ほど概して生産性は高い傾向にある。組織活力と生産性のどちらが「因」でどちらか「果」であるか解明は難しいが、組織活力を高める企業努力は必要である。

本書では、研究開発の組織活力を「R&D活力」と定義し、次章（第2章）で詳述したい。

2　研究開発は信頼されているか

「信頼」という言葉はまさに「信じて頼る」であり、「信用（信じて用いる）」よりはるかにハードルは高いと考えるべきだろう。ただ、研究開発組織への信頼（度）を判断する視点は、立場によって異なる。

まず、経営者（目線）でいえば、信頼（度）の最重点の判断基準は、研究開発組織の「成果」と「生産性」になろう。研究開発部門発の新製品・新事業が継続的に創出され長期にわたる企業成長に貢献している、革新的な新技術により新たな成長が期待できる、有力な基幹特許を獲得し技術的競争優位が確立できているといった状況であれば、研究開発部門は信頼できると判断するであろう。

事業部など他の組織（目線）であれば、事業化に向けた魅力的なR&Dテーマを継続的に提案してくれる、研究開発部門への依頼テーマを早く正確に時として期待以上の水準で実行してくれるといったことが重要であろう。

そして、研究者・技術者（目線）では、社会的意義や企業戦略上価値のあるテーマに自発的に挑戦でき、テーマ推進の過程で組織的バックアップがあり、テーマ成功時には適正な評価・処遇がなされれば、信頼（度）が高まることが予想される。

ただ、組織を取り巻く利害関係者すべてから満点近い信頼（度）を勝ち得ている研究開発組織は、現実的には皆無に近いであろう。「わが社の研究所から、近年、画期的な新製品や魅力的な新技術が生まれていない」、「研究所は事業部の要望に対して十分な解決能力がなく、対応スピードも遅い」といった厳しい声が現実にはある。つまり、信頼（度）の大きさ（高さ）はそれぞれの研究開発組織で異なるが、必ず「改善余地」は存在し、そこに着目しさらに高めていく努力は必要である。

3 研究開発のあり方を変える

（1） R&Dマネジメントの歴史から今後を見据える

研究開発組織は、「投資」・「成果」・「生産性」・「組織活力」の4視点、そして「信頼（度）」というキーワードに照らせば、何らかの形で「変える」必要はあると思われる。ただ、闇雲に変革に取り組むのではなく、全体を俯瞰し体系的に実践していくべきである。

企業による研究活動は、19世紀後期のドイツの染料工業に始まったといわれる。それ以前の染料メーカーは、発明者である科学者から特許権を買い取る形で研究開発を補完していたが、この外部依存状況からの脱却を目的に、自社内に研究開発機能を保有するに至ったとされる。その後、20世紀に入って、企業内での研究開発活動が本格化していく。1900年に米GE（General Electric）が研究所を設立し、1925年にBell電話研究所が設立された。米国で企業内研究活動が本格化したのは、1950年代から1960年代初めのようだ。そして、それ以降の研究開発マネジメントの変遷には諸説あるが、要約すると下記の通りである（図表1－1参照）。

◆第1世代（1950～1960年代）

第1次世界大戦後、米国においてDuPont（現・DowDuPont）、AT&T、Kodakといった大企業が中央研究所を設立した。そして、第2次世界大戦後にはその活動がさらに本格化して、「中央研究所モデル」の原型が確立されていった。DuPontがナイロン、AT&T Bell研究所がトランジスタを発明し大成功を収めたため、経営者は「中央研究所に任せていれば、いずれ画期的な新製品、新技術が必ず生まれてくるはずだ」という大きな期待を抱いた時代であった。

この第1世代の研究開発マネジメントは、個々の研究者・技術者の独創性や専門性、自由な発想、直感、偶然性などによる「発明・発見（Discover

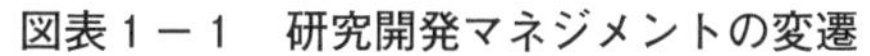
図表１－１　研究開発マネジメントの変遷

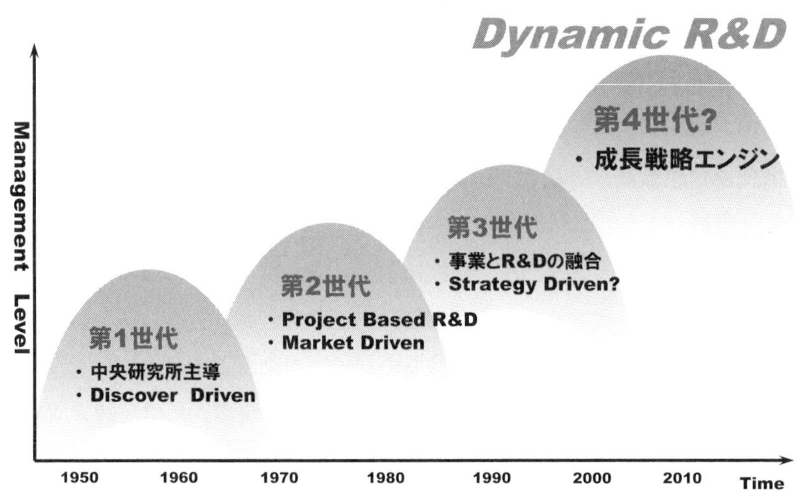

Driven)」に依存するものであった。また、同時に、真理追求という「科学・技術主導（Science ／ Technology Driven)」という側面もあった。

さらに、人材マネジメントは自由放任型、研究開発プロセスは基礎研究・応用研究・製品開発・事業化という直線的な「リニアモデル（Linear model)」といった特徴も兼ね備えていた。ちなみに、日本ではこの時代（前後含む）、日立製作所が1942年、東芝が1961年に中央研究所を設立している。

◆第２世代（1970～1980年代前半）

第１世代の研究開発マネジメントにより、一部の企業では画期的な新製品・新技術が生まれ、経営的に大成功を収めた。しかし、その一方で、大多数の企業では、「（中央）研究所に任せていても、魅力的な新製品や新技術がなかなか生まれない」という状況に陥ってしまった。その結果、前世代とは対極的な顧客、市場のニーズに立脚した“Market Driven”型の研究開発マネジメント（第２世代）が普及していった。また、前世代の個々の研究者・技術者の意志や能力に依存したボトムアップ型ではなく、トップダウン型で目的志向のプロジェクトによる研究開発活動が主流になるという特徴もあった。

◆第３世代（1980年代後半〜1990年代）

ラッセル（Philip A. Roussel）ら（1992）は、『第三世代のR&D』（ダイヤモンド社）の中で、第３世代の研究開発マネジメントを、「企業・事業戦略に照らした目的指向性をもって研究開発を全社的に管理しようとするコンセプト」と定義している。研究開発を企業経営の中でとらえ、経営戦略や事業戦略の方向性に適合させていくという考え方である。具体的な研究開発テーマのステージ管理や技術のポートフォリオ管理といった研究開発を「管理する」ための手法が数多く紹介されており、多くの示唆を与える内容となっている。

しかしながら、この一連の考え方の底流には、あくまで「主」は経営戦略・事業戦略であり、研究開発は「従」という思想を感じる。マネジメントの水準としては、第１世代、第２世代より進化していると考えられるが、研究開発が企業経営を主導するというコンセプトはまだない。

◆第４世代？（2000年代〜）

第４世代の研究開発マネジメントとして、広く世の中に普及し実践されている考え方や手法体系はまだ存在しない。一部には、モリス（Morris、1999）の提唱する「組織を超えた顧客やビジネスパートナーとの相互依存的学習や協働」、その過程での「顧客ニーズと技術価値の“共進”」といったキーワードがあるにはある。研究開発が１つの企業内の組織の壁を越えて外に広がっていくオープンイノベーションのイメージがその背景にあるようだが、この考え方やアプローチは、先進的なB to B（Business to Business）企業や研究開発型企業では前世紀から既に実践されてきたものであり、「第４世代」と呼べるコンセプトとはいえない。

研究開発組織が成長戦略の創造（策定）に貢献するとともに、大きな研究開発成果を継続的に生み出し、企業の新たな成長軌道を構築していくことこそが、第4世代のR&Dに相応しいコンセプトであると考える。

（2） 研究所の基本使命はイノベーション

研究開発組織に今、求められているのは、「技術の総本山」であることではない。魅力的な新製品・新事業を中心とした、絶え間ないイノベーションを実現し続けることが最大の使命となっている。

ちなみに、「イノベーション（innovation）」という言葉は、オーストリアの経済学者シュンペーター（Joseph A. Schumpeter）によって初めて定義された。彼はその著著『経済発展の理論』の中で、イノベーションの本質は「Neuer Kombinationen：新しき統合」であり、その類型として、①新製品の開発（プロダクトイノベーション）、②新工程の導入（プロセスイノベーション）、③新市場の開拓、④原材料などの新たな供給源の獲得、⑤新しい産業組織の実現の5つがあるとしている。

日本語ではイノベーションは「技術革新」と訳されることが多いが、その概念は基本的にはもっと広くとらえるべきである。ただ、本書においては、イノベーションの中核要素を、「新製品・新事業の創造」とし論述している。

（3） イノベーションのハードルは高まる

イノベーションが求められる研究開発組織であるが、イノベーションのハードルはかつてないほど高くなっている。技術革新やグローバル競争によって、様々な製品・サービスの機能・性能やコストパフォーマンスは飛躍的に高まってきた。そのような状況の中で、顧客に新たな驚きや感動を与える製品やサービスを提供し続けていくことは容易ではない。

ハーバードビジネススクールのクリステンセン（Clayton M. Christensen）が二十数年前に提唱した「イノベーションのジレンマ（「The Innovator's Dilemma」）」現象は、現在もいたるところで起こっている。技術革新のスピードが高まり、顧客の期待水準を製品・サービスの性能・機能水準が上回る機会が増え、新興企業はその高いコスト競争力と破壊的技術を武器に、既存市場の特に“下層”領域に狙いを定めて市場を侵食していく。一方で、既成（大）企業は、①現在の高収益市場の否定・縮小につながる、②持続的イノベーションへの執着、③現在の高コスト構造等の理由によって、下層市場への展開を足踏みしてしまう。

その結果、新興企業の市場侵食はさらに進み、既成の（大）企業にとってはイノベーション実現の難易度はさらに高まっていくという文脈である。

（4）「死の谷」と「ダーウィンの海」を越える

今世紀初頭から、研究開発や事業開発の世界で、「死の谷」と「ダーウィンの海」という２つの言葉が一般的に使われるようになった。「死の谷（The Valley of Death）」とは、基礎研究段階から応用研究、製品開発とステージが進んでいく際に生じる様々な困難やリスクにより、研究開発が停滞したり中止に追い込まれたりする状態を意味する。一方の「ダーウィンの海（Darwinian Sea）」は、新製品・サービスが市場に投入された後の代替対象の既存製品・サービスや競合企業、新規参入者との弱肉強食の市場競争状態を意味する。

仮に、魅力的な新製品・サービスのアイデアが創出できたとしても、この２つの難所を越えなければ新規事業の創造には至らない。そのためには、「死の谷」を越える魅力的・革新的な新製品・新事業テーマの設定、「ダーウィンの海」を越える戦略的な事業化計画などが不可欠である。そして、これらの難所を乗り越え、イノベーションを成功させていく主役が、研究開発組織である。

4　研究開発が目指すもの

（1）　企業の成長軌道をつくる——成長戦略エンジンへ

研究開発組織の最大の使命は、絶え間ないイノベーションを実現させ、長期的に生産性を飛躍的に高めて、最終的には企業の持続的な成長軌道をつくることである。つまり、極論すれば、既存事業だけで成長軌道が確実に構築できるのであれば、研究開発組織の規模や役割は相対的に小さくても構わない。かつての「技術の総本山」としての役割を主とすればよいことになる。

しかし、今や既存事業分野の深耕や拡大だけで持続的な企業成長を実現できるケースは少ない。Apple（当時はApple Computer）の2000年前後の音楽関連市場への参入の意思決定と2001年の初代iPod発売、富士フイルムのヘルスケア事業参入・拡大も、既存事業分野が苦境に陥る中での新事業展開と考える。

つまり、図表1－2に示すように、「現事業」に加え、「拡事業」、「新（規）事業」を長期視点で継続的に創出していくことが、多くの企業にとっ

図表1－2　新たな成長軌道づくりのイメージ

現／拡／新 マトリックス

市場／技術	現	新
新	「拡-1」新市場開発	「新」新技術新市場
現	「現」現技術現市場	「拡-2」新技術開発

現／拡／新 事業バランス

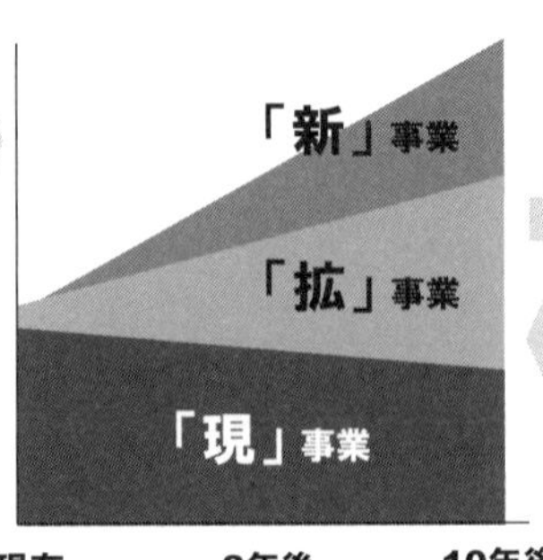

主要経営指標

* 売上高
* 営業利益(率)
* 1人当たり付加価値額
* 自己資本比率
* ROE
* 株式時価総額 等

て不可欠となっている。事業の「現」・「拡」・「新」の最適なバランスを長期視点で考え、実現させていくことが重要である。

その成長軌道をつくる主役が、研究開発組織である。研究開発組織は、引き続き既存事業分野における技術的競争優位の確立という使命は担うものの、絶え間ないイノベーションによって新たな事業を創出して、長期的な企業成長を実現していくことを最大の使命と考えるべきである。

（2）「ダイナミック R&D（Dynamic R&D）」への変革

研究開発組織が絶え間ないイノベーションによって長期的な企業成長のエンジンとなるためには、これまでとは次元の異なる水準の成果を生み出さなければならない。独創的で顧客に新たな喜びや感動を与える魅力的な新製品・新事業、革新的な新技術の創出能力を飛躍的に高めることが必須となってくる。

筆者は今世紀初頭、研究開発が成長戦略エンジンとなり、大きな研究開発成果を継続的に創出している状態を、「ダイナミック R&D（Dynamic R&D）」と定義した。一方、その対極として、成長戦略に対し受動的で、成果創出スピードが遅く、組織活力も低い状態を、「スタティック R&D（Static R&D）」とした。

両者の峻別のポイントは、「生産性」と「組織活力（R&D 活力）」である。ダイナミック R&D の状態にある研究開発組織は、生産性が長期的に上昇傾向にあり、研究能力や研究者が活性化している。一方、スタティック R&D の状態にある組織は、生産性が伸び悩み、成長戦略に対し受動的で組織風土が停滞しているという特徴がある。そして、スタティック R&D からダイナミック R&D に変革すべき研究開発組織は多く存在するものと考えている。

第2章
研究開発を診断する

1　研究開発の「生産性」を診断する

（1）　研究開発の生産性が問われる時代

①　研究開発の生産性とは何か

日本政府が提唱する「生産性革命」の“生産性”は、主として労働生産性（就業1時間当たり付加価値）を指している。ちなみに、この値は主要先進7ヵ国（G7）の中で長らく最下位にあり、働き方改革法の重要な基礎データとなっている。企業内でも、生産性といえばこの労働生産性（従業員1人当たり売上高や付加価値額）を意味することもあるが、広く「成果量（output）÷投入量（input）」という基本式として認識され、その他、様々な指標に展開・運用されている。

研究開発の生産性も、「成果量（output）÷投入量（input）」という基本式で算出される（すべき）ことに変わりはない。しかし、これまで深い議論や的確な指標設定、マネジメントへの活用がなされてきたとはいえない。その背景・理由には、以下の4つが考えられる。

第1は、分子の成果量（額）を測定する客観的かつ定量的な“物差し”を設定するのが難しいことである。第2は、分母の投入量（投資額や投入人員）の適正水準を設定するのが難しいことである。第3は、研究開発活動の「見える化」が難しいこと、第4は、資源投入と成果創出に大きなタイムラグが存在することである。

ただ、生産性に対する意識が希薄になると研究開発組織は聖域化し、危機意識も薄れて大企業病に陥るリスクが高まってしまう。経営学者のドラッカー（Peter F. Drucker）の「測れないものは変えられない」という指摘は、研究開発の分野でも正鵠を射ている。研究開発の生産性を測定し、その成果創出状況を「見える化」することが、研究開発組織を変える第一歩である。

② 研究開発の生産性測定への取り組み

最もマクロの視点として、TFP（全要素生産性）と日本全体の研究開発投資額成長率との対比によって研究開発の生産性を考察するやり方がある。TFPとは、GDP（国内総生産）成長率のうち、労働力と資本の伸び率を除いて算出された「技術革新等による成長率」であり、その値と研究開発投資額成長率との相関分析によって研究開発生産性を考察していくものである。このアプローチは、主として国家レベルでの政策検討に活用されるものであり、個々の企業における研究開発の生産性分析を対象とするものではない。

当該産業・業種の企業群又は各企業の一定期間（ex.5年間）の累積付加価値額や累積営業利益額を研究開発の成果とし、それを一定期間（ex.5年間）の累積R&D投資額で除した値を研究開発生産性とするやり方もある。ただ、研究開発の投資（投入）時期と成果出現時期にはタイムラグがあるため、研究開発投資額の算出期間はその成果の算出期間より一定期間（ex.5年間）遡らせることが一般的である。このやり方は定量的・客観的であり、競合企業との比較が容易といったメリットはある。

しかし、そもそも付加価値額や営業利益額は研究開発組織以外の貢献も当然含まれており、企業によって研究開発組織の位置づけや業務範囲も異なるため、単純な比較は難しい。研究開発投資が営業利益額と比較して過大、若しくは過小ではないかといった大雑把な議論の一助にはなるかもしれないが、そこから研究開発組織を変革していくための分析結果や考察を得ることは難しい。つまり、客観的・定量的で万人が納得する研究開発生産性の計算方法は、まだ世の中に存在しないと考えるべきである。

③ 研究開発の生産性が、なぜ今、着目されつつあるのか

このように、まだ研究開発の生産性について世の中に広く普及した実践的な考え方や計算方法が存在しない中で、その概念が重視されるようになってきた。

その最大の理由は、生産性の基本式の分母である研究開発投資額が増加基

調にあり、企業経営上、注視せざるをえなくなってきたためである。そして、分母が大きくなってきた分、自ずと分子である研究開発成果にもより厳しい目が向けられるようになってきている。研究開発組織を源流とする新製品・新事業の創出や、技術革新を通じた基幹事業の競争優位確立への貢献の大きさを定量的に測定することに対する経営ニーズが高まっている。

生産性の測定やその結果への追求があまりなく、これまで聖域扱いされてきた感のある研究開発組織は、受け身ではなく自発的に生産性測定についての考え方と具体的方法について準備し実践すべきである。

（2） 生産性を測る「物差し」づくり

① 企業独自の研究開発生産性の物差しが必要

研究開発の生産性を測る「物差し」について、まだ広く世の中に知られた実用性の高いものはない。したがって、個々の企業が、研究開発部門の置かれている状況を踏まえ、独自に設定していく必要がある。ただ、筆者のこれまでの経験を集約すると、以下のような考え方で物差しをつくっていくことが望ましいと考える。

第１は、「研究開発生産性＝研究開発組織の生み出した成果÷研究開発投資額」である。これは生産性の公式に則っており、異論はないと思われる。

第２は、「成果」を「直接（経営貢献）成果」と「間接（経営貢献）成果」に分けることである。直接成果とは、新製品・新事業創出額や工程コスト低減額、ロイヤリティー収支額といった金銭的価値が測定（推定）できる成果である。一方の間接成果は、特許出願（登録）件数、新技術創出件数、論文投稿（引用）件数といった金銭的価値測定が困難な成果である。

この２種類の成果は、**図表２－１**に示すように、海に浮かぶ氷山になぞらえることができる。直接成果は海面上に表出し、経営者含め研究開発組織以外の第三者からも「見える化」された納得性の高い部分に該当する。一方、間接成果は海中に潜在し、研究開発組織以外の人にとっては見えにくく納得

図表2－1　直接（経営貢献）成果と間接成果の関係

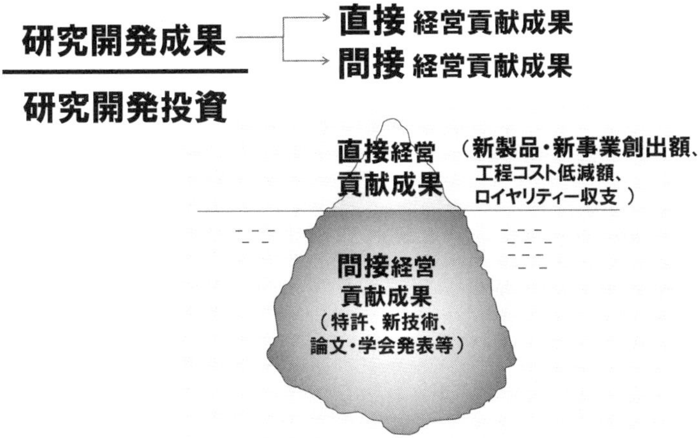

研究開発成果 → 直接経営貢献成果 / 間接経営貢献成果
研究開発投資

直接経営貢献成果（新製品・新事業創出額、工程コスト低減額、ロイヤリティー収支）

間接経営貢献成果（特許、新技術、論文・学会発表等）

性が低い部分ではあるが、直接成果を生み出すための中間成果（物）でもあり、研究開発組織にとっては重要な成果である。

②　直接成果の物差しをつくる

直接成果については、1）新製品・新事業創出額、2）工程コスト低減額、3）ロイヤリティー収支額の3つを中核の指標とし、企業固有の特性を踏まえた成果指標をカスタマイズして追加していくことが望ましい。ちなみに、化学メーカーA社においては、下記の7つの直接成果指標が設定されている。

1．新製品・売上貢献額
- 新製品の「有効期間」の設定（通常3～5年）
- 新製品の有効期間におけるその売上高の実績把握／売上予測；(a)
- 売上予測分について、場合によっては「成功確率」を加味
- 新製品売上高に対する研究開発部門の「貢献率」の設定（3～20%と分野別に変動）；(b)
- 新製品・売上貢献額の算出；(a × b)

2．改良製品・売上貢献額

・改良製品の「有効期間」の設定（通常１～３年）

・その他は新製品と同様

3．品質向上・貢献額

・対象範囲の明確化とその範囲における製品売上高の確認；(c)

・「有効期間」の設定（通常単年度）

・品質向上の水準の見極め（水準の高低により係数を変動、通常0.3～1.0の範囲で設定）；(d)

・研究開発部門の「貢献率」の設定（通常１～３％）；(e)

・品質向上・貢献額の算出；(c × d × e)

4．工程コスト低減・貢献額

・工程コスト低減額の確認；(f)

・研究開発部門の「貢献係数」の設定（通常0.3～1.0）；(g)

・工程コスト低減・貢献額の算出；(f × g)

5．資材コスト低減・貢献額

・資材コスト低減額の確認；(h)

・研究開発部門の「貢献係数」の設定（通常0.3～1.0）；(i)

・資材コスト低減・貢献額の算出；(h × i)

6．ロイヤリティー収支額

・ロイヤリティー収入額－ロイヤリティー支出額

7．事業部等、社内他部門からの委託研究・開発・分析貢献額

・必要工数を金額換算した「コスト積上げ」がベースとなるが、市場価値が推定できるものはそれを基準に設定

この直接成果の指標づくりにおいては、研究開発テーマ評価手法の１つであるオルセン（F. Olsen）法の考え方が参考になる。同法は数十年の歴史を持ち、現在でも定量性や簡便性等を含め総合的に最も実用的な研究開発テーマの価値算出手法であり、研究開発組織全体の成果測定にも十分活用でき

る。ちなみに、同法では以下のような計算式により、テーマごとの研究開発収益指標を算出する。

●研究開発収益指標＝研究開発収益見積り額（※）×成功確率／研究開発費見積り額

※研究開発収益見積り額＝Σ（新製品売上高３％×５年＋改良製品売上高２％×２年＋工程合理化節約額×１年）

つまり、研究開発収益見積り額に成功確率を乗じた後、研究開発費見積り額で除したものを研究開発の収益指標としている。なお、過去の実績については、見積り額を実績値に変え、成功確率の要素を削除すれば計算できる。ちなみに、同指標の値は、一般的には3.0以上であることが望ましいとされているが、近年の激しいグローバル競争下では、それより若干低い数値のテーマも許容すべきではないかと考える。

③ 間接成果の物差しをつくる

一方の間接成果については、同じくＡ社において、以下の10の成果指標が設定されている。当然ながら、各指標の経営的重要性は異なるため、それぞれ１件当たりポイント数には格差をつけた運用を行っている。

1. 特許出願件数
2. 実用新案出願件数
3. ロイヤリティー／技術供与契約件数
4. 製品開発アイテム数
5. 事業部移管テーマ数
6. 分析結果報告件数
7. 新技術開発件数
8. 社外論文発表件数
9. 研究所報告件数
10. マスコミ掲載・放送件数

図表２－２　Ｂ社における研究所の成果指標体系

区分	No.	具体的指標	S研	T研	U研	V研
直接成果	A-1	新製品・売上貢献額	○	○	○	
	A-2	改良製品・売上貢献額	○	○	○	
	A-3	品質向上・貢献額	○	○	○	○
	A-4	工場の操業安定化・貢献額	○	○		
	A-5	ﾃｸﾆｶﾙｻﾎﾟｰﾄ業務の市場価値額	○	○	○	○
	A-6	工程コスト低減・貢献額1(設備投資が必要なｹｰｽ)	○	○	○	○
	A-7	工程コスト低減・貢献額2(設備投資が不要なｹｰｽ) (原材料・資材コスト低減含む)	○	○		
	A-8	ロイヤリティー収支額	○	○	○	○
間接成果	B-1	技術開発件数	○	○	○	○
	B-2	特許出願件数	○	○	○	○
	B-3	研究所報告件数	○	○	○	○
	B-4	社外発表件数	○	○	○	○
	B-5	製品開発アイテム数	○	○	○	
	B-6	分析結果報告件数	○	○	○	○
	B-7	マスコミ掲載・放送件数	○	○	○	○
	B-8	情報調査報告件数				○
	B-9	情報システム利用件数				○

④　研究所間で成果指標のカスタマイズを行う

企業規模の大きい会社では、複数の研究所で異なる分野の研究開発活動を行っているケースがある。その場合は、個々の研究所の特性を加味し、研究所間で成果指標体系をカスタマイズすることが望ましい。Ｂ社は、Ｓ・Ｔ・Ｕ・Ｖの４つの研究所を擁し、ＳとＴの研究所ではそれぞれ異なる分野で研究開発活動を行っており、Ｕ研究所は基盤的研究、Ｖ研究所は分析業務を中心に行っている。そこで、そういった各研究所の特性を反映した成果指標体系を構築し運用している（図表２－２参照）。

（３）　生産性を測定する

①　過去の成果を測定し、未来の成果を予想する

研究開発部門の成果指標の仮説ができたら、まず各指標に関する過去の実績データを収集し測定する。その後、未来の成果を予想する。現在、研究開発組織で進められている主要なR&Dテーマについて、個々に期待される直

図表2－3　研究開発組織の成果トレンドのパターン分類

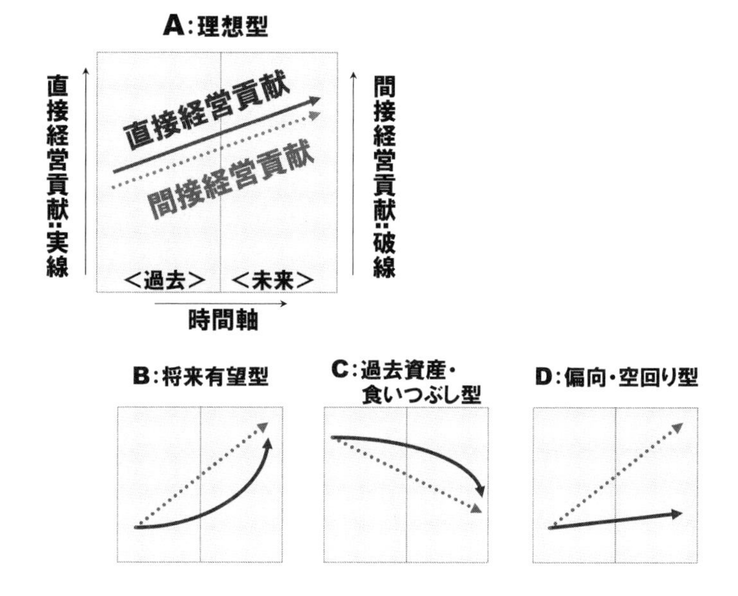

接成果と間接成果をその成功確率（推定）を考慮して予想する。そして、各テーマの直接成果・間接成果の予想値をすべて合算した値が、未来の研究開発組織の成果予想値となる。

過去の成果測定と未来の成果予想ができたら、時間軸の中で直接成果と間接成果がこれまでどう推移し、将来どう変化していきそうかを把握する。理想的なのは、直接成果と間接成果の両方が過去～現在～未来へと着実な上昇トレンドにあるパターンである（図表2－3の「A」）。

しかし、このパターンにある企業は残念ながら少ない。過去から現在まで直接成果は低迷しているが、特許や新技術創出といった間接成果は着実に上昇傾向にあり、将来は直接成果の向上が期待できるパターンが同図の「B」である。また、これまで両成果とも比較的高水準だったが、将来は減少が予想される「過去資産・食いつぶし型」が「C」である。

そして、今の日本企業の研究開発組織のパターンとして最も多いと推定されるのが「D」である。特許や新技術、論文・学会発表などの間接成果は一貫して上昇トレンドにあるものの、それらがうまく直接成果につながっていないケースである。これを注意喚起の意味で、「偏向・空回り型」と表現することもある。

② 生産性のトレンドを把握する

過去の成果を測定し未来を予想した後、それらを研究開発投資額で除せば生産性が算出できる。生産性の値の過去の変遷と将来予想を分析・考察することで、研究開発の存在価値や組織変革のポイントが見えてくる。

ただ、生産性という「結果指標」に過度に目を奪われてしまうことは危険である。生産性の低さが判明したとしても、過去の数値は変えられないし、研究開発活動と事業化後の成果には大きなタイムラグがある。生産性を短期的に飛躍させることは、現実的には難しい。逆に、生産性を対前年度比で何％ずつ高めていくべきかといった近視眼的な思考に陥ってしまうと、組織の抜本的変革の機会を逃し、研究者の創造性やモチベーションにも悪影響を与えてしまいかねない。

つまり、まずは冷静に現実を直視し、過去の研究開発生産性については、それを決定してきた要因やマネジメント上の問題点・課題を研究開発組織内でしっかり分析・考察することが重要である。また、将来の生産性の予想値については、改革目標の検討やその達成のための重要課題を検討し設定することが重要である。

2 研究開発の「活力」を診断する

生産性と同様、組織活力が重要であること、組織活力と生産性は正の相関があること、さらに組織活力の高い研究開発組織ほど概して生産性は高いことは、前章（第１章）で述べた。そして、研究開発組織においては、「R&D活力」がその将来の生産性の水準に大きな影響を及ぼすと考える。つまり、研究開発組織のR&D活力を診断し、強みと弱み・問題点を抽出し、前者は再強化、後者は克服・改善していけば、長期的に研究開発の生産性は向上していく。

（1） 7つの「R&D活力（要素）」

R&D活力については、筆者がその概念を20年ほど前に提唱し、その後、様々な研究開発組織へのコンサルティング活動を通じて、5年ほど前、図表2－4に示す7つの要素から構成されていると考えるにいたった。

① （R&D）ビジョン・戦略

ビジョン・戦略が不明確である、あるいは明確であってもその内容に妥当性がなければ、研究開発組織及び個々の研究者・技術者の持てる能力や意欲を十分発揮させることはできない。絶え間ないイノベーションを実現し生産性を高めていくためには、研究開発組織のビジョン・戦略は不可欠である。

図表2－4　7つの「R&D活力（要素）」

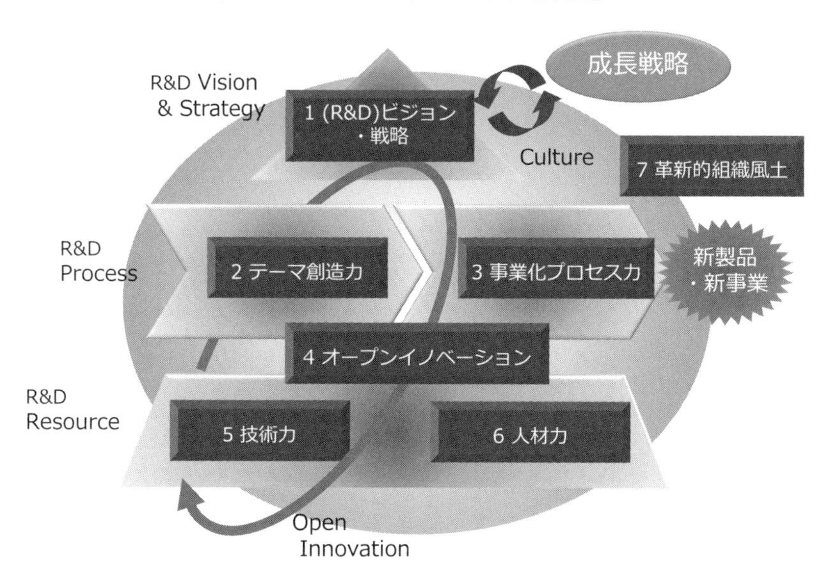

今、求められる研究開発組織のビジョン・戦略には、少なくとも以下の3つの条件がある。1つ目は企業の成長戦略と連動していること、2つ目は長期視点で生産性が飛躍的に高まる目標設定となっていること、最後に研究者・技術者の挑戦意欲を含めたモチベーションを喚起・誘発する内容になっており、共感・共鳴が得られることである。

② テーマ創造力

「テーマ創造力」とは、「価値ある（R&D）テーマを創出する組織能力」である。前章で、研究開発の生産性は、「Σ（R&Dテーマの価値×成功確率）÷研究開発投資額」という計算式で表すこともできると述べたが、その「テーマの価値」に直接的に関係する重要な要素である。加えて、本書では「新製品・新事業の創造」をイノベーションの中核要素ととらえており、その意味で、テーマ創造力はイノベーションの源流部分に位置づけられる。

テーマ創造力とは、「魅力あるテーマを数多く生み出せる能力」でもある。しかしながら、日本企業の多くは、魅力ある新製品・新事業テーマの絶対数が不足状態にある。かつて、数多くのテーマの中から価値あるテーマをどうやって「選ぶ」かに関心が集まった時代もあったが、現在は、総じて価値あるテーマを「創り出す」ことに悩む企業の方が多い、これは、長らく「選択と集中」の名のもとに本業重視（回帰）の経営が続き、新規性の高い事業の創出や先端・先進的研究への投資が抑制されてきたことが影響していると思われる。

さて、テーマ創造力の源泉は、過去も現在も未来も、研究者・技術者個々人のセレンディピティ（serendipity：思わぬ発見をする特異な才能）等の能力や意識・行動である。ただ、個々の研究者・技術者の能力や意欲に100％依存することなく、研究開発組織全体としていかにテーマ創造力を高めていくかが重要となる。

研究開発組織としてのテーマ創造力向上の最大のポイントは、「環境づくり」にある。つまり、個々の研究者・技術者がセレンディピティを十分発揮できる組織的なテーマ創出プロセスづくりや、異分野の研究者・技術者が積極的に交流し、異分野融合型の独創的なテーマ発想・発案を誘発する場や時間を確保していくことが重要である。

③　事業化プロセス力

研究開発の生産性を決定づけるR&Dテーマの成功確率に大きく影響を及ぼすのが、「事業化プロセス力」である。前章で述べた開発段階における「死の谷」や事業化・市場投入後に待ち受けている「ダーウィンの海」を越えるためには、この事業化プロセスの強化が不可欠である。

世界的に革新的企業として名高い米3Mも、1990年代に事業化の成功確率の低下に直面し、事業化に向けた研究開発プロセスの大改革を断行した。それまでの優秀な研究者・技術者の個々の能力に全面的に依存する形から、組織的に事業化を進めていく方向へと大きく舵を切った。つまり、テーマ創造を含めた組織的なイノベーション・プロセスを再構築し、その過程で個人の能力に加えて組織の英知を結集した事業化に取り組む態勢へ転換した。

熾烈なグローバル競争の下、新たな事業化テーマの成功確率を維持・向上させていくことが難しくなってきており、R&Dテーマ評価システムの再構築や事業化構想・企画の充実、テーマ・プロジェクトマネジメントのレベルアップといった取り組みが重要である。

④　オープンイノベーション

これまでの日本企業のR&D活動は、概して社内資源（人・技術・知財等）に依存する「自前主義」が強いという特徴があった。自前主義には、独自技術のクローズド化による他社からの参入障壁の構築や成功時の収益の独占といった多くのメリットがある。自前主義で早期の事業化が可能であれば、むしろそうすべきであろう。

しかしながら、自社保有技術等の社内資源だけでは、グローバル競争の中で独創性・競争優位性に優れた新製品・新事業を他社に先駆けてスピーディーに創出することが困難になってきている。他方で、例えば、米P&G

が「コネクト・アンド・ディベロップ（Connect & Develop）戦略」というオープンイノベーションによって大きな成果を収めている。同社では、積極的にオープンイノベーションを進めて研究開発投資額を低減する一方で、外部の研究機関や研究者から価値あるアイデアを収集・活用することで成果を高めているとされる。つまり、生産性計算式の分母である投資額を小さくしながら、分子の成果（額）を大きくしており、研究開発の生産性は飛躍的に高まっていることが予想される。

日本企業を欧米企業と比較すれば、依然として自前主義が強く、オープンイノベーションの本格展開は今後になろうが、イノベーションを加速し、生産性を高める重要な要素であることに間違いはない。自前主義のいい部分は残し深化させつつ、広く世の中を見つめ、最適な外部パートナーの英知や資源を活用していく時代になっている。他社や他研究機関との異分野連携により、独創的な新製品・新事業アイデア創出や新技術導入、難度の高い新技術開発等の新たな可能性が期待できる。さらに、産学連携に加えて、独創的な技術を保有するVB（Venture Business）への投資、技術M&A（Mergers & Acquisitions：企業の合併・買収）等のよりダイナミックな手法も、少しずつではあるが普及しつつある。

⑤ 技術力

「技術で勝っても、事業で勝たなければ意味がない」との指摘は、確かに正論である。しかし、現実の世界で、「技術で負けて事業で勝つ」というケースは少ない。つまり、技術は事業で勝つための重要な手段であることは間違いない。

東レの炭素繊維事業の成功には同社の化学合成技術や焼成技術、富士フイルムの化粧品事業参入の際には抗酸化技術や配合技術等の同社の競争優位性のある技術が大きく貢献したことが知られている。ソニーは半導体センサーで世界No.1の地位にあるが、その中核技術であるCMOS（相補性金属酸化膜半導体）センサー技術を核に内視鏡事業へ参入し、新たにオリンパスとの戦略提携を含めた技術革新により事業拡大を進めている。

このように、独自性や競争優位性のある技術なくして、魅力ある新製品・新事業の創造は不可能である。イノベーションを実現し研究開発の生産性を高めるためには、技術力は必須の要素なのである。

ただ、限られた研究開発投資額の中で効果的な技術力強化を進めていくためには、戦略的に重要な技術（「戦略技術」）に優先的に投資していくことが不可欠である。既存技術領域における戦略技術には、将来の成長戦略の機軸となる「未来コア技術」、事業競争力の維持・向上に不可欠な「重点基盤強化技術」、製品・サービスの独自性や競争優位性の源泉となる「差別化技術」の３つがある。これに未来に向けた自社非保有の「有望新技術」を加えた４つが戦略技術となる。これら４種類の戦略技術を、新たな事業展開シナリオと不可分一体化した技術ロードマップの中で進化・強化していくことが重要である。

⑥　研究人材力

研究開発活動の大半は、研究人材（研究者・技術者）の頭の中で行われる。つまり、研究開発の成果や生産性は、研究人材に大きく依存している。その意味で、研究開発組織における人材マネジメントは、他組織とは比較にならないほど重要である。優秀な研究人材の獲得はもとより、研究人材の能力や意欲を長期にわたって維持・向上していくための魅力的なキャリアパスづくりや具体的な研究人材育成策、適正な人事評価・処遇システムの整備が求められる。

日本政府が進める働き方改革、中でも高度プロフェッショナル制度は、研究開発組織の人材マネジメントに、将来、大きな影響を与える可能性がある。現在、同制度を運用している企業は極めて限定的との報告があるが、将来的には、市場価値に基づいた人事制度の普及に伴って、適用対象人材は増えていくことが予想される。そうなると、市場価値の高いスペシャリストを志向する研究人材はさらに増えるであろう。

ただ、スペシャリストも重要だが、今、最も人材不足が深刻なのが、新製品・新事業創造をリードしていく「事業創造リーダー」である。技術の価値を見極めつつ、市場志向・ビジネスモデル志向で新製品・新事業を構想・企画し、事業化を主導し成し遂げていく人材であり、その養成が急がれる。

⑦　革新的組織風土

組織風土とは、個々の構成員の価値観や意識・行動特性の集積によってつくられた組織全体の雰囲気や土壌である。それは、目には見えないが、研究開発組織に限らず、日々の活動に大きな影響を与えている。米Googleは、高い成果・生産性を実現している組織は、「心理的安全性」が高いことを社内調査によって導き出したようだ。同社のような知識集約型の組織においては、不確実でリスクの高いアイデアやテーマを、自己抑制することなく自由に提案・実行できる革新的組織風土が不可欠である。

研究開発組織においても、この心理的安全性を含め、イノベーションを誘発し実現を加速していくような革新的組織風土が求められる。創造性を重視し、内部志向に陥らず、市場志向でオープン・公正な意識と行動を後押しする一方、規律も重視するような組織風土づくりが求められる。

（2）「R&D活力診断」を実施する

①　7つの「R&D活力（要素）」ごとにアンケートの設問項目を決める

７つの活力（要素）について、標準的には４つずつの設問からなるアンケート票を作成する。

「1．ビジョン・戦略」については、「その重要性を組織的に認識しているか」、「事業戦略と連動・融合しているか」、「技術戦略と連動・融合しているか」、「研究開発組織は成長戦略の創造に貢献しているか」の４つが基本項目である。

「2．テーマ創造力」については、「独創的なテーマが創出できているか」、「先端・先進技術分野のテーマが創出できているか」、「市場創造型のテーマが創出できているか」及び「組織的なテーマ創造の取り組みができているか」である。

「3．事業化プロセス力」については、「価値のあるテーマ／プロジェクトが適正に選択されているか」、「その目標水準は高く挑戦性があるか」、「テーマ／プロジェクトマネジメントが適正に行われているか」及び「知財戦略は有効に機能しているか」である。

「4．オープンイノベーション」については、「方針の明確性」、「戦略の明快性」、「積極的取り組み」及び「その成果」について問う。

「5．技術力」については、「基幹事業の競争優位確立への貢献」、「新製品・新事業創出への貢献」、「的確な技術の棚卸しと評価の実施状況」及び「未来技術戦略が機能しているか」が基本項目である。

「6．研究人材力」については、「事業創造リーダーの存在」、「同リーダー育成プログラムの実践状況」、「魅力的なキャリアパス」及び「世界的に一流のスペシャリスト」の存在について問う。

「7．革新的組織風土」については、「創造性重視のマネジメント」、「自由と規律を両立させるマネジメント」、「オープン・公正な人材マネジメント」、「組織の責任者の革新的組織風土づくりへの努力」の実践状況について問う。

以上、7つの活力（要素）につき、各4設問、計28設問につき、「そう思う」（5点）、「まあそう思う」（4点）、「どちらともいえない」（3点）、「あまりそう思わない」（2点）、「そう思わない」（1点）という5つの水準（5段階評価）を設けてアンケート票を完成させる。

②　アンケート対象者と回答者の属性区分を決める

アンケート対象者は、研究開発組織の全員とすることを基本としている。また、結果の分析・考察に向けて、回答者の属性区分をあらかじめ設定しておく。所属部署（グループや研究室）と職位・資格の2つは必須の区分である。その他、必要に応じて、年齢、研究開発組織への在籍年数や異動経験（回数等）、研究分野等について問うこともある。

③　アンケート結果を「見える化」する

アンケート結果を以下の観点で「見える化」して、分析・考察につなげていく。

1）７つの「R&D 活力（要素)」のレベルで「見える化」する

図表２－５に示したようなレーダーチャートを作成することで、７つのR&D 活力（要素）の相対的な評価結果が明確になる。さらに、他社平均（「JMAC 調査153社」）値との比較によって、当該研究開発組織の回答傾向をより客観的に評価することができる。例えば、A 社のケースでは、「テーマ創造力」は他社平均より相対的に高いが、逆に「技術力」は評価が低いことがわかる。

2）28（標準ケース）の設問項目ごとに「見える化」する

図表２－６に示したように、設問ごとの得点状況をグラフ化することで、高評価／低評価の設問項目が明確になる。さらに、他社平均値と比較することで、より客観的な評価を加えることができる。

図表２－５　７つの R&D 活力（要素）のレベルでのレーダーチャート

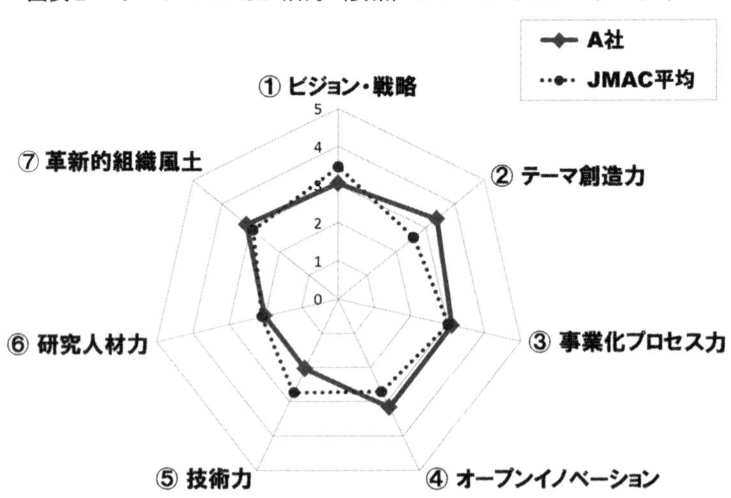

図表２－６　設問項目別の得点状況を表すグラフ

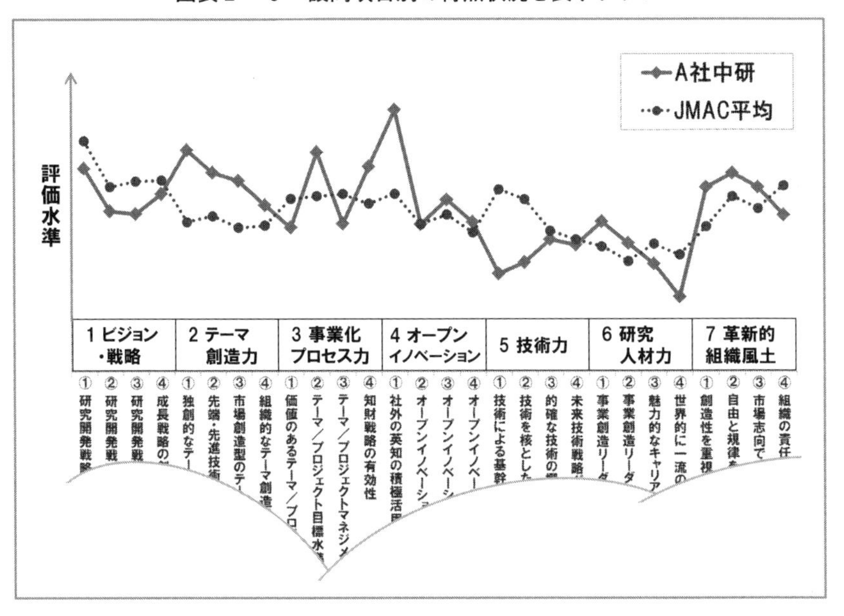

図表２－７　A 社の「クラス別」R&D 活力診断結果

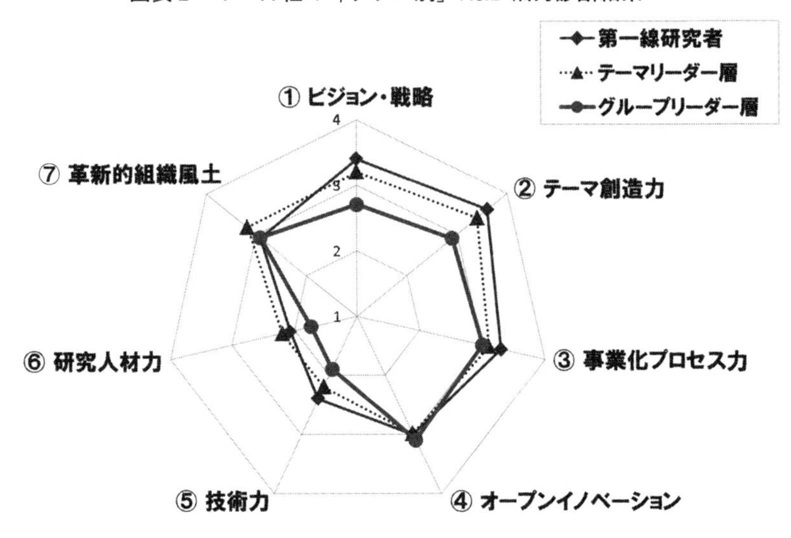

図表2－8　A社の「所属部署別」R&D 活力診断結果

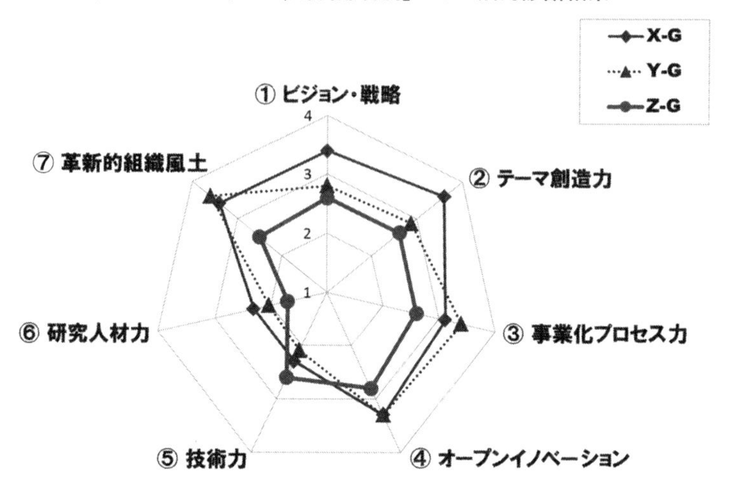

3）属性による違いを「見える化」する

図表2－7は「クラス別」、図表2－8は「所属部署別」のレーダーチャートのイメージ例である。

A社のケースでは、クラス別に見ると、第一線が総じて最も高評価である。一方、グループリーダー層が最も低評価で、特に「テーマ創造力」と「研究人材力」について厳しい見方をしているのがわかる。また、所属部署別では、Xグループが総じて最も高評価、逆にZグループが最も低評価となっている。Zグループは、特に「研究人材力」と「革新的組織風土」について厳しい評価結果となっている。

④　結果を共有化し、分析・考察につなげる

R&D 活力診断結果について、まず研究開発組織全体で共有化する。そのためには、全メンバーに対する診断結果の発表会を行うことが望ましい。

その後、例えば、所属部署別に「見える化」された評価結果データを踏まえ、その背景にあると思われる真の問題点や解決すべき課題について検討会（ワークショップ）等により結論を出していく。

ただ、診断結果データの高低は、そのまま現状の水準を指し示したものではない。例えば、ある設問項目が高評価であっても、それは回答者の問題意識の低さが背景となっていることもある。逆に、ある設問項目が低評価であっても、その項目に対する回答者の問題意識の高さが原因となっている場合もある。つまり、単なる結果データの高低だけではなく、その背景にある研究者・技術者の問題意識まで踏み込んだ分析・考察が必要である。

⑤　研究開発組織の変革に向けた課題を設定する

分析・考察結果を踏まえ、最終的に研究開発組織を変革するために重要な課題を設定する。部署（グループ・研究室等）別やクラス別の検討会を開催し、1）個別の部署の中で解決していくべき課題、2）複数の部署で連携して取り組んでいくべき課題、3）研究開発組織全体としてタスクフォース等を組んで本格的に取り組んでいくべき課題といったように、その性格や対象範囲の大きさによって推進体制の想定を含めた課題設定を行っていく。

⑥　定期的モニタリング

R&D 活力診断は、2年に1回、可能ならば毎年、定期的に実施することが望ましい。定期的実施によって、研究開発組織の活力の経年変化をモニタリングすることができ、問題意識の変遷や課題解決の進展状況について、間接的ながら把握することができる。加えて、定期実施は研究開発組織変革に対する経営の意志表明の効果もあり、組織の活性化や新たな課題発掘・解決のスピードアップ効果も期待できる。

3　研究開発の変革方向を定める

研究開発を「生産性」と「活力」という2つの側面から診断すれば、問題点や課題、強み・弱み等が明らかになる。その後、ただちに研究開発組織が取り組むべき課題を設定し、解決に向け歩を進めていくことは、スピード重視の観点からは望ましい行動である。スピード感のある革新活動展開は、さ

図表2－9　4つの変革方向

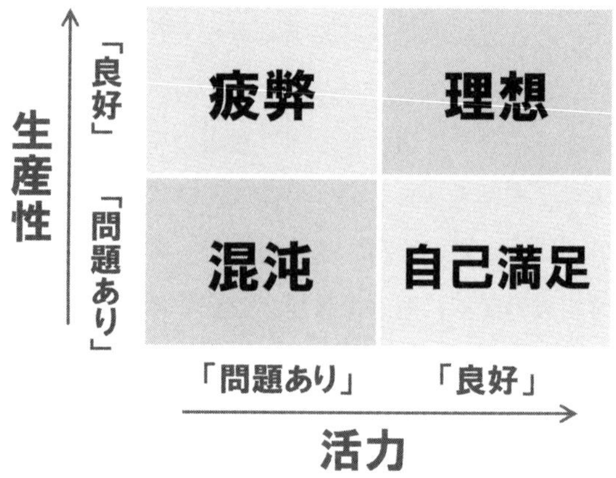

生産性 ＼ 活力	「問題あり」	「良好」
「良好」	疲弊	理想
「問題あり」	混沌	自己満足

らなる組織活性化にもつながる。

ただ、その際には、全体を俯瞰し研究開発組織変革の基本方向を定めて、各種の革新活動を体系的・組織的に進めていくことが望ましい。組織変革の基本方向は、図表2－9に示したように、生産性と活力それぞれについて、「良好」か「問題あり」の二者択一で、計4つのパターンに分類される。

生産性と活力の両方が良好であれば、当然「理想」パターンとなる。同パターンであれば、研究開発戦略を大きく変える必要はないと考えられる。生産性・活力診断の結果から設定された課題に対して、着実に解決活動を進めていけばよい。

活力は良好な一方、生産性に問題ありと判断された場合は、組織として「自己満足」に陥っている危険性がある。研究開発組織が聖域化し、研究人材一人ひとりは自らのテーマに没頭しているものの、成果意識が希薄になっている可能性がある。早急な生産性向上に取り組む必要があり、最優先すべきは、R&Dテーマの最適化である。R&Dテーマを、その期待成果、成功確率（実現可能性）及び投資の観点で再点検し、テーマの再設定とメンバー再編成にいち早く取り組むべきである。

逆に、生産性は良好であるが活力に問題があるケースは、組織が「疲弊」している危険性がある。事業部から依頼された短期的な製品開発テーマが中心となっており、研究人材のモチベーションが低下している可能性がある。この場合は、組織活力を早く回復させることが変革の基本方向である。

生産性も活力も問題ありならば、最悪のケースとなる。組織は「混沌」としており、研究開発組織の存在意義が問われていると認識すべきである。一刻も早く、研究開発戦略を再構築することが必要である。研究開発の基本使命はもとより、研究分野、重点R&Dテーマ、適正人員・投資金額をゼロベースで見直すことが必要である。

第 I 部

研究開発戦略を変える

企業の成長戦略と研究開発戦略との関係

第Ⅰ部では、まず企業の成長戦略と研究開発戦略の関係について明らかにしたい。

企業の成長戦略は、その名の通り、長期にわたって企業を成長させていくための戦略であり、主要素は事業戦略と技術戦略の2つである。

技術戦略と研究開発戦略の違いに関する質問を受けることが多い。技術戦略は技術という経営資源（Resource)、研究開発戦略は研究開発という機能（Function）を主対象としている点がまず異なる。また、前者は「ストック」（資源の蓄積)、後者は日々の活動という「フロー」の性格が強いという違いもある。確かに、両者の共通部分は小さくはないが、今や研究開発（機能・組織）の最も重要な使命は技術革新ではなく、新製品・新事業創造を中核とするイノベーションにあることもあり、両者は意識的に分けて考えた方がよい。

成長戦略と研究開発戦略の関係が変化してきている

企業における研究開発組織に期待される役割が変化してきている。かつて、研究開発組織は、企業の成長戦略に対し、総じて受動的なスタンスであったといえよう。既存の事業構造のままで持続的な企業成長が可能な時代は、それでも通用した部分もある。

しかし、新たな事業創造に挑戦し成功し続ける以外、長期にわたる企業成長が困難な現在、受動的なスタンスでは通用しない時代となっている。東レは、時流に流されることなく基礎研究重視の組織風土を醸成・維持してきた歴史を持っている。炭素繊維等の先端材料において、超長期の研究開発を粘り強く継続させて世界No.1の地位を確立し、長期にわたって着実な企業成長を実現している。トヨタ自動車も、自動車産業という数少ない成長産業の中で、世界的地位を確保しながらも、HV・EV（電気自動車）・FCV（燃料電池車）関連技術というハード中心の技術だけでなく、「MaaS（Mobility as

図表Ⅰ－1　研究開発戦略と成長戦略との位置関係の変化

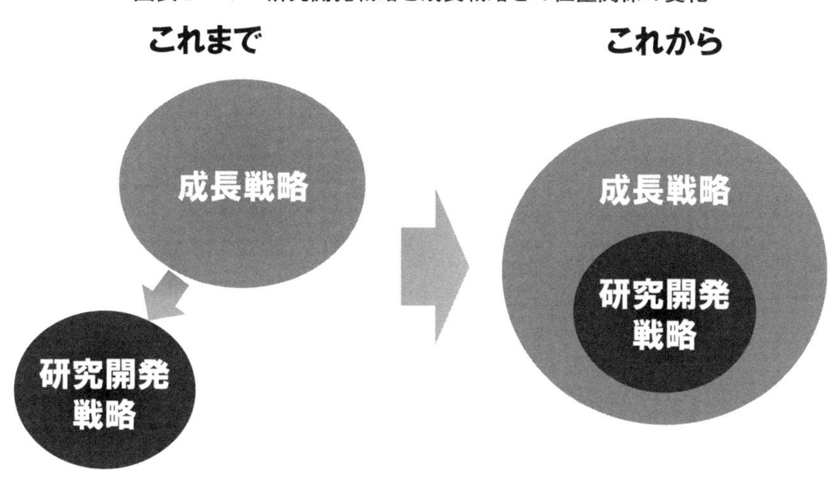

a Service)」という移動手段を提供するためのAI（人工知能）研究や自動運転に必要な技術研究をオープンイノベーションで積極展開している。

企業の成長戦略と研究開発戦略は、より緊密に一体不可分の関係となっている。かつては、図表Ⅰ－1の左図のように、まず成長戦略ありきで、研究開発戦略はその実現手段に過ぎないという位置づけが主流であった。しかし、今や研究開発戦略は成長戦略の実現手段のみならず、成長戦略の中身自体に大きな影響を与えるようになってきている。つまり、あるべき姿は、成長戦略と研究開発戦略が融合し、完全に一体化することである（図表Ⅰ－1の右図）。

研究開発組織メンバーが成長戦略をリードする時代

そのためには、研究開発組織が成長戦略を策定する意志と能力を持つことが必要となる。このことは、技術経営の目指す一要素であると考える。未来に関する情報や知識、知恵、新技術・新製品・新事業に関する革新的アイデアを企業内で一番保有しているのは、研究開発組織である。特に、「現事業」だけで企業の成長戦略を描くことが難しくなった現在、技術か市場のいずれかが新しい「拡事業」や、両方とも新しい「新事業」を成長戦略に盛り込むことが極めて重要になってきている。その意味で、研究開発組織の成長戦略策定への期待は大きい。

つまり、研究開発組織のマネジメント層は成長戦略策定に参画し、特に新規事業創造や技術戦略の構想に大きく貢献していくべきである。具体的には、経営層や経営企画メンバーとタスクフォースを結成し、共創・協働して成長戦略を構想し、具体化していくことが望ましい。そのため、参画メンバーは、専門分野の探求や個別テーマの推進に専念する一方で、経営知識を身につけ、企業や事業の未来をデザインする能力や戦略的思考能力を磨き発揮していくことが求められる。

第3章
成長戦略を構想する

1　今、求められる成長戦略とは

（1）　成長戦略は時代とともに変化する

成長戦略（Growth strategy）の定義には諸説あるが、簡潔に定義すれば、「未来に向けて持続的に企業価値を高めるための戦略体系」となろう。

求められる成長戦略は、企業の置かれている状況によって異なるし、時代背景によっても異なる。後者でいえば、戦後の高度成長期には、多くの企業にとって、基幹事業の競争優位確立によるシェア拡大が主流であった。また、1990年代前半のバブル経済崩壊から2010年頃までの「失われた20年」は、成長戦略という概念は薄れて、「選択と集中」による収益改善・財務体質強化の時代であったと思われる。

ただ、2010年頃から、GAFAに代表されるITプラットフォーマーの躍進やデジタル経済の本格進展など、多くの技術革新やグローバル競争環境の変化によって、新たな成長戦略を模索する動きが少しずつ生まれてきているように感じる。

（2）　再び売上成長へ

長期にわたって企業価値が高まっていかない限り、利害関係者の誰かにとっては不都合な状況が生まれてしまう。企業価値を見る視点・指標には、様々なものがある。従業員にとっては、給与や昇進・昇格の機会に大きな影響を与える売上高や付加価値額が重要な指標となろう。一方、株主にとっては、利益額や株式時価総額が重要指標になると思われる。

つまり、成長戦略を考える時、「企業は誰のものか」という議論は避けられないが、今の日本企業にとって最も重要なのは、売上高を主要指標とした成長戦略である。日本企業の収益構造、財務体質は、「失われた20年」以降も着実に改善が進み、上場企業のうち実質的な無借金経営状態にある企業が過半数との報告もある。その一方で、まったく実現できていないのが、長期にわたる持続的な売上成長である。

（3） コモディティー化の流れ

熾烈なグローバル競争の中、「死の谷」を越えて魅力的な新製品・新サービスを市場に投入し、「ダーウィンの海」を越えて事業として成功を目指していく過程で、大きなリスクとして待ち受けているのがコモディティー化の流れである。

「コモディティー（commodity）化」は、かつては高付加価値の製品・サービスが、熾烈なグローバル競争によって標準品・汎用品として見なされるようになることを意味する。その過程で、新製品の独自性や機能・性能・品質といった優位性維持が困難となり、顧客が商品間の差異を知覚できる要素の中心が価格となってしまう。

米Intelが1970年頃に世界で初めて市場投入した半導体のDRAM（Dynamic Random Access Memory）は、その後、日本企業が相次ぎ市場参入・事業拡大に成功し、1980年代初頭には米国を抜き日本企業の世界シェアが首位となった。そして、Intelは1985年にDRAM事業から撤退することになる。1980年代は、NECや東芝、日立製作所が世界トップシェアを競い合いながらも、各社において半導体は高収益事業として企業成長の牽引役となった。しかし、その後、韓国サムスン電子をはじめとする韓国・台湾企業の参入や事業拡大によりグローバル競争がさらに激化し、日本企業も相次いで撤退に追い込まれることになった。このような主役企業の交代の底流で進んでいたのが、コモディティー化である。

（4） 成長戦略の方向性を探る

コモディティー化の流れは、半導体以外でも、薄型TV（パネル）、パソコン、デジタルカメラ、携帯電話・スマートフォンといったエレクトロニクス・電機業界を筆頭に、多くの産業・業界に波及している。この流れが加速する中で、新たな成長戦略を打ち出していかなければならない。その戦略の方向性には様々なものがあろうが、主要なものは以下の４つと考える。

第１は、市場創造型の新製品・新事業を継続的に生み出していくことである。1980年代以前の日本企業は、欧米先進企業の先行製品・サービスへの追随からスタートし、改善・改良を続けて、最終的には圧倒的なコストパフォーマンスによる競争優位性を確立するという成功モデルを構築した。しかし、現在の日本において、このモデルが通用する産業や企業は限られている。革新的な新技術によって、微差の競争優位ではなく圧倒的優位、あるいは独創的な新製品・新事業を創造していくことが第１の方向性である。古くはソニーのウォークマン、近年ではAppleのiPodやiPhone、トヨタ自動車のHV、東レの炭素繊維事業、ホンダのHondaJetなどが該当すると思われる。

第２は、情緒的価値を重視した「感動商品」づくりである。デザインや美しさ、これまでに存在しなかった機能を顧客に提供することで、その商品を持つ喜び、使う楽しさや気持ちよさといった、顧客の主観や感性に訴えかけ、感動を呼び覚ますような商品づくりを行っていくパターンである。既成の機能や性能といった形式知化された機能的価値ではなく、むしろ暗黙知にあたる情緒的価値を追求した新商品を継続的に創出していく。ブランド価値やスタイル、運転感覚で選ばれる欧州高級車などがその典型例であろう。近年、ソニーが、「ラスト・ワン・インチ」をキャッチフレーズに、有機ELテレビなどで消費者の感動を呼び覚ますような商品づくりを重視する方針を打ち出している。パナソニックは、2018年４月に家電のデザイン拠点を京都に集結させ、(「Panasonic Design Kyoto」)、家電デザイントータルでの連携を強化し、新たな体験価値をデザインする活動を開始している。

第３は、新たなビジネスモデルの構築である。製品やサービス単体のコモディティー化が加速する中で、顧客との関係を製品・サービスの一時的な提供（売り切り）という「点」にとどめず、「面」・「空間」まで拡張した発想・構想及びその実現を目指すものである。

その代表例の1つが、今世紀初頭のAppleのiPodを機軸とした音楽事業である。iPodというハードウェアとiTunes Music Store（現在はiTunes StoreやApple Music）というソフトウェア（コンテンツ）を融合させ、ネット時代の到来を最大限に活用した新たなビジネスモデルを構築した。音楽ライブラリを常時携帯して利用できる世界を顧客に提供し、大きな感動を与えることで、新たな市場を創造した。この音楽事業への新規参入は大成功を収め、同社は再生を果たしたと同時に、新たな成長の礎を築いた。その後、ハード・ソフト両面の充実により同ビジネスモデルを進化・発展させ、独自性と競争優位性をさらに高めて、ライバルに対し大きな参入障壁を築いていった。そして、同社は、iPodを機軸とした音楽事業での成功に続いて、iPhone、iPad等のスマートフォン・情報端末事業、さらに、近年では、車載情報・自動運転システムへの参入と、新たなビジネスモデル構築への挑戦を続けている。

米Googleも、インターネット検索事業からスタートし、無償OS提供を武器とした携帯電話・スマートフォン事業を拡大させてきた。近年では、AI等の自動運転技術を武器に、MaaS（Mobility as a Service）分野への参入を進めている。

このように、IT業界が新たなビジネスモデル構築の先陣を切っている感があるが、米GEや独Siemens、日立製作所といった伝統的な大手製造業も積極的に取り組んでいる。IoT（Internet of Things）技術を活用し、従来の重電機器等のハードウェア販売に終始せずに、ソフトウェアやサービスを加えた顧客へのトータルソリューション（総合的な課題解決）の提供を目指している。トヨタ自動車のFCV（燃料電池車）普及に向けた水素充填インフラ整備の動きも、その範疇のものといえる。

第4は、本格的なグローバル展開である。近年、日本企業による海外企業のM&Aが相次いでいるが、海外市場の拡大を通じた成長戦略は、今後も有力な方向の１つであろう。ただ、その際、これまでの先進諸国市場をターゲットとした高品質な製品・サービスを引き続き中核に据えるのか、コモディティー化の流れに掉をさして「価格破壊」に真正面に取り組んでいくのかは大きな経営判断となる。後者を選択するのであれば、世界的な経済活動の中心となりつつある新興国市場のみならず、BOP（(Bottom of the Pyramid）市場と呼ばれる所得ピラミッドの最下層に位置する市場をも視野に入れたグローバル市場戦略が求められる。

2 成長戦略をつくる

（1） 事業ビジョン構想

① ビジョン構想への研究開発組織の貢献

事業ビジョンは成長戦略体系の源流にあたり、その設定内容が成長戦略の基本的な骨格を決める。この事業ビジョン構想に、研究開発組織が積極的に関与し貢献することが重要である。研究開発組織のマネジメント層が、経営層や経営企画スタッフと共創して構想を進めていくことが望ましい。その過程で、研究開発組織の参画メンバーには、長期の技術革新トレンドに関する提言や現状の冷静な技術分析、長期視点に立った魅力的な新規事業分野や具体的な有望テーマの提案を積極的に行うことが求められる。

② ビジョン構想の３つのポイント

【ポイント１】事業の変曲点を先読みする

持続的成長を遂げていく以前に、企業が長期にわたって存続していくこと自体が難しくなっている。米国の名門企業であるGMが2009年６月、Kodakが2012年１月に連邦破産法第11条（日本の民事再生法に相当）の適用を受けた。長らく日本企業、特に製造業にとって、企業業績、技術力、マネジメント面などで先行指標となってきた米GEも、長期にわたり収益面で苦戦している。このように、栄華を極めた企業が、一転、窮地に陥るケースは少なくない。

日本には、創業100年以上の企業が３万数千社（帝国データバンク調べ）あるというが、数百万社といわれる日本の総企業数からみればわずかである。また、前述したように、日本企業の財務体質はかなり改善してきているものの、全体として成長力に欠けている。

長期にわたり成長を持続させていくためには、市場と技術、競合企業の戦略という３視点について、その未来を先読みして、「事業の変曲点」を見極めることが重要である。事業の変曲点とは、事業のライフサイクル曲線の中で、その傾きが大きく変わる点である。その変曲点との位置関係によって、ライフサイクル上のステージは、黎明期（萌芽期）、成長期、成熟期、衰退期等に区分することができる。

しかし、変曲点の時期を正確に予測することは難しい。長い歴史を持ち成熟・安定した事業であっても、破壊的技術の出現や異業種企業の参入によって、急速な衰退を余儀なくされることもある。今世紀初頭の銀塩カメラからデジタルカメラへのシフト、さらにその後の携帯電話やスマートフォンによる撮像へのシフトは、業界関係者の予測をはるかに上回るスピードで起こった。

自動車も、ガソリン車からHVやEV等の環境適合車へのシフトが既に起こっている。さらに、FCVを含めて、10年後、20年後、世界市場がどんな駆動方式で構成されているかを予測することは難しい。加えて、「CASE（コネクテッド：Connected／自動運転：Autonomous／シェアリング：Shared／電動化：Electric）」や「MaaS」の進展によって、既存の自動車メーカーとIT等の新規参入企業の勢力図が今後どう変化していくかを予測することはさらに難しい。ただ、自動車産業では、「100年に１度の大変革」が、今、始まっていることは確かである。

また、変曲点の時期を仮に予測できたとしても、その影響の大きさや具体的内容について、組織として共通認識することは難しい。特に、過去の成功体験が大きい企業・組織ほど難しくなる。前述した米Kodakは、前世紀、銀塩写真の世界で大きな成功を収めたが、写真のデジタル化という環境変化への対応の遅れが経営危機を招いたとの説が有力である。IBMも、1990年代前半、コンピュータのダウンサイジングへの対応の遅れによって、一時、経営危機に陥っている。同社は、それ以前、長期にわたって大型汎用コンピュータによる高収益を達成しており、その大きな成功体験が、市場変化や後発参入の日本企業の攻勢への対応を遅らせてしまったとの指摘がある。また、ソニーの液晶テレビへの本格展開の遅れの背景には、平面ブラウン管テレビ「ベガ（WEGA）」の成功、iPod対抗への遅れには、CD/MDウォークマンの成功があったとの見方がある。成功体験が長く大きいほど慣性の法則が強く働いてしまい、過去の成功体験の否定につながるような未来シナリオを描き事業変革に取り組むことが難しくなる。

米DuPont（現・DowDuPont）は、1802年の創業以降、19世紀は火薬の会社、20世紀は化学の会社、21世紀はバイオテクノロジー企業と位置づけ経営を行ってきた。超長期の視点で変曲点を見出し、自己変革を遂げてきた好例と思われる。バイオテクノロジー重視の方針を設定した背景には、2011年に70億人を突破した世界人口が、2050年に90億人、2060年代前半には100億人に達するという未来予測結果への冷静な社内共通認識があったと推察される。Dow Chemicalと2017年9月に経営統合しDowDuPontとなった今では、アグリカルチャー事業部門（会社名：Corteva Agriscience）において、食糧問題の深刻化という未来課題に対し、農業や植物由来の素材開発などを機軸とした成長戦略を進めている。

トヨタ自動車は、自動車産業が、今、変曲点にあると強く認識しているようだ。2019年4月の入社式で、豊田社長は「今、トヨタは自動車会社からモビリティカンパニーに生まれ変わろうと全員が懸命に努力している」と発言したという。米Alphabet傘下のWaymoが2018年末から米国の一部で自動運転車を使ったサービスを開始し、Appleが米Stanford大学のAI研究者らが設立したスタートアップ企業を買収するなどの動きの中、未来における自動車産業の主導権を握り続けるという強い意志表明と思われる。

確かに、事業の変曲点を先読みし、過去の成功体験を否定するような未来シナリオを敢えて描き、事業変革に取り組むことは難しい。しかし、企業の持続的成長のためには、その努力を怠るわけにはいかない。経営トップのリーダーシップの下、マクロ視点で超長期の未来予測をする一方で冷徹な現状分析を行い、組織の英知を結集して未来シナリオを作成することが必要である。ミクロの視点、短期的視点に終始してしまうと、仮に当該事業が成熟・衰退期にあったとしても、当該事業の責任者は、その任期中の責任感によって悲観的なシナリオを描くことが難しくなってしまう。その意味でも、マクロ視点での調査・分析を踏まえ、20年、30年先といった超長期視点で、事業の変曲点を見極めることが必要となる。

【ポイント２】冷徹な現状認識

事業ビジョンを構想する上で、経営者や参画する中核メンバーの意志や思い・考え方は不可欠である。それがなければ、特長がなく、焦点の定まらないものとなってしまう。しかし、その一方で、企業全体や主要事業の実態を的確に把握することも必要である。現状認識が甘く不十分であれば、ビジョンは実現可能性のない画餅となってしまう。

企業や事業の実態を分析する視点として、Customer（顧客）、Competitor（競合）及びCompany（自社）の「3C」が有名である。ただ、筆者は、Position（ポジション）、Performance（経営成果）、Potential（潜在能力）及びCulture（組織風土）という「3P＋1C」の視点をすすめたい（図表３－１参照）。

◆ Position（ポジション）

企業や事業の「歴史上の位置」、「競争上の位置」及び「当業界の相対的位置」という３つの視点で現状分析し、共通認識を形成していく。

「歴史上の位置」は、企業若しくは当該事業が、創業・参入時期から未

図表3－1　現状認識の4視点（「3P ＋1C」）

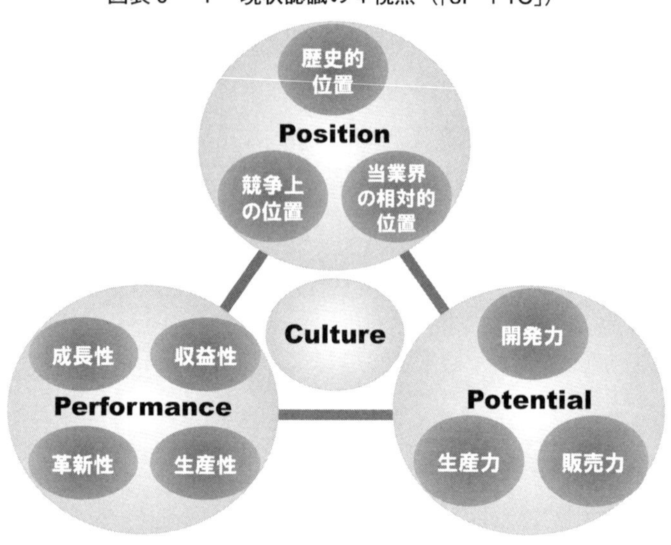

来へと続く時間軸の中で、現在、どんな位置にあるかという視点である。黎明期（萌芽期）、成長期、成熟期、あるいは衰退期といった事業のライフサイクル上の位置づけ、あるいは「第2の創業期」といった経営戦略上の位置づけを明確にする。

「競争上の位置」とは、ライバル企業とのシェアや収益等の相対比較による競争上のポジションを意味している。「当業界の相対的位置」とは、所属業界が周辺を含めた他業界と比較して、市場面（市場規模や成長性）、競争面（上位企業の寡占度等）や収益面でいかなるポジションにあるのかを判断する視点である。

◆ Performance（経営成果）

「成長性」、「収益性」、「革新性」及び「生産性」の4視点で、企業／事業の経営成果を分析・考察して共通認識していく。「成長性」は売上高成長率、「収益性」は売上高営業／経常利益率やROE（Return on Equity：株主資本利益率）といった指標で評価する。「革新性」は全体の売上高に占める新製品・新事業の比率により、「生産性」は労働生産性（1人当たり付加価値額等）や資産効率（総資産回転率等）の指標で分析していく。

◆ Potential（潜在能力）

事業推進の主要3機能である「開発力」、「生産力」及び「販売力」について、その潜在能力を分析・評価する。まず、定量面から、各機能の成果指標について、過去からの推移や競合との比較により分析する。一方、定性面では、社内有識者の主観評価を総合化する形でそれぞれの水準を推定し、定量評価結果を含めて総合評価を行う。

◆ Culture（組織風土）

活気に溢れ絶え間ないイノベーションを起こしていく組織風土が醸成されているのか、あるいは内部志向が強く大企業病が蔓延してイノベーションが期待できない状況にあるのかを分析・評価・判断する視点である。組織風土の水準は定量化が難しく、定期的な構成メンバーへのアンケート診断やインタビュー・ヒアリングの継続実施によって、粘り強く評価を積み上げていく必要がある。

なお、研究開発組織の組織風土に関しては、前章（第2章）で詳述した「R&D 活力診断」が有効である。

【ポイント3】ビジョンの「核」と「軸」の明確化

1980年代後半から1990年代初期にかけて、バブル経済の時期と重なるように、企業ビジョン策定のブームがあった。大きな節目となる新世紀まで残り約10年という好機であったことに加え、当時の日本企業の国際競争力の高さや右肩上がりの経済成長を背景に、バラ色の未来像が描きやすかったこともその後押しとなった。ただ、経営環境が良かった（良過ぎた）ため、その内容は10年後の高い収益目標設定を中心とした「長期収益計画」の域を脱しないものが多かった。事業構造を変革するという経営の強い意志や思いは感じられず、策定作業も中堅・若手社員に過剰に依存してしまうケースも目立った。競争力や収益力の劣る事業も縮小・撤退の対象から外れ、総花的で企業成長の「軸」も概して不鮮明であった。その結果、この時期に策定されたビジョンはバブル経済の終焉とともに大幅な見直しを迫られ、機能不全により実質的に放置されてしまうこととなった。こういった状況から、1990年代中盤以降、「ビジョン」という言葉に対するネガティブな意識が強まった。

しかし、企業／事業ビジョンは、どんな時代にも必要である。特に、経営環境が不透明な時代こそ、揺るぎない明確なビジョンを手掛かりに地道な革新活動を続けることが求められる。過去のビジョンの問題点をクリアして、実効性のあるものに一新する必要がある。その最重要ポイントは、ビジョンの「核」と「軸」を明確に打ち出すことである。ビジョンの「核」とは企業経営／事業運営の根幹をなす考え方・価値観、「軸」とは事業展開していく上での筋道や指針である。

（2） 最適な事業領域の設定

① 事業領域設定の3視点

事業領域は企業の「生存領域」であり、その選択は企業の盛衰や生死を決める成長戦略の重点要素である。事業領域は、①成長性、②収益性、③競争優位性の3視点から検討し設定していく。

第1の視点は成長性であり、基本条件は、「成長分野にいること」である。成長分野は、市場、技術両面で革新余地が大きく、新たな事業参入や事業拡大の可能性が高い。富士フイルムは、今世紀初頭の銀塩写真フィルム市場の急激な縮小を受け、積極果敢に事業構造改革に取り組んだ。成長分野である医療やライフサイエンスを、新たに事業領域に組み入れた。2008年に富山化学工業を買収・子会社化して創薬事業へ参入した後、再生医療事業への参入・本格展開へと事業領域を拡大している。ソニーやキヤノンといったエレクトロニクス企業も、ライフサイエンス事業を将来の柱事業の1つにするために、M&Aを含めた戦略を展開している。

これまで、製薬や自動車といった長期にわたって安定的に市場が成長してきた産業・業界に属する企業は、収益も右肩上がりで推移してきたこともあって、事業領域の大幅な変更の必要性は低かった。しかし、今後、異業種を含めたグローバル競争が激化する中で、成長性の高い新たな事業分野を自社の事業領域に組み入れていくことが必要となってくるであろう。

第2の視点は、収益性である。適正利潤が確保できる事業領域を選択できなければ、未来への投資を確保し続けることが難しく、結果として、長期にわたる企業成長を実現することはできない。特に、基幹事業の利益率が長期にわたって低迷することが予想される場合には、早期に新たな事業分野を加えた事業領域を再設定する必要がある。

蘭Philipsは、1990年代まではテレビやビデオなどのAV（音響・映像）機器市場で日本企業の最強のライバルであった。しかし、同市場における収益低迷を受け、今世紀に入って事業領域の大きな変革を行った。AV事業（液晶パネル含む）や半導体事業から撤退し、祖業である照明事業を分離する一方で、新たに医療事業を柱事業の1つに据えた。同事業では、大型のM&Aを含め、積極拡大戦略をとっている。パナソニックは、今世紀に入って三洋電機の買収やプラズマテレビへの巨額投資など、AV事業を再強化する動きを一時見せたが、近年はAV事業の収益低迷を受けてプラズマテレビ事業や国内の個人向けスマートフォン事業から撤退するなど、AV事業を絞り込む動きをしている。その一方で、自動車（電池等）及び住宅を成長戦略の重点分野に位置づけた事業展開を進めている。

第3の視点は、競争優位性である。仮に成長性、収益性の高い事業領域を選択していたとしても、競争優位性がなければ勝ち残っていけない。概して成長性、収益性の高い事業ほど、事業参入が相次ぎ、熾烈な企業間競争に陥りやすい。例えば、再生医療分野は2050年に世界市場が38兆円規模まで成長するという試算もあるが、高成長分野であるがゆえに勝ち残りのための競争は熾烈となっている。そのような中、武田薬品工業は、疾患領域を、がん、中枢神経、消化器系疾患の3分野にアイルランドの製薬大手Shire plc社の買収で加わった希少疾患と血液製剤を合わせた5分野に絞り込んでいる。

米GEは、近年、業績不振が伝えられるが、長らく日本企業にとって事業面に限らずマネジメント面でも先行指標というべき存在であった。1960年代後半には、SBU（Strategic Business Unit：戦略的事業単位）という経営概念を採り入れ、「業界シェアがNo.1若しくはNo.2」に該当しない事業からは撤退するという「選択と集中」を進め、「利益ある再成長」を実現した。その過程で、当時の成長分野の代表格であったコンピュータ事業から撤退している。その背景には、巨人IBMとの競争優位性の格差に対する冷静な判断があったとされる。ソニーは、パソコン事業の売却、テレビ事業の分社化を進める一方で、世界的競争力を持つとされる画像センサーやゲームといった事業を新たな成長戦略の柱に据えた展開を進め、業績を回復させている。

②　日本企業の事業領域設定のトレンド

日本企業の事業領域は、1970年代後半から1990年代前半のバブル経済崩壊まで、概して拡大傾向にあった。この間、1985年のプラザ合意もあって長期トレンドで円高が進み、日本企業の多くは、基幹事業の国際競争力低下という危機に直面した。そこで、既存の事業構造のままでは持続的な企業成長は難しいと判断し、多くの企業が新たな事業に積極的に挑戦する意思決定を行った。そして、その過程で、事業領域は次第に拡散の方向へと向かった。ただ、当時の新規事業の大半は、雇用確保を主眼とした既存事業とのシナジー（相乗効果）のない「異分野多角化」事業であったため、勝ち残るための競争力や十分な経営資源を持ち得ず、多くの新規事業は、その後、苦戦を強いられることとなった。

1990年代前半のバブル経済崩壊を契機に日本企業の財務体質は一気に悪化し、多くの企業は本業重視の経営方針へと転換した。その結果、大半の新規事業は撤退や売却の対象となり、事業領域は「選択と集中」という形で絞り込まれた。長期を見据えたイノベーション投資も減少し、今世紀に入って最初の約10年を加えた約20年間、この流れが続くことになる。研究開発も短期志向の製品開発やコストダウン研究に重点が置かれ、長期的な新製品・新事業開発、革新的な新技術開発投資は急速に減少し、未来志向・挑戦志向の研究者や技術者にとっては逆風の時代が続いた。

それが、近年になって、再び事業領域拡大のトレンドが見られる。現状の事業領域・事業構造のままでは未来に向けた成長戦略が描けないことを問題視し、新規事業への挑戦を再開した企業が増えてきている。AIや高速通信(5G等)、バイオテクノロジー、再生医療、先端素材といった成長産業分野を中心に、事業領域を拡大する動きがある。ただ、1980年代の事業領域拡大とは、様相が大きく異なる。当時は異分野中心の「非関連多角化」が中心であったのに対し、現在は技術等の経営資源の面でのシナジー発揮を前提とした「関連多角化」が主流である点が最大の違いである。日立製作所は、「社会イノベーション事業」を事業領域に加え新たな事業創造に挑戦しているが、同社が長年培ってきたインフラ技術と高度なITの融合という技術を核とした事業展開を基本としている。

③ 事業領域の再定義――成長戦略革新フレームを使って

事業領域の設定には、いくつかの方法がある。企業理念を踏まえつつ、経営者が自らの思いや戦略コンセプトを軸にトップダウンで進めていくやり方、現在の事業領域をベースに追加すべき新規事業領域を個別に足し込んでいくという現実的なやり方等がある。

いずれのアプローチを採るにせよ、最適な事業領域の設定に向けた検討をより有効的かつ効率的に進めるために、**図表3－2**に示した「成長戦略検討フレーム」を提案したい。同フレームは、「事業領域変革軸」と「経営資源活用軸」の2つを縦軸・横軸としている。

縦軸の事業領域変革軸は、事業領域を拡大させていくか、逆に事業の選択と集中を進め事業領域を絞り込んでいくかを対極とする軸である。横軸の経営資源活用軸は、自社が保有している経営資源をフル活用した事業展開をするか、逆に外部との経営資源の流出入（「流動化」）を前提とした事業展開を

図表３－２　成長戦略検討フレーム

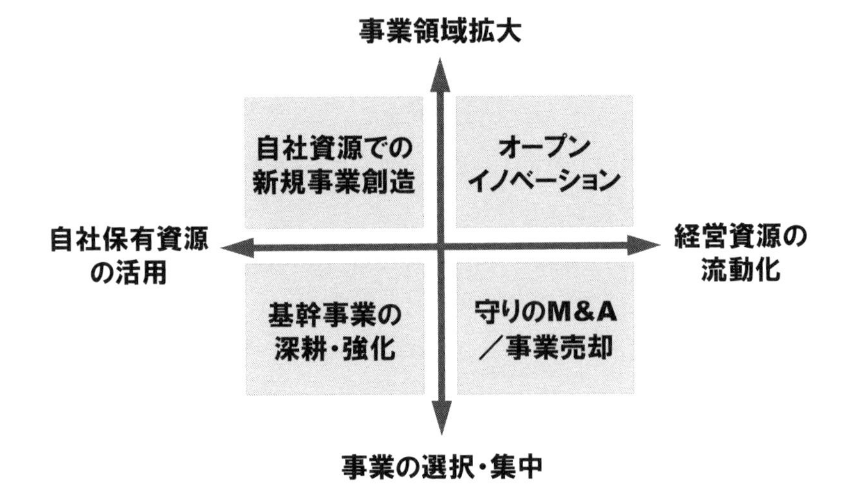

進めていくかを対極としている。同フレームは、この２つの軸からなる４つの象限のいずれを戦略的に重視していくべきかを検討し、事業領域やSBUの再設定につなげていくことを目的としている。

◆【左下象限】：基幹事業の深耕・強化

現在の基幹事業を、さらに強化・進化させていく戦略方向である。基幹事業における革新的な新製品・新サービスの創出やコスト競争力の強化を、自社資源のフル活用によって進めていく。基幹事業の深耕・強化によって市場シェアを高め、収益拡大を目指すパターンである。このパターンで企業全体の成長が長期にわたって実現できれば理想的であろう。

しかしながら、熾烈なグローバル競争の中、基幹事業が右肩上がりで成長していく確率は低下している。絶え間ないイノベーションによって事業変革を続けていかない限り、持続的な企業成長は難しくなっている。例えば、テレビ事業において、ブラウン管テレビから液晶／プラズマテレビ、有機ELテレビへと進化していく過程で、企業勢力図は大きく変化した。携帯電話・スマートフォンにおいても同様である。

自動車においては、ガソリン・ディーゼル車からHV、EV、FCV等の環境適合車へのシフトが進みつつあるが、これまでのところは企業勢力図に劇的な変化は起こっていない。とはいえ、未来に向けて「CASE」や「MaaS」の進展の過程でITの重要性はさらに高まり、GoogleやApple等のIT企業の存在感は増しつつある。今後、異業種を含めた大きな企業再編が断続的に起こる可能性がある。

基幹事業の深耕・強化の方向は、必ずしも過去の戦略の延長線上にあるとは限らない。その意味で、漸進的（Incremental）イノベーションだけではなく、急進的・抜本的（Radical/Drastic）イノベーションが求められるケースが、今後増えていくであろう。

◆【左上象限】：自社資源での新規事業創造

自社の技術や社内研究開発の成果をもとに新たな事業を創造していく戦略方向である。古くは1970年のキヤノンの普通紙複写機（国産初）からトヨタ自動車のHVやFCVの創出、今世紀初頭のAppleの音楽事業参入（iPod）や2007年発売のiPhone創出まで、広義（他社技術導入・提携が一部含まれる）にとらえると、この象限の範疇に入ると考えられる。

基幹事業の深耕・強化だけで成長戦略が実現できる企業は少ない。大半の企業は、新規事業創造を継続的に行っていくことが不可欠な状況にある。その際、自社の技術や研究開発を機軸に新規事業創造に取り組んでいくパターンは、未来においても成長戦略の最有力パターンであることは間違いないであろう。

◆【右上象限】：オープンイノベーション

グローバル競争がさらに激化していく中で、新規事業創造を自社の経営資源だけで展開することは、スピードや投資効率等の面で難しくなってきている。社外の英知や資源を活用するオープンイノベーションの思想や手法を、必要に応じて取り入れることがより重要となっている。

M&Aの事例でいえば、JTの英ガラハー買収（2007年）、武田薬品工業の米Millennium Pharmaceuticals社（2008年）、スイスNycomed社（2011年）及びアイルランドShire社（2019年）の買収、サントリーによる米酒類メーカーBeam社の買収（2014年）、ソフトバンクの英半導体設計大手ARM社の買収（2016年）といった大型のM&Aが、近年、話題となった。

このように、M&Aが成長戦略の主要な手段として定着してきている中で、長期にわたって戦略的なM&Aを展開している代表例の1つが、富士フイルムのヘルスケア事業である。2008年に富山化学工業を買収・子会社化したのに始まり、2010年には再生医療ベンチャーのジャパン・ティッシュ・エンジニアリング（J·TEC）への出資（2014年には子会社化）、2011年にはバイオ医薬品の受託製造会社（2社）の買収、2015年に米国のiPS細胞を開発・製造するCellular Dynamics社、2017年には武田薬品工業の子会社で総合試薬メーカーの和光純薬工業の買収・連結子会社化と、継続的かつ戦略的なM&Aを展開している。その成果もあって、今世紀初頭には2,000億円程度だった売上高が、2018年度には4,843億円まで拡大している。さらに、2020年代半ばには1兆円規模に伸ばす方針も明らかにしている。

戦略提携についても、進展が見られる。トヨタ自動車は、かつて自前主義が強いとの評もあったが、近年では積極的な戦略提携を行っている。次世代移動サービス「MaaS」で主導権を握るため、2019年、ソフトバンクと共同でモネ・テクノロジーズ（MONET Technologies）を設立し、他の自動車メーカーとの資本提携も計画しているようである。配車サービスでは、米Uber社や東南アジアにおけるGrab社に資本参加をして協業を行っている。

オープンイノベーションは、前述したM&Aや（企業間）戦略提携の他、産学連携やVB投資等、様々な形で進展している。

◆【右下象限】：守りのM&A／事業売却

本業への「選択と集中」を、経営資源の流動化の観点で進めていく戦略方向であり、2つに大別される。1つは同業種間及び特定事業を対象としたM&A、もう1つは事業売却である。

この象限におけるM&Aの特徴は、右上象限の「攻め」のM&Aとは異なり、基幹事業の再強化という「守り」を狙うことにある。M&Aによって事業規模を拡大する一方で、経営機能・資源の統廃合を進め、事業競争力強化と経営効率向上を同時実現していくことを目指す。日立製作所が2007年に原子力事業でGEと、2014年に火力発電システム事業で三菱重工業と事業統合を行ったケースはこれにあたる。なお、守りのM&Aは、一般的に規模の経済が強く働き、比較的成熟化した産業・業種に多く見られる。

第2の事業売却は、非戦略事業を外部企業やファンドに売却して、得られた資金を基幹事業や次世代の有望事業に集中投資するために行われることが多い。米GE、独Siemensは、基幹事業を強化するため攻めのM&Aを進める一方で、いずれも家電事業を売却した。日立製作所も、2008年秋の米金融危機以降、金融や物流、工具などの事業を売却し、2009年には22社あった上場子会社を、現在では4社まで絞り込んでいる。

パナソニックは、2011年度、2012年度の大幅な収益悪化を受け、半導体の国内外主要工場の売却、プラズマテレビ事業及び国内の個人向けスマートフォン事業からの撤退、ヘルスケア子会社の米投資ファンドへの売却、さらにはシステムLSI事業の富士通との事業統合と、まさに当該象限の戦略パターンを多く実践してきた。ただ、その一方で、自動車と住宅を新たな成長分野と位置づけ、攻めのM&Aを含めた新規事業展開を行っている。

日産自動車も、2017年、保有するカルソニックの株式を米投資ファンドに売却した。EVやAI等、自動車の「CASE」化対応の原資とすることがその背景にあると思われる。いかなる事業にもライフサイクルがあり、市場環境や競争環境の悪化や戦略的失敗によって収益悪化や事業競争力の低下が進み、非戦略事業と位置づけられるケースはある。その際は、守りの

M&Aによって事業競争力を復活させるか、事業売却をして将来の有望事業にその資金を振り向けるかの経営判断が求められる。

これら4つの象限のどこを成長戦略の主軸とするか、あるいは各象限ごとにどう進めていくかを議論し、意思決定につなげていくことが重要である。

仮に、現在の基幹事業の長期にわたる持続的成長の可能性が高ければ、事業領域の拡大を急ぐ必要性は相対的に低くなる。事業領域拡大よりも、基幹事業の競争力強化に集中することが戦略的には定石であろう。新規性の高い事業は経営リスクが大きい上、経営資源の分散による経営効率の低下につながる危険性もあるためである。ただ、磐石に見える基幹事業も、市場ニーズの大きな変化や破壊的イノベーションの出現によって、その土台が揺らぐリスクもある。その意味で、長期視点に立って、新たに参入すべき事業分野候補や破壊的イノベーションに対抗しうる革新的技術開発等の準備は絶えずしておくことが望ましい。

逆に、現在の事業構造では持続的な企業成長が困難と思われる場合は、新規事業領域への挑戦が必要となってくる。その際に避けるべきは、事業領域拡大を急ぐあまり、自社のコア・コンピタンス（中核能力）とかけ離れた非関連多角化となってしまうことである。特に、製造業においては、技術戦略と連動した新規事業展開を強く意識すべきである。

（3） 長期経営目標を設定する

① 長期経営目標の意義

長期経営目標には、2つの意義がある。第1は、事業ビジョンの特徴を経営成果という面で客観的・定量的に明示することである。第2は、成長戦略の具体化やその実行に求める水準をストレッチすることである。挑戦的ではあるが実現可能性のある経営目標を設定することで、とるべき戦略自体も挑戦的で革新的なものに研ぎ澄まされていく。絶え間ないイノベーションの必要性が高まり、内部志向等の大企業病を払拭するという副次効果もある。

② 長期経営目標に適した指標とは

業種による違いはあるだろうが、長期経営目標の収益面での重点指標を総括すれば、売上高、従業員数、営業利益（率）及びROE（Return on Equity：株主資本利益率）の４つである。

そのうち、売上高は、未来においても成長戦略の最重要指標である。ただ、過去10～20年、売上高が低成長若しくは横ばいの企業が多く、日本企業にとって長期にわたる売上高の持続的成長は、成長戦略策定時の第１の基本条件である。パナソニックは、2008年秋の米国発の世界的金融危機以降、収益構造が急速に悪化し、2011年度、2012年度に巨額の損失を計上した。その後、家電事業、デバイス・半導体事業を縮小・撤退させる一方で、住宅産業分野と車載事業分野に注力する戦略に大きく転換した。2018年度に成長戦略を策定した際、これら２注力分野の将来目標売上高を高く設定している。

従業員数は、売上高や付加価値額の目標と連動し、労働生産性を決定するという意味で重要な指標である。労働生産性も、売上高同様、持続的に高まっていかないと従業員の給与等の処遇面を改善することができず、モチベーションの維持・向上が難しくなる。

営業利益は、「本業の儲け」を示す経営指標として、引き続き重要である。営業利益の水準が低ければ、未来に向けた投資は制限されてしまい、持続的な成長がより難しくなる。

ROEは、株主に対する配当原資としての意味合いもあり、株主重視経営が求められていく中で、その重要性はさらに高まっていくであろう。

近年は、キャッシュフロー（現金収支）やEVA（Economic Value Added：経済付加価値）等の経営指標を重視すべきとの指摘が強まっている。キャッシュフローは、バブル経済期の過剰投資の反省からクローズアップされた指標でもあり、事業の実質的価値評価や投資のガイドライン設定の際の重要指標として中期目標に活用している企業もある。ただ、その数値は実質的に営業利益と減価償却費が２大変数であり、営業利益は前述した４重点指標に入っていることもあって、長期指標としての重要度は高くない。

EVAは、資本コストと事業利益の関係を分析して経営効率の向上につなげていくため、事業の評価や選別に活用される。しかし、EVA向上には資本コストを小さくすることが近道であるため、長期的視点に立った投資や成功確率が不鮮明なイノベーション活動を抑制してしまう危険性がある。

以上の理由から、キャッシュフローとEVAの2指標は、長期的な経営指標に組み入れる必要性は低いと考える。

③　長期経営目標設定のポイント

長期経営目標設定の第1のポイントは、「変革」とセットになっていることである。1990年前後に策定された企業ビジョンが機能不全に陥った最大の原因は、変革コンセプトの不在にある。当時、日本企業の国際競争力が高くバブル経済の時代ということもあって、過去の右肩上がりの数字を単純に未来に外挿していく形での目標設定が多かった。しかし、経済／経営環境が大きく変わり、今や「変革なくして成長なし」の時代である。例えば、10年後に売上高を倍増させるという目標を設定する場合、事業領域の変更の必要性、あるべき事業構造、取り組むべき新規事業分野や重点テーマについて、徹底的に検討して設定しなければならない。変革の裏づけが希薄な目標には、説得性がなく、共感・共鳴は得られない。

第2のポイントは、「重点志向」である。強化していくべき事業と縮小・撤退すべき事業を明確に峻別した目標設定をすべきである。衰退期にある事業、競争力の維持・強化の見込みのない事業には早期に見切りをつけて、成長余地のある基幹事業の強化や新規事業創造に経営資源を重点配分すべきである。技術をはじめとする経営資源や経営機能についても、その市場価値や独自性・競争優位性の観点から存在価値を検証し、重点強化すべき資源・機能を明確にする必要がある。

第3のポイントは、先に示した成長戦略検討フレームの一視点でもある「経営資源の流動化」である。M&Aや戦略提携といったオープンイノベーションが、成長戦略の有効な戦略オプションとして定着しつつある。中期経営計画にM&A投資枠を設ける企業も増えてきている。M&Aによる成長目標が推定できれば、自社保有の経営資源を中心とした有機的成長目標に加算することができ、より高い目標設定が可能となる。

第4のポイントは、収益面での目標だけでなく、イノベーション関連目標を組み入れることである。収益目標だけで、経営／事業革新のダイナミズムを生み出すことは難しい。新事業売上高の全売上高に占める割合（新事業比率）や世界No.1製品・事業の売上高といった目標設定も検討すべきである。

最後（第5）のポイントは、経営者の経営目標設定及び達成への責任感とリーダーシップである。目標設定をミドルや第一線任せにせずに、自らの思いと論理的背景を踏まえた目標設定のガイドラインを示すとともに、目標の詳細展開を主導していくことが重要である。

（4） SBU（戦略的事業単位）ごとの戦略策定

① SBUの設定

事業ビジョンは、成長戦略体系の源流であり、羅針盤である。ただ、事業ビジョンだけでは成長戦略は機能しない。企業規模が大きくなり、事業内容が多岐にわたるようになると、戦略的な事業単位（SBU）の設定が必要となってくる。しかし、現実には、SBUとは名ばかりで、現存する製品やサービスを単にグルーピングすることに終始し、有効に活用している企業は少ない。新たな市場創造や事業競争力の強化に向けた、未来志向のSBU設定が望まれる。

SBU設定の際の2大視点は、「市場」と「技術」である。具体的には、市場と技術のマトリックスの中で、既存の製品・事業と未来に向けた新製品・新事業（候補テーマ含む）を、市場開発と技術開発の両面から検討し、試行錯誤しながら、未来志向で最大のシナジーが発揮できるような製品・サービスの「群」を設定していく。

②　SBUの戦略的位置づけの明確化

SBUの戦略的位置づけは、1）未来コア事業、2）収益極大化事業、3）成長事業、4）新規事業の4つに区分される。

1）未来コア事業

未来に向けた持続的な企業成長の中核となるべき事業である。将来の企業収益の柱になるとともに、業界においても主導的地位を確立し続けることが期待される。事業ポートフォリオでいえば、「花形事業（"star"）」、若しくはその有力候補事業である。

しかし、現在は花形事業であっても、市場ニーズの激変や異業種参入、破壊的イノベーションによって、将来は花形事業から脱落してしまう危険性はある。そのため、現在の花形事業の競争力を維持・向上させていく一方で、現在は花形事業には該当しないが、将来なり得る可能性を秘めた事業を新たな未来コア事業（候補）と定め、積極拡大していくべきである。

2）収益極大化事業

現在は花形事業に位置づけられていても、市場の成熟化等により将来的に成長が期待できなければ、未来コア事業と位置づけることは難しい。その場合は、「収益極大化事業」と位置づけ、投資を極力抑えて利益を刈り取っていくことが基本である。事業ポートフォリオにおける「金のなる木（"cash cow"）」に該当する。限られた投資枠の中で究極のコスト低減を目指し、キャッシュフローの極大化を狙っていく。生み出されたキャッシュフローは、未来コア事業をはじめ成長性の高い事業への投資に振り向けていく。

3）成長事業

高い成長が期待できるものの、成長戦略の対象期間中では未来コア事業ほどの企業収益は期待できない事業である。成長事業は、その市場成長性の高さにより、新規参入が相次いで競争環境が熾烈となる傾向にある。そのため、独自性や競争優位確立の源泉となる技術などを強化し、市場成長率を上回る売上高成長率を達成して、将来の未来コア事業へと進化させていくことを目指す。

4）新規事業

未来に向けて成長事業、未来コア事業へとステップアップしていく可能性を秘めた、自社にとって新たな事業である。長期にわたる持続的な企業成長を実現させていくためには、新規事業の種を絶えず蒔き育成し、事業化を成功させていくことが不可欠である。自社開発のみならず、産学連携や企業間の共同研究・開発、他社からの技術導入等、オープンイノベーション活用も視野に検討していく。

③　SBUごとの戦略策定のポイント

SBU戦略の策定は、1）社内外の環境分析、2）戦略の基本方向の打ち出し、3）主要戦略項目の具体化、4）事業計画の立案という手順で進めていく。その中で最も重要なステップが、「2）戦略の基本方向の打ち出し」である。まず、前述した4つのSBUの戦略的位置づけを踏まえ、1）収益構造（売上／付加価値／利益）、2）事業構造（市場／製品・サービス）、3）バリューチェーン、4）事業革新の軸について検討し設定していく。

（5）　技術戦略の策定

①　企業における技術の価値とは

技術（で勝つこと）の重要性の背景・理由の第1は、技術によって既存製品・事業の競争優位性が確立できる可能性が高まることにある。独自性・差別性のある機能・性能の付与、品質向上、製造コスト競争力向上といった事業貢献である。

第2は、新製品・新事業の「核」となり得ることである。技術を核とした新製品・新事業の創造は製品・サービス内容の魅力を高め、成功確率を向上させる可能性がある。

第3は、技術という無形の資産価値、つまり、財務的価値である。近年、増加傾向にあるM&Aにおいて、被買収企業の技術価値が重視されるケースが増えてきている。例えば、2016年の鴻海精密工業によるシャープ買収の際、同社の持つ「IGZO」という酸化物半導体技術が、買収価格に大きく影響したとの指摘がある。医薬品業界でも、創薬ベンチャーの買収金額が、その総資産規模や売上高規模の数倍、時には数十倍となるケースもある。

日本企業においては、1990年代初頭のバブル経済崩壊以降、長らく短期志向の製品開発が主流となり、技術重視の経営が途切れてしまった感があるが、近年、再び技術重視の経営を目指す企業が増えているように感じる。

②　今、求められる技術戦略の概要――事業と技術の「２軸同時革新」

技術戦略は、技術という無形の資産を未来に向けて最適化していく戦略である。その最大のコンセプトは、事業と技術の「２軸同時革新」である。成長戦略の２大要素である事業戦略と技術戦略を融合させることが重要なのである。事業軸から見て技術に何を期待するのか、逆に、技術軸から見て事業に何が貢献できるのかを明確にし、その交わった部分（「交差点」）を広く深く耕していく努力がより重要となってきている。

技術戦略については、そのアウトプット及び策定プロセスを含めて、第８章で詳述する。

図表３－３　事業と技術の「２軸同時革新」イメージ

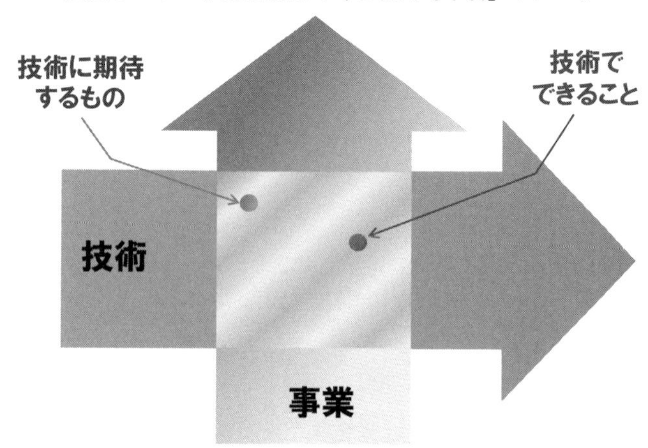

第4章

研究開発戦略を具体化する

1　研究開発戦略のあり方と策定ポイント

（1）　研究開発戦略のあり方を変える

成長戦略の「先導」が、研究開発戦略の第1のキーワードである。例えば、事業（部）の戦略が先に策定され、その後に実現手段として研究開発戦略を策定するパターンでは、研究開発組織の能力や研究者・技術者の持つ未来に関する知識やアイデアを活かすことが難しい。その意味で、成長戦略の構想・策定に研究開発組織（メンバー）が参画することが重要となる。それによって、成長戦略の質は高まり、研究開発戦略との融合・一体化も進む。

企業の成長戦略の2大要素は事業戦略と技術戦略であるが、それらと研究開発戦略の関係を明示したものが、図表4－1である。3者は、相互に深く関係し合っている。混同されがちな技術戦略と研究開発戦略の違いは、以下の通りである。技術戦略は技術という経営資源（Resource）、研究開発戦略は研究開発という機能（Function）を主対象としている点がまず異なる。また、前者は「ストック」（資源の蓄積）、後者は日々の活動という「フロー」

図表4－1　事業戦略・技術戦略と研究開発戦略の関係

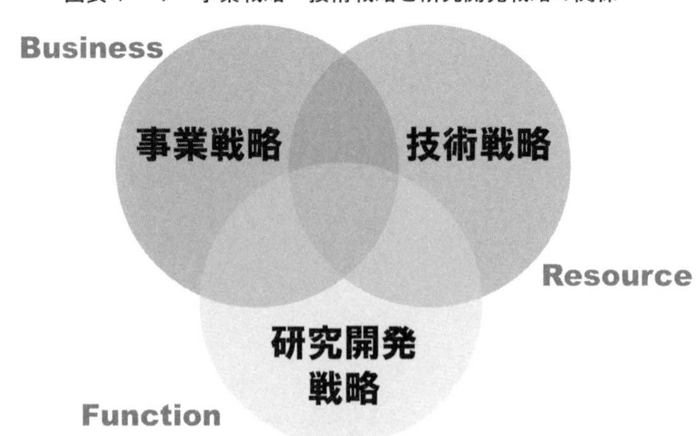

の性格が強いという違いがある。

第２のキーワードは、「イノベーション」である。魅力的で実現可能性のある新製品・新事業を継続的に創出し、長期にわたる持続的な企業成長に大きく貢献する内容となっていることである。社内貢献ではなく、市場創造をリードしていく内容が求められる。

第３は、研究開発の「生産性目標」の明示である。日本企業の研究開発投資は、これまで長期的には拡大基調にあった。中でも、製薬企業の一部では、研究開発投資額が売上高の20％前後の水準まで高まってきている。その投資額に見合う成果を生み出しているか、つまり、生産性に経営の厳しい目が注がれるようになってきている。この生産性に対し、研究開発組織は受け身で向き合うのではなく、組織変革の機会ととらえ、長期的に生産性を飛躍的に高めていくという前向きの姿勢で目標設定を進めるべきである。

（2） 研究開発戦略の策定ポイント

① 事業ビジョンを源流に事業戦略と技術戦略でシナジーを発揮させる

研究開発戦略は成長戦略と一体不可分の関係が理想であるが、策定手順としては、事業ビジョン構想が第一歩となる。特に、研究開発組織（メンバー）は、その過程で将来を見据えた価値ある新製品・新事業を積極的に提案し、魅力的かつ実現可能性ある事業ビジョン構想づくりに貢献することが重要である。そして、策定された事業ビジョン構想を源流として、SBU（Strategic Business Unit：戦略的事業単位）と技術を「事業と技術の２軸同時革新」の思考で戦略的に構想していく。さらに、事業展開シナリオや技術ロードマップをつくり込んで、一連のアウトプットを研究開発戦略の具体化に活かしていく（図表４－２参照）。

図表４－２によれば、「狭義」の研究開発戦略は前段階の成長戦略構想の実現手段の位置づけにあるように見えるが、「広義」にとらえるならば、成長戦略構想の段階から研究開発戦略の検討が実質的に始まっていると考える

図表４－２　研究開発戦略策定の羅針盤となる成長戦略策定フロー

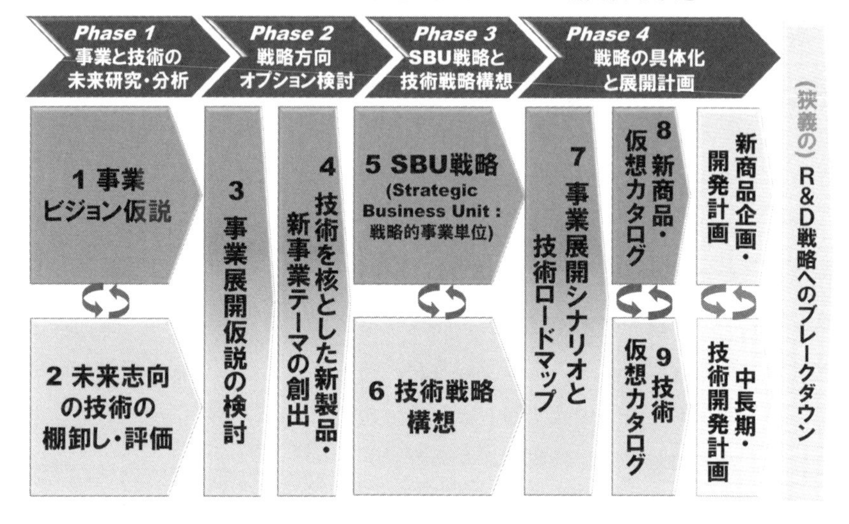

べきである。

② クロスファンクション（機能連携）での戦略策定

研究開発組織（メンバー）には、成長戦略の構想に大きく貢献していくことが期待されている。特に、有望な新規事業アイデアや未来技術予測に基づいた革新的技術提案に対する研究開発組織への期待は高い。参画メンバーは、その期待に応えるだけの未来に関する知識や知見を深めるとともに、企業の未来をデザインする能力、戦略的思考能力を高めていく努力が必要である。技術的専門性や事業開発能力のみならず、経営戦略に関する基礎知識と応用力が求められる。

ただ、成長戦略構想の対象範囲は既存事業領域を含め広範にわたるため、経営層や経営企画スタッフとの共創が基本となる。未来に向けた知識・知見・知恵を社内で最も保有する研究開発組織のメンバーと、過去から現在に至る主に既存事業領域に関する詳細データを保有する経営企画スタッフなどのメンバーが、クロスファンクション（機能連携）で戦略検討することによって、より価値があり実効性の高い成長戦略構想が可能となる。

③　研究開発成果及び生産性の長期視点での飛躍的向上

研究開発への投資に対して期待以上の成果を生み出していると認識している経営者は、残念ながら少数派であろう。「わが社の研究所から、近年、画期的な新製品・新事業、革新的な技術が生まれていない」、「研究所には事業部の要望に対して十分な解決能力がない、対応スピードも遅い」といった声が多く聞かれる。

これまで研究開発投資額が右肩上がりで増加してきた企業は多いが、研究開発組織がその存在価値を高め、信頼できる組織であり続けるためには、研究開発成果を飛躍的に高め、生産性を大幅に向上させていかなければならない。

ただ、研究開発成果や生産性の目標設定は、短期視点ではなく長期視点で行うべきである。短期視点での目標設定は、他社追随型の製品開発やコストダウン研究など、まさに短期間に確実な成果が見込めるテーマへの偏重を招いてしまう。そうなってしまうと、将来的には大きな成果が期待できてもその創出に多くの時間を要するテーマは敬遠され、結局のところ、中長期的に生産性を大きく高めることが難しくなる。

つまり、研究開発成果の代表的指標である新製品・新事業創出額については、5年後に2倍、10年後に3倍のレベルまで高めるといった、長期視点で挑戦的な目標設定を行うべきである。そして、その目標達成に向けた戦略シナリオと具体的な実行計画を作成していくことが求められる。

④　テーマがあって組織がある――ゼロベース発想

研究開発活動は戦略業務であり、定常業務ではない。これは、製造部門や事務管理部門と大きく異なる点である。戦略業務の内容は、戦略が変われば大きく変動する。戦略の変更によって新たなテーマ（業務）が生まれ、既存テーマの一部が中止・廃止されることが、むしろ正常な状態といえる。しかし、現実は、過去からの慣性の法則が働いて、戦略が変わっても旧態依然とした研究開発活動が続いてしまっているケースが多い。研究開発活動は戦略業務であることを再認識し、戦略を軸に研究開発活動の枠組みとその中身を常に最新化・最適化する努力を続けることが必要である。

その取り組みの最大のポイントは、研究開発テーマの設定にある。テーマ設定が研究開発活動の内容を決定するとともに、その成否が研究開発成果や生産性に直結するためである。その意味で、研究開発の全テーマは、常にゼロベースで最適なテーマ・ミックスの状態になっていることを目指すべきである。そして、その実践のために、「テーマがあって組織がある」という基本原則を貫くことが必要である。

研究開発組織が大企業病に陥ってしまうと、既成の研究開発組織を前提にテーマ設定するスタイル、つまり、「組織があってテーマがある」といった状況となってしまう。成長戦略構想を踏まえ、真に価値あるテーマを、既成組織の枠組みにとらわれず、広く組織の英知を結集する形で創出・設定することが重要である。その後、設定したテーマを、最もスピーディーかつ効率的に進めていくための組織はどうあるべきかという思考方法（手順）で、組織を設計していくべきである。

2 研究開発戦略を具体化していく

研究開発戦略がうまく機能している企業は、少ないように思われる。大半は、「戦略の内容が不明確である」、「（明確であっても）戦略の方向性が適正と評価されていない」、「（方向性は適正であっても）戦略が共有化されていない」、「（共有化はされていても）共感・共鳴するレベルに達していない」といった状況にある。

ここからは、成長戦略構想を狭義の研究開発戦略に的確に落とし込み、具体化していくプロセスについて、①使命、②ビジョン、③領域、④テーマ、⑤資源配分、⑥組織、⑦人材という７つの戦略要素に分けて述べていく。

（1） 使命（再定義）：Mission

現在の企業における研究開発（機能／組織）の最大の使命は、新製品・新事業の創造である。例えば、日立製作所は「不確実性の時代におけるビジネスイノベーション創出」、武田薬品工業は「最先端の科学で革新的な医薬品を提供」といった、まさに新製品・新事業創造を研究開発の基本使命としている。かつて、先端・先進技術開発、基盤技術強化を研究開発の最大の使命としてきた企業も、新製品・新事業創造を最重視する姿勢へと転換する動きが見られる。

1980年代まで、日本経済が長らく右肩上がりの成長を遂げていた時代には、基幹事業の競争優位性を高めていくことで、多くの日本企業は長期にわたる持続的な企業成長が実現できた。そして、研究開発を技術的競争優位の確立・維持・向上に集中させることができた。加えて、長期視点に立った先端・先進技術の研究にも、比較的余裕を持って取り組むことができた。

しかし、1990年代に入った後、バブル経済が崩壊して約30年経った現在まで、グローバル競争の激化は一貫して進み、その過程で日本企業の国際競争力は徐々に低下してきている。既存の事業構造のままでは、持続的な企業成長を実現することが難しくなっている。今、再び企業成長力を取り戻すためには、市場創造型の魅力ある新製品・新事業を継続的に創出する以外に方策はない。新たな企業の成長軌道を構築し、事業構造を革新していくことが必須であり、研究開発組織には、成長戦略のエンジン役として極めて大きな期待が寄せられている。

富士フイルムは、今世紀初頭、それまで同社の収益の大きな柱であった銀塩写真フィルムを含むイメージングソリューション事業が写真のデジタル化という大きな波を受け、同事業の売上高は長期にわたり厳しい状況に陥ってしまった。しかし、その一方、ヘルスケアやエレクトロニクスといった成長事業や複写機を含むドキュメントソリューション事業を強化し、全社的な売上規模を維持している。また、その過程で、2006年に「第２の創業」を使命とする先進研究所を開設し、魅力的な新製品・新事業を継続的に創出してきている。特に、近年では、ヘルスケア事業を成長事業の柱と位置づけ、自社の研究開発成果に技術M&Aを加えた事業革新により、新たな企業成長を目指している。

東レも、2003年に先端融合研究所を開設し、バイオテクノロジーやナノテクノロジーを中心とした先端的基礎研究の強化によって、未来の成長の柱となる新規事業創出を目指している。また、その他に、キヤノンの先端技術研究所（2005年）、日産自動車の日産先進技術開発センター（2007年）、武田薬品工業の湘南研究所（2011年）、資生堂のグローバルイノベーションセンター（2019年）といった先端・先進分野の研究拠点が、今世紀に入って相次いで新設されている。

（2） 研究開発ビジョン（目標設定含む）：Vision

「ビジョン（Vision）」は、前述した使命（Mission）に、意志（Will）、実現能力（Capability）といった要素を含めて統合化した概念である。

意志（Will）については、研究開発組織の責任者、リーダークラスのみならず、次代の研究開発を担う若手研究者・技術者の志や思いを十分反映していく努力が必要である。また、実現能力（Capability）については、社内の研究開発資源（人・技術他）に限定せず、広く社外資源を含めたオープンイノベーションの観点も合わせて判断すべきである。そして、ビジョンには、共感・共鳴を喚起する魅力や重視する価値などが鮮明に表現されている必要がある。

また、ビジョンの中には、「定量目標」を明示することが望ましい。第１の定量目標として、研究開発成果の代表格である新製品・新事業創出額が挙げられる。ある企業の研究所は、「研究所“発”」の５年後、10年後の新製品・新事業創出額を目標とした。第２の目標としては、第２章で詳述した「生産性」がある。日立製作所は、営業利益を過去３年間の平均研究開発費で除した「研究開発投資利益比」を活用しているようである。ただ、生産性は分母が研究開発費（投資額）であるため、それを必要以上に抑制しようとする意思が働いてしまう危険性があるので注意を要する。

研究開発の成果目標水準については、当然ながら各社各様になるが、過去の実績値の延長線上でのレベルではなく、従来の２倍、３倍といった高い成果水準が一般的に期待されている。研究開発型企業の中には、過去３年間に創出した新製品・新事業の売上高が、全体の売上高の３割以上を占めることを目標にしているところもある。

ただ、成果／生産性目標設定に際しては、実際の研究開発活動とその成果創出との間のタイムラグを、十分、考慮する必要がある。そのためにも、長期の時間軸の中で、成果／生産性目標設定を行っていくことが重要である。短期視点では、改善・改良型の製品開発やコストダウン研究が偏重されてしまい、魅力的な新製品・新事業創造や革新的技術開発への挑戦の機運や機会が減退・減少し、結果として、高い目標の実現が困難となってしまう。

図表４－３は、研究開発の生産性目標設定の例である。研究開発投資額、

図表４－３　研究開発の生産性目標設定（イメージ例）

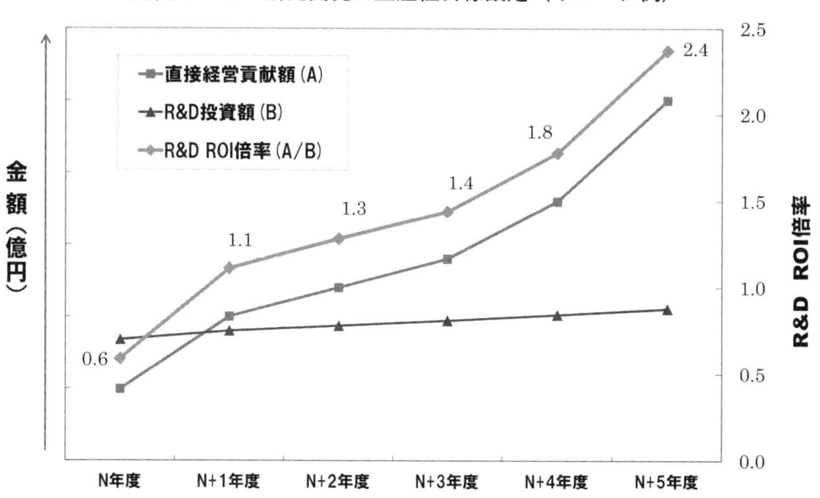

直接（経営貢献）成果及び両者を対比したROI（Return on Investment：投資効率）倍率の3指標について、目標値（イメージ）が示されている。最終的に、ROI倍率が長期にわたって飛躍的に高まっていくことが望ましい。

また、図表4－3には、特許出願（登録）件数や新技術開発件数といった間接（経営貢献）成果は記載されていないが、これらの成果についても、別途、目標水準を設定していくことが望ましい。

（3） 研究開発の重点領域：Domain

現在の研究開発領域は未来の事業領域を決定するという側面もあり、極めて重要な検討要素である。研究開発領域も事業領域と同様、広すぎると研究開発資源の拡散につながり、戦略的な研究開発活動が難しくなる。一方で絞り込み過ぎると、将来の有望分野を逸失してしまう危険性が高まる。つまり、未来に立ち、各研究開発分野の魅力度と独自性・競争優位性発揮の可能性の両面を見据えた最適な領域設定が求められる。

日本の製薬企業の間では、近年、研究開発領域を再設定する動きが加速している。第1の背景は、市場の変化である。これまで収益の柱であった先進国向けの生活習慣病薬の市場が成熟していく一方で、抗がん剤分野等の市場が成長しており、重点分野のシフトを進めている企業が多い。第2は、グローバル競争の激化である。特に、巨大な欧米製薬企業と伍していくために、勝ち残れる可能性のある分野を鮮明化する必要がある。第3は、技術革新である。化学合成による新薬開発の成功確率が低迷する一方で、抗体医薬の技術革新やiPS細胞等の万能細胞を活用した新創薬技術の研究開発が進みつつある。

例えば、武田薬品工業は、がん、中枢神経、消化器系疾患、希少疾患と血液製剤の5つを、重点疾患領域に定めている。ちなみに、希少疾患と血液製剤は、2019年にアイルランドの製薬大手Shire plcを買収したことで新たに加わったものである。そして、各疾患領域でリーダーになることを目標に研究開発活動を進めている。その一方で、同社は重点疾患領域以外の事業売却等を進めている。

具体的な研究開発領域の設定は、成長戦略における事業領域と強く連動している。日立製作所は、事業領域の中で、「電力・エネルギー」、「産業・流通・水、アーバン」、「金融・公共・ヘルスケア」の4事業に対して研究開発投資を集中させている。また、同様にパナソニックでは、「家電」、「住宅」、「車載」及び「B to B ソリューション」の4つの事業軸で成長戦略を進め、各事業軸における顧客価値向上につながる研究開発に重点的に取り組んでいる。

（4） 研究開発テーマを設定する：Theme

研究開発テーマも、極めて重要な戦略要素である。テーマの選択によって、研究者・技術者の日々の活動の中身がほぼ決定される。また、研究開発成果／生産性を最終的に決めるのは研究開発テーマの「価値×成功確率」であり、テーマ設定の巧拙が研究開発活動全般に大きな影響を与える。設定されたテーマの価値が低ければ、仮に100％の目標達成をしたとしても高い研究開発成果を生み出すことはできず、研究者・技術者も大きな成功体験を得ることができない。

研究開発テーマの設定は、研究者・技術者個々人の意志や能力に依存する部分が大きい。しかし、すべてを個人任せにすることなく、組織として価値の高いテーマを創出し、評価・設定していくプロセスを構築・運用していくことが重要である。

テーマ創出については、量と質の両面で組織的に充実させていくことが最大の課題である。そのためには、研究者・技術者が長期視点に立ってテーマを発想・発案していく場や時間を、組織として意図的に確保していくことが重要である。特に、組織の壁を越えて、異分野の研究者・技術者が積極的に共創できる機会を、物理的に多くすることを心がけるべきである。加えて、

図表4－4　研究開発テーマの区分例

R&D目的 ＼ Phase		研究 Research	開発 Development	事業化 Enterprise
事業創造	新事業	探索研究 (Exploratory Research)	市場開発 (Market Development)	事業化研究 (Feasibility Study)
	拡事業	顧客/市場研究 (Customer/Market Research)	製品開発 (Product Development)	生産技術開発 (Production Tec. Development)
	現事業			
技術革新		基礎研究 (Basic Research)	要素技術開発 (Element Tec. Development)	量産化技術開発 (Mass Production Tec. Development)

市場や顧客の顕在・潜在ニーズの収集・発掘をベースとしたニーズアプローチと、自社の技術やその他の強みを活かしたシーズアプローチの両面からアイデアを発想し、組織的にテーマを創出していくことが望ましい。さらに、社内メンバーが知恵を絞るだけではなく、大学や顧客との共創・協働等を通じて社外の知恵を積極的に活用していくことも、合わせて検討すべきである。

テーマ評価は、その魅力度と実現可能性の両面から行い、その結果をもとに重要テーマを選択していく。ただ、不確実性の高い長期テーマについては、実現可能性の面で低評価を受けやすい特性があるため、未来の有望テーマの芽を摘むことのないような配慮が必要である。

また、一口に研究開発テーマといっても、実際は多種多様である。そのため、図表4－4に示したように、テーマをいくつかの観点から区分し、戦略的に位置づける必要がある。同図では、縦軸をテーマの目的、横軸をPhase（フェーズ）とし、両軸の中で9つのテーマに区分している。

（5） 資源配分：Resource

① 研究開発投資総額について

自社の研究開発投資の総額が適正な水準にあると断言できる企業は少数派であろう。それを客観的基準によって自動的に算定できれば問題はないが、現実には、そういうものは存在しない。加えて、研究開発の投資時期と成果創出時期のタイムラグの問題もあり、研究開発投資の適正水準を迷いなく設定することは基本的に難しい。そのため、現実的には、過去の投資額の推移、競合他社の投資額との比較、営業利益との比較等を手がかりに経営者が総合的に判断し、投資総額を決定している。

他方、研究開発投資額は、過去、マクロで見れば長期的に拡大基調にあった。米IBMは、1990年代前半の経営危機の時期においても、研究開発投資額を急激に減らすことはしなかった。富士フイルムも、今世紀初頭の銀塩写真フィルム事業の急速な収益悪化が企業収益に大きな影響を与えていた時期も含め、研究開発投資総額は、ほぼ一定水準を維持している。また、過去10～20年間に大きな経営環境悪化がなく、比較的業績が好調であった企業の多くは、研究開発投資額を増やしてきている。

しかしながら、近年、日本を代表する企業の研究開発投資総額及び売上高比率の両方に伸び悩みの傾向が見られる。特に、売上高比率は頭打ちの傾向が顕著であり、研究開発投資は「量（額）から質（成果）」への転換が見受けられる。

② 分野別投資配分について

研究開発投資の「量（額）から質（成果）」への転換により、研究開発投資の最適配分化の重要性が増している。研究開発領域の中の重点分野、さらには、その中の重点テーマに優先的・重点的に投資配分していかなければならない。

富士フイルムは、研究開発投資総額は大きく変えず、今世紀に入って写真関連事業が含まれるイメージングソリューション分野への投資額を大幅に削減する一方、成長事業の柱と位置づけるヘルスケア事業への投資額を増加させている。トヨタ自動車は、「CASE（Connected：つながる／Autonomous：自動運転／Shared：共有／Electric：電動化）」関連の投資比率を高める方針を打ち出している。

また、武田薬品工業のように、エリア／拠点という観点で研究開発投資を再配分する動きもある。同社は、2016年にグローバルな研究拠点の最適化を狙い、日本の湘南研究所と米国ボストンの研究所に集約した。このように、限られた投資額を最適配分する取り組みは、研究開発成果／生産性向上のために、今後一層、重要になってくるのは間違いない。

しかしながら、実際には、研究開発投資の戦略的配分ができていない企業が多い。その最大の原因は、研究開発組織の保守主義にある。依然として、研究開発投資額をその対象事業の売上高規模を基準に配分しているケースが多い。しかし、これでは、未来コア事業、成長事業、有望新規事業や革新的技術開発への戦略的投資ができず、成長戦略の実現は難しくなる。研究開発投資配分は、成長戦略をもとに慣性の法則から脱却し、戦略的かつ大胆に行うべきである。

研究開発の投資配分を実践する際には、1）対象事業、2）目的区分（事業創造／技術革新）、3）ステージ区分（探索研究／基礎研究／応用研究／製品開発等）といった区分（視点）ごとに、研究開発投資配分の大枠をまず決める。次に、優先度の高い重要テーマについて、その必要投資規模を見積もるとともに、これらの区分のいずれに該当するかを判定し位置づけていく。その後、各区分の投資枠と重要テーマの必要投資額との差異を見ながら、投資枠の再設定とテーマの優先順位の見直しを行っていく。

（6） 研究開発組織（再構築）：Structure

① 組織は戦略に従う

米国の経営学者のチャンドラー（Alfred D. Chandler Jr.）の名言「組織は

戦略に従う」という原則は、研究開発の世界にも通用する。成長戦略の実現に向け研究開発組織を再編する動きは、その原則に沿ったものといえる。

その中で、先端／先進研究所を開設して、社内外から異分野の研究者を集結する動きがある。例えば、日立製作所は、成長戦略の柱である社会インフラとIT（情報技術）関連分野への研究開発強化のために、研究開発組織を再編した。具体的には、「社会イノベーション協創センタ（CSI）」、「テクノロジーイノベーションセンタ（CTI）」、「基礎研究センタ（CER）」及び技術戦略室といった組織編成である。CSIは「グローバルソリューション協創の強化」、CTIは「ソリューション・プロダクトを支える世界No.1技術の創生」、CERは「社会課題解決基礎探索研究の推進」を組織の基本使命としている。

② 研究開発組織はテーマに従う

研究開発組織は「成長戦略に従う」と同時に、「テーマに従う」ことも基本原則である。つまり、「テーマがあって組織がある」というスタンスに立つ必要がある。先に重要テーマを決めて、それを最も確実かつスピーディーに進めていくための組織を、ゼロベースで考えて編成していく。

具体的には、まず研究開発領域を下敷きにして、「入口」を技術、「出口」を事業とした枠組みの中に、重要な研究開発テーマを位置づけていく。そして、各テーマの属性（対象事業、目的区分等）を考慮しながらグルーピングを繰り返し、最適な組織編成になるよう設定していく。

③ SRUとSDU

研究開発組織の設計において、研究（Research）と開発（Development）は基本的に峻別すべきである。研究の成果が新たな科学的知識や技術（知識体系）である一方、開発の成果は新製品や新規事業の創造であり、成果物が異なる。成果物が異なると、求められるプロセスやマネジメントにも差異が生じる。マネジメントという観点では、時間軸の長さ、求められる人材の特性、チームワークのあり方、進捗管理の方法等、様々な違いがある。

そのため、研究の色彩が強いテーマについては“SRU（Strategic Research Unit）”、開発に関するテーマは“SDU（Strategic Development Unit）”という概念で、別系統として組織再編を進めていくことが望ましい。SRUは基本的に科学・技術分野を軸に、SDUは基本的にSBUへの対応を軸に編成していく。

④　全社的R&Dと事業部R&D

大企業においては、全社的な研究開発組織（Corporate R&D）と事業部門ごとの研究開発組織（Division R&D）の両方を有しているケースが多い。基本的には、全社的な組織では長期的なテーマを、事業部門ごとの組織では個別事業に特化した短・中期的なテーマを進めるという役割分担となっている。日立製作所は、全社的な研究開発組織の中で先端・基盤研究を進めるとともに、事業部門資金による依頼研究や先行研究も行っているようだ。ただ、一般的に、両組織内での研究開発活動が重複して非効率になっているケースがある。多少の重複や企業内競争（競合）はあってもよいが、過度の重複は基本的に避けるべきである。

しかし、より深刻な問題は、企業業績が悪化すると、全社的な研究開発組織を縮小し、事業部所属の研究開発組織に経営資源をシフトする傾向がある点である。この背景・理由の１つに、全社的な研究開発組織が長期視点に立った魅力的な新規事業を創造できておらず、未来への期待を十分に発信できていないことがある。全社的な研究開発組織は、それに相応しい未来価値が期待できる有望な新製品・新事業テーマを創造し、事業化に貢献し続ける必要がある。

⑤　R&Dのグローバル化

近年の研究開発活動のグローバル化とともに、日本における研究開発拠点の役割を鮮明にする必要性がより高まっている。基本的には、日本における研究開発組織の使命は、先端・先進分野の研究・開発やグローバル視点での基盤技術研究にある。一方、海外各拠点の研究開発組織の基本的役割は、現地に密着したニーズに対応する製品開発となろう。ただ、一部の企業では、米国や欧州に先端・先進分野の研究拠点を新設・強化する動きも見られ、今後、拠点間の使命・役割分担の再設定が求められてくる可能性がある。

武田薬品工業は、かつて、日本、米国、欧州、中国、東南アジア（シンガポール）に多くの研究開発拠点を設けていたが、2016年にグローバルな研究拠点の最適化を狙い、日本の湘南研究所と米国ボストンの研究所に集約した。パナソニックも、研究開発の世界最適立地を目指して、全社組織のイノベーション推進本部の中にテクノロジーイノベーション本部、カンパニーの中に各技術本部や開発本部を設けている。

つまり、研究開発組織のグローバル展開は成長期から成熟期にさしかかり、拡大中心から最適化・効率化重視へと移行しつつあると思われる。

⑥　オープンイノベーション志向

今でも、研究開発活動は自社内の「秘中の秘」として、社外との連携には極めて慎重な企業が多い。しかし、この姿勢のままでは、革新的な新技術や魅力的な新製品・新事業を、確実かつスピーディーに創出することが難しくなっている。グローバル競争の激化と技術革新が加速する中、自社の研究開発組織や資源だけに依存せず、外部の英知（知識・知恵・技術）を活用していくオープンイノベーションが重要性を増している。組織的な産学連携の推進やオープンラボの設立・運用、積極的な技術提携や技術M&Aといった取り組みを、本格的に検討・実践していくべき時代となっている。

日立製作所は、近年、オープンイノベーションの動きを加速している。まず、産学連携では、オープンラボを相次いで設立している。日立東大ラボではSociety5.0ビジョン創生、日立京大ラボでは政策立案のための科学探求、日立ケンブリッジラボではシリコン量子コンピュータといったように、メインテーマを決めた展開をしている。また、顧客との連携強化を目指し、2019年４月に、「協創の森」を開設している。さらに、「コーポレートベンチャリング室」を新設し、2019年６月には、欧州や米国などのスタートアップ企業への出資を目的とするCVC（Corporate Venture Capital）の新会社を設立している。

武田薬品工業は、近年、技術M&Aを積極的に進めてきている。さらに「最先端を走る社外パートナーとの共同研究や提携」を目指し、様々なオープンイノベーション手法を世界的に展開している。2018年4月には、湘南研究所の拠点内に湘南ヘルスイノベーションパークを設立し、ベンチャーセグメントを含む産官学に開放している。産学連携では、京都大学iPS細胞研究所（CiRA）と10年にわたる共同研究を実施中であることは有名である。外部の研究者や研究機関との新たな連携のための「ウィッシュリスト」（同社が特に興味を持っている研究分野）やオープンイノベーションプラットフォーム（研究費、化合物スクリーニングなど）の情報発信や具体的提供を開始している。

ただ、オープンイノベーションにはデメリットやリスクもあるため、自社の研究開発戦略に最も適合した取り組み方を模索し、実践していくことが必要である。

（7） 人材：Human Resource

研究開発活動の大半は、研究者・技術者の頭の中で行われている。その意味で、人材の量と質が研究開発の成果や生産性に大きな影響を与えることは間違いない。

研究開発戦略においては、主要なテーマを推進していくために必要な研究人材の量（数）と質（能力）の推定がまず必要である。そして、その量と質を確保するために、人材の獲得・育成・評価・処遇の方策を考え、計画化していく。日立製作所やNEC、ソニーなどのエレクトロニクス・IT関連企業では、AIトップクラスの人材の採用や活用に、近年、特に力を入れている。

また、その過程で、長期的に自社の研究開発組織に求められる人材像や長期のキャリアパスを明確化する必要がある。研究人材のキャリアパスには、研究・技術のスペシャリスト、新製品・新事業創造を主導していくリーダー、事業部等に移籍して活躍していく人材、組織の中でマネジメント階層を昇っていく人材など、様々なものがある。例えば、パナソニックは、専門技術力強化に向けて、「IoT/ロボティクス領域」、「エネルギー領域」を支える要素技術強化に向けた階層ごとの技術研修プログラムや、自主的な技術交流を促進する「社内技術研究会」を進めている。このような基盤的な人材育成策も、研究開発戦略の中に盛り込んでいくことが望ましい。

ただ、今、最も不足しているのは、新製品・新事業創造を主導していく「事業創造リーダー」である。武田薬品工業では、次世代リーダー育成のため、製薬業界を牽引するグローバルリーダー育成プログラムを進めている。

第Ⅱ部

イノベーションを組織的に実践する

第5章

組織的な新製品・新事業テーマの創造

1 イノベーションによる企業成長が求められている

(1) イノベーションの中心は新製品・新事業の創造

「イノベーション (innovation)」という言葉は、オーストリアの経済学者シュンペーター (Joseph A. Schumpeter) によって初めて定義された。その中で、彼は、イノベーションを新製品の開発 (プロダクトイノベーション) や新工程の導入 (プロセスイノベーション) 等に類型化している。ただ、本書では、論旨を明確にする意味で、「イノベーション≒新製品・新事業の創造」としている。

製品・事業にはライフサイクルがあり、企業が長期にわたって持続的な成長を遂げていくためには、市場創造型の新製品・新事業を継続的に創出し、事業として成功させていかなければならない。

GAFAの一角である米Appleは、業績低迷期にあった2001年、iPodを機軸とした音楽事業を立ち上げ成功を収めた後、携帯電話・スマートフォン事業 (iPhone)、携帯端末事業 (iPad) といった新規事業を成功させることで新たな成長軌道を構築した。米国の伝統的大企業であるGEやIBMも、長期の収益低迷に苦しみながら、M&AやVB投資を含めた積極的な新規事業展開によって成長戦略を模索している。

一方、日本企業は、1980年代の異分野多角化を中心とした新規事業展開の失敗、1990年代のバブル経済崩壊を機としたイノベーションの長期停滞もあって、長らく新規事業展開について消極的な経営姿勢が続いた。その間、企業の財務体質は大幅に改善したが、企業の成長力は高まっていない。

さて、新製品・新事業の創造は、一筋縄ではいかない。1980年代までの日本企業は、欧米の先進企業を調査・研究し、その提供する市場に対し、高品質・低価格な製品・サービスを投入し、後発参入ながらも次第にシェアを高めて市場を席巻していくというパターンで大きな成功を収めた。だが、このモデルは、今や新興国企業の成功モデルとなってしまっている。日本企業には、先行指標がない中で、“HOW”ではなく“WHAT”を自ら創造していく成功モデルの構築が求められている。

しかし、“WHAT”主導の新製品・新事業の創造は、先行指標がなく多くの試行錯誤が求められるため、経営リスクや投資効率の面でハンディキャップがある。それを乗り越えるためには、発想・構想・事業化を進めていく上での核、あるいは軸が必要となる。製造業において、その代表は技術である。技術を核・軸に、新製品・新事業を創造していく成功モデルづくりが急がれる。

（2） テーマ不足の時代

1970～1980年代は日本経済が右肩上がりで、企業も成長志向の強い時代であった。先行する欧米先進企業に「追いつけ追い越せ」というスタンスで、「追従型」テーマが数多く設定された。追従型テーマはゴールや期待成果が明確なため、テーマ創造という観点に限れば、恵まれた時代であったといえよう。

しかしながら、現在は、「魅力的なテーマ不足」に直面している企業が多い。その第1の背景・理由は、新製品・新事業創造のハードルが、グローバル競争の激化によって高くなってしまっていることである。人々の生活水準の向上とともに顕在ニーズの大半は実現されてしまい、新たなイノベーションには、潜在ニーズの洞察とその充足が不可欠となっている。ただ、「何が欲しいか顧客にすらわからない」といった状態では、潜在ニーズの洞察自体が難しい。

第2は、テーマ創出の核ともいうべき技術の弱体化である。1990年代初期にバブル経済が崩壊してから、「選択と集中」の方針の下、本業重視（回帰）の経営が長らく続き、新規事業創造や革新的技術研究への投資にブレーキがかかった。結果として、技術開発の目的は現事業の競争力強化や短期製品開発が主流となり、新規性の高い分野における技術研究や先進技術開発が停滞し、新たな事業展開の核となる技術が狭く浅くなってしまった。

第3は、新製品・新事業テーマを創出する機会や場が少なくなり、テーマを創出する能力や経験が、個人、組織ともに蓄積できていないことである。

このような状況の中でも、顧客の潜在ニーズと独自性・競争優位性のある技術を融合させた価値あるテーマを継続的に創出することが重要であることは不変である。その役割は研究開発組織が担っており、このような研究開発活動のあり方を、William L. Millerらは、「第4世代のR&D」と表現している。価値あるテーマ創造を続けていくためには、これまで以上に個々の研究者・技術者が強い探究心や高い専門能力を持ち、起業家精神を発揮していくことが求められる。

革新的企業として世界的に名高い米3Mも、1990年代に研究開発成果の伸び悩みに直面し、研究開発プロセスの大改革を断行した。その中で、テーマ創出の量（数）と質（価値）を飛躍的に高めることを改革目標とした。新製品・新事業の創造というイノベーションにより、長期的・持続的な企業成長を目指すのであれば、テーマの量（数）と質（価値）を格段に引き上げていく必要がある。

（3） 組織的なテーマ創造力が問われている

新製品・新事業のテーマ不足状態は放置できず、魅力的なテーマを継続的に創出し、組織として蓄積していくことが必要である。ただ、それは難しい課題である。

テーマ創造の大半は研究者や技術者個々人の頭の中で行われ、各人の意識やセレンディピティ（serendipity：思わぬ発見をする特異な才能）に大きく依存する。iPS細胞の発明者である京都大学の山中伸弥教授は、その発明の鍵となるひらめきを、シャワーを浴びていた時に得たという逸話があるように、新製品・新事業に関するアイデアやテーマの源泉は、基本的に個人である。ただ、個人の頭の中の活動は他人から見えず、それを「形式知」化し組織として蓄積していくことは、もともと難しい課題ではある。

しかし、新製品・新事業テーマ創造を研究者・技術者個々人に100％依存してしまっては、研究開発組織の存在価値はなくなってしまう。研究者・技術者個々人がそのセレンディピティを最大限に発揮できる研究環境の整備や組織的なテーマ創造のプロセスづくりが重要である。

2 組織的なテーマ創造とは

（1） 研究開発プロセス革新への各社の取り組み

組織的なテーマ創造について述べる前に、それを含めた研究開発プロセス全体の革新方向の概要について述べる。

米3M は、1990年代に革新的な新製品の創出不足といった事態に直面し、今世紀初頭、「3M アクセレレーション」という組織的な改革活動に取り組み、研究開発プロセスを大きく変革した。それ以前の個々の研究者・技術者の意志、能力及び起業家精神に大きく依存したプロセスを、組織的な英知を結集・活用していくプロセスへと大きく転換させた。個々の研究者・技術者の意志や能力を尊重しつつ、広く化学系企業に普及しているステージゲート法の考え方を本格的に導入し、新技術や新製品のアイデアの量と事業化の成功確率を同時に飛躍的に高めることを目指した。その中で、全社的な重点プロジェクトに集中的な投資を行って、事業化スピードと成功確率を同時に高める仕組みも取り入れている。

かつて、「リニアモデル（linear model）」と呼ばれる、基礎研究―応用研究―製品開発―事業化という「直列」型の研究開発プロセスの代表的成功企業であった米 DuPont（現・DowDuPont）も、3M と同様、個人依存から組織力をより活用していく研究開発プロセスへの変革に取り組んだ。また、近年では、研究開発プロセスマネジメントに、品質改革活動に使用されるシックス・シグマ手法を適用している企業もあるという。

このように、研究開発活動を個人依存型から組織的推進重視型へとシフトする動きが広がりつつある。

（2） 組織的なテーマ創造への本格的取り組み

新製品・新事業テーマ創造の源泉は、研究者・技術者一人ひとりの自由な発想や情熱、セレンディピティである。液晶の発見や米3Mの「ポストイット」、青色発光ダイオード、iPS細胞、リチウムイオン電池、量子コンピュータの発明といったこれまでの研究成果も、個々人の強い思いや能力なくしては生まれなかったであろう。個人主義という言葉は、あまりいい意味では使われない。また、研究者独自の論理的思考や経験への執着、自前主義を表す“NIH（Not Invented Here）”という英語も否定的に使われることが多いが、いずれも研究の黎明期・萌芽期には不可欠な要素である。

しかし、個々の研究者・技術者にテーマ創造のすべてを依存してしまっては、魅力的な新製品・新事業テーマ、革新的な技術開発テーマを継続的に創出していくのは難しい。個人力を源泉としつつも、それらを組織の英知として結集しながら、テーマ創造を加速させていく組織的インフラが必要である。他の研究者や技術者と未来のテーマについて共創・協働する場づくりや、知識・情報データベースの整備、イノベーションを誘発する制度への改革や革新的組織風土づくりを進めることが重要である。

富士フイルムは、2006年、技術分野や組織の壁を取り払った「開かれた場づくり」という狙いも込め、先進研究所を開設した。異分野の幅広い知識や技術・手法を融合することで、個々の研究者・技術者の自発的な行動だけではなし得ない魅力的なテーマ創造に組織的に取り組んでいる。さらに、「Blue Sky Research制度」を導入し、研究者の自由な想いや発想を研究テーマに育てていくという組織的支援を行っている。

東芝の「アンダー・ザ・テーブル制度」は、30年以上の歴史があるといわれる。研究者は自由裁量で、リソースの10％を非公式のテーマに使えるという。同社は、研究者が自由にアイデアを発表し自由な議論を行う「ポスター発表会」や、異分野のメンバーが集まって議論しながら研究企画を立ち上げていく「領域横断ワーキンググループ」も設けている。さらに、研究開発資源を集中して短期間での事業化を目指す「大型プロジェクト提案」や「コーポレートファンド」など、個人の力を結集し組織的なテーマ創造を促進させる取り組みを積極的に行っている。

また、米GoogleやIBMは、研究者・技術者がアイデアを生み出し、イントラネット上で完成度を高めていく取り組みを行っているといわれる。米国では、広く、優れたアイデアや技術を持つ起業家を発掘し、起業資金に加えて経営ノウハウを提供して、VC（Venture Capital）投資を受けられる段階まで育てる動きが、大企業を中心に増えてきている。この起業を支援する事業は「アクセラレーター」と呼ばれ、MicrosoftやDisney等も展開している。

第一三共は、2013年、品川研究開発センター内に、創薬研究力を強化する目的で、「ベンチャーサイエンスラボラトリー」を新設した。同組織は社内ベンチャー的な位置づけで、バイオVBの買収や提携を通じて、新薬候補化合物の拡充や技術の取り込みを行っているという。武田薬品工業も、「最先端を走る社外パートナーとの共同研究や提携」を目指し、オープンイノベーションを積極的に推し進めている。その一環として、2018年4月、湘南研究所の拠点内に湘南ヘルスイノベーションパークを設立し、社外の研究者や研究機関の新製品・新事業アイデアを積極的に活用している。

このように、個人の力だけに依存しない組織的なテーマ創造力の向上に向けた取り組みが本格化している。

（3） テーマ創出のスタイルを変える

組織的なテーマ創造の動きは活発化しつつあるが、ここでいう「テーマ」には、少なくとも「新製品・新事業テーマ」、「技術開発テーマ」、「R&Dテー

図表５－１　２つのテーマ創出パターン

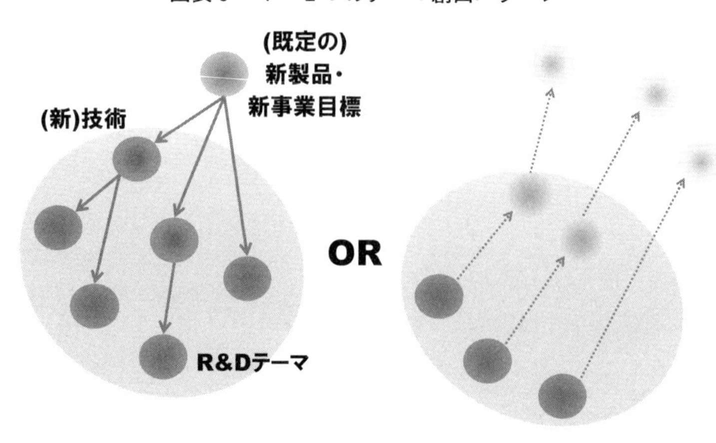

マ」の３種類がある。その中で、「新製品・新事業テーマ」を研究開発組織の中でどうやって組織的に創造していくかが、今、極めて重要な課題となっている。

さて、「新製品・新事業テーマ」、「技術開発テーマ」及び「R&Dテーマ」の創出・設定は、図表５－１に示したように、大きく２つのパターンに分けられる。第１のパターン（左図）は、事業部主導で新製品・新事業テーマが設定され、研究開発組織が同テーマを実現するために必要となる技術開発テーマやR&Dテーマを設定していくものである。第２のパターン（右図）は、研究開発組織内で研究者・技術者がR&Dテーマを独自に設定していくものある。研究開発組織にとって、前者は「委託（事業部依頼）テーマ」、後者は「自主テーマ」にあたる。

委託テーマは、研究開発組織にとって成功確率は高く、予算面等のリスクが少ないというメリットはある。しかし、新製品・新事業テーマ創造に研究開発組織は関与しておらず、その持てる知識や知恵、技術等が活かされず、研究者・技術者のモチベーション維持が難しい傾向にある。

自主テーマは、研究者・技術者の持てる知恵や意欲をベースに独自に設定

図表５－２　あるべきテーマ創出パターン

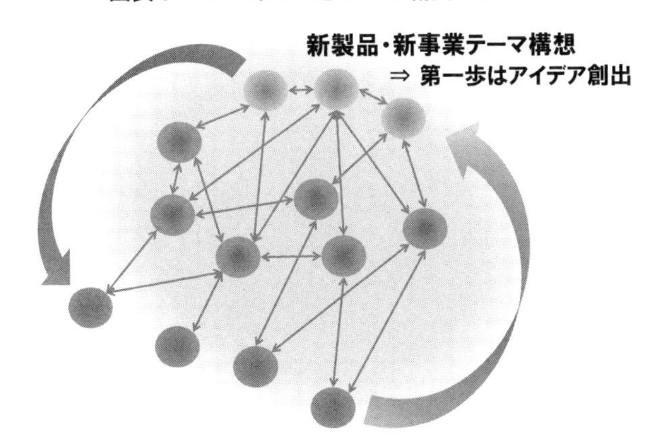

されるため、独創性や競争優位性の点では委託テーマより有利である。しかし、設定されたテーマがどのような新製品・新事業につながっていくのか、「出口」の考察不足に陥る危険性が高い。

つまり、両パターンとも問題を抱えている。その解決も含め、あるべき組織的なテーマ設定の基本イメージを、図表５－２に示す。

最大のポイントは、組織的な英知を結集して、まず最初に新製品・新事業テーマを設定することにある。研究開発組織のメンバーに加え、事業部・マーケティング部門のメンバーの参画を得て、未来志向でアイデア・テーマを創出し、その中から有望なテーマを決めていく。その後、そのテーマを実現するために必要な技術開発テーマとR&Dテーマを設定していく。

その際、研究者・技術者の思い入れのあるR&Dテーマを想定しながら新製品・新事業アイデアやテーマを提案してもよい。「出口」である新製品・新事業テーマの創出に、組織の英知を結集することが重要なのである。そうすることで、出口（新製品・新事業テーマ）と入口（R&Dテーマ）を有機的につなぐことが可能となる。

（4） 組織的創造の意味合い

研究者・技術者一人ひとりの自由な発想や情熱、セレンディピティが新製品・新事業テーマ創造の源泉であるが、それを組織的に行う（共創する）理由は、以下の３つである（図表５－３参照）。

第１に、その過程で一人ひとりの研究者・技術者に潜在しているアイデアを表出させる可能性が高まること、第２に、他者のアイデアや意見によって知的刺激を受け、断片的なアイデアを拡張・ブラッシュアップする機会を得ることができること、第３に、他者のアイデアと結合・融合させることで、さらなるアイデア創出が可能になることである。

こういった組織的なテーマ創造を、自社の枠内だけではなく社外の研究者や研究機関まで広げ、社内・組織内だけでは発想し得ないアイデアやテーマ創出の可能性をさらに高める取り組みにも挑戦すべきである。

図表５－３　組織的にテーマを創出する意味合い

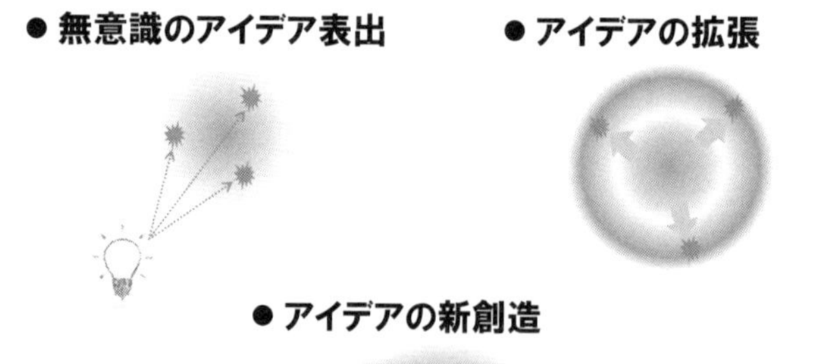

3 組織的なテーマ創造を進める

（1） 未来志向でニーズを探索する

① 成長分野に着目する

「未来志向」は、独創性・競争優位性のある新製品・新事業テーマを創出していく上での基本コンセプトの1つである。未来に立ち、広く世の中を見据え、成長分野をまず探索していく。

成長分野は成熟分野と比較して、市場や技術の革新余地が大きい。つまり、イノベーションが起きる確率が高く、後発参入企業であっても、業界のリーダーとなれる可能性がある。例えば、カメラ分野では、銀塩写真、デジタルスチルカメラ、携帯電話、スマートフォンという撮像手段の進化・多様化の過程で、業界の上位企業の顔ぶれは大きく変化してきている。創薬の世界でも、化学合成技術を核とした低分子医薬品から抗体医薬品へのシフトや再生医療技術の進展によって、業界を牽引していくリーダー企業は変化していくであろう。

「変化はチャンス」である。成長分野と目されるライフサイエンス分野には、キヤノンやソニー、富士フイルムといった異業種企業が本格参入し、存在感を高めつつあるのが、その証拠の1つである。確かに、成長分野には異業種を含め新規参入が相次ぎ、競争も激化するが、その中を勝ち抜いていければ、将来の柱事業とすることも不可能ではない。これは、成熟分野では期待できないことである。

未来に立ち、成長分野を見定めて、新たな発想でテーマ創造に挑戦していくべきである。過去に成功体験がある成熟事業分野を中心としたテーマ創造には限界がある。同分野では概して慣性の法則が強く働いてしまい、これまでと代わり映えしないテーマ創出になりがちである。そのため、研究者・技術者は、日々の研究・開発テーマの実践に没頭する一方で、未来を見据え、大きな視点で市場や技術のトレンドを予測・研究することが大事である。例えば、第5期科学技術基本計画においてわが国が目指すべき未来社会の姿として提唱された「Society 5.0」の内容を考察し、さらにその先の遠い未来を個人的に想像することも有意義であろう。

② 成長機会を抽出する

成長機会とは「世の中のビジネスチャンス」であり、新製品・新事業を探索・創造していく狙いの分野、若しくはその際の「切り口・視点」である。三菱電機は新たな事業展開構想に際し、情報化の進展、人口構造変化、急速な都市化といった「メガトレンド」をまず設定し、それらがもたらす先進国の高齢化、都市部の渋滞、地球温暖化といった「社会的課題」を導出して、未来の事業領域の設定へとつなげている。

このように、成長機会の抽出は、未来に立ち、マクロの視点で進めていくのが望ましい。成長機会抽出の主役はもちろん自社であるが、この段階では自社の強みや競争優位性を過度に考慮しないようにする。自社の状況を過剰に考えてしまうと、新製品・新事業の検討対象領域が最初の段階から狭くなってしまい、まさに成長機会を逸してしまう。

③ 事業機会を抽出する

未来志向、マクロ視点で成長機会を抽出した後、自社の成長戦略構想やその構成要素である事業領域等と照らし合わせながら、成長機会の中から自社として参入していくべき「事業機会」を創出していく。この段階では、自社の強みや競争優位性を判断基準に加える。その意味で、事業機会は成長機会よりも自社の能力等によって絞り込まれた内容となる。

成長機会、事業機会のいずれも、その探索・創造には全社的に取り組むべきであるが、この取り組みに対する研究開発組織への期待は大きい。成長戦略構想を主導していくためにも、その期待に応え、推進を主導していくことが重要である。

ただ、中には、専門組織を設け、そこで成長機会・事業機会の探索・創造を本格的に推進している企業もある。オムロンは、企業内にシンクタンク機能を持つヒューマンルネッサンス研究所を設立し、創業者の立石一真氏の未来予測理論（SINIC理論）をベースに、科学技術と社会、個人と企業の関係性や価値観・ライフスタイルに関する調査研究を行い、成長機会、事業機会及び社会ニーズの探索・発掘を進めている。

④ 重点顧客のニーズの抽出

成長機会・事業機会の探索・創造を未来志向、マクロ視点で進める一方で、ミクロ視点で重点顧客のニーズ抽出を行う。重点顧客とは、現在若しくは未来における収益の源泉となる可能性の高い顧客である。同顧客に対する研究や洞察によって、顕在ニーズはもとより、未来の期待価値や潜在ニーズを探索していく。

ただ、重点顧客には「見えている（顕在）」顧客と、「見えていない（潜在）」顧客の2種類があり、特に、後者の「見えていない」顧客をどう探索し設定するかが重要となる。

B to Cビジネスであれば、顧客の集合体である市場を人口統計上の属性（demographics）や心理学的属性（psychographics）の視点から細分化し、その中で伸びる市場セグメントを設定し、さらにその中から未来の重要顧客を抽出・設定していく。B to Bビジネスであれば、提供製品・サービス分野の中で、現在の主導的な企業、成長が期待できる企業、製品・サービスの価値を適正に評価してくれる企業をまずリストアップし、その中から将来の期待収益や自社との親和性等の観点で重点顧客を抽出・設定していく。

重点顧客が設定できたら、その研究を進めていく。顧客研究のポイントは、B to Cビジネスであれば、マクロ視点での消費者のライフスタイルの変化予測、ミクロ視点での先進ユーザーの意識・行動の変化研究や真の期待価値の洞察である。B to Bビジネスであれば、顧客企業の事業戦略の変化やその先の顧客（Customer's Customer）の変化を予測・洞察していくことがポイントとなろう。その結果を、自社が提供する製品・サービスへの期待価値や将来目標設定に活用していく。

さて、一般的には、顕在ニーズより潜在ニーズの方が価値は高い。顕在ニーズは顧客自身及びライバルにとって既知のものであり、新規性が低く、既にニーズ充足の競争は始まっている。一方、潜在ニーズはその適否や実現性等のリスクはあるものの、その充足によって独自性や先進性の発揮、さらには顧客の感動・感激を得る可能性を秘めている。エーザイでは、認知症薬の新たな製剤開発にあたって、その患者が入居するグループホームでの現場観察に研究者も参加している。そこで、薬剤飲用の実態や患者・看護師の悩み・問題点を調査・分析し、新たな製剤開発に活かしている。

（2） シーズを抽出する

シーズ（Seeds）は直訳すると「種」であるが、テーマ創造においては、独創性や競争優位性の源泉である。強いシーズがないと、新製品・新事業の価値や成功確率を高めることが難しい。1970年代後半から1980年代にかけて、日本企業で展開された異分野多角化の新規事業の大半は、シーズ不足から失敗に終わってしまった。強力なシーズは、事業化の成功と勝ち残りの確率を高める。

ソニーは、成長分野である車の自動運転の中核部品であるカメラ用の画像センサー市場に参入した。その背景には、同社が世界シェア首位のCMOSセンサーで培った技術的シーズの存在があるといわれる。東レの炭素繊維事業も、長らく業績面で苦戦したが、航空機市場や自動車市場へと市場開発を進め、現在では同社の主力事業の１つとなっている。そして、その事業拡大を支えたのが、炭素結晶や繊維表面の制御技術というシーズである。

シーズという観点から、技術は以下の３つに区分される。第１は、自社保有技術である。同技術は、新たな事業展開を進める上で、最も身近で使い勝手のよい最有力のシーズといえる。ただ、すべての保有技術をシーズととらえてしまうと思考が拡散してしまうため、その対象は絞り込んだ方がよい。

具体的には、独自性・競争優位性と成長性の２つの視点で重点シーズを設定する。技術に独自性・競争優位性がなければ、その技術を核としたアイデア・テーマの独自性や優位性を期待することは難しい。また、成長性がなければ、その技術的価値は、将来、低下してしまうためである。

第２は、他社保有技術である。技術導入や技術提携によって入手の可能性があるため、広義のシーズと考えてよい。ただ、その獲得リスクには留意しておく必要がある。第３は、公的な研究機関や大学の持つ先端・先進技術であり、これも広義の技術シーズととらえてよい。

このように、新製品・新事業のアイデアやテーマを創出していく際には、シーズを自社保有技術だけに限定せず、オープンイノベーションの発想で広義にとらえ、未来志向で魅力度の高いアイデア・テーマの創出を目指していくべきである。

（3） ニーズとシーズの融合による新製品・新事業アイデアの創出

新製品・新事業アイデア創出の手法は、世の中に多数存在する。顧客研究を軸にしたもの、技術革新を起点にするもの等、多種多様であるが、こうやれば必ず魅力的なアイデア・テーマが創出できるといった成功の方程式はなく、各社独自のアイデア創出アプローチの開発が必要である。

ただ、そのような状況の中でも、アイデア創出の基本原則は存在する。それが、「ニーズとシーズの融合」である。ニーズはアイデアの魅力度の源泉であり、シーズは独自価値や競争力の源泉である。両方が出合い融合した時、大きな価値が生まれ、成功確率も高まる。ニーズがなければ大きな市場は期待できないし、シーズがなければ勝ち残っていけない。例えば、トヨタ自動車のHV（ハイブリッド車）のケースでは、地球環境保護という社会及び個人ニーズとハイブリッドエンジン技術というシーズの融合、FCV（燃料電池車）は同様のニーズと燃料電池技術・水素利用技術等のシーズの融合による新規事業創造と考えることができる。同様に、ソニーの「4K（高画質）

図表5－4　ニーズとシーズの新結合

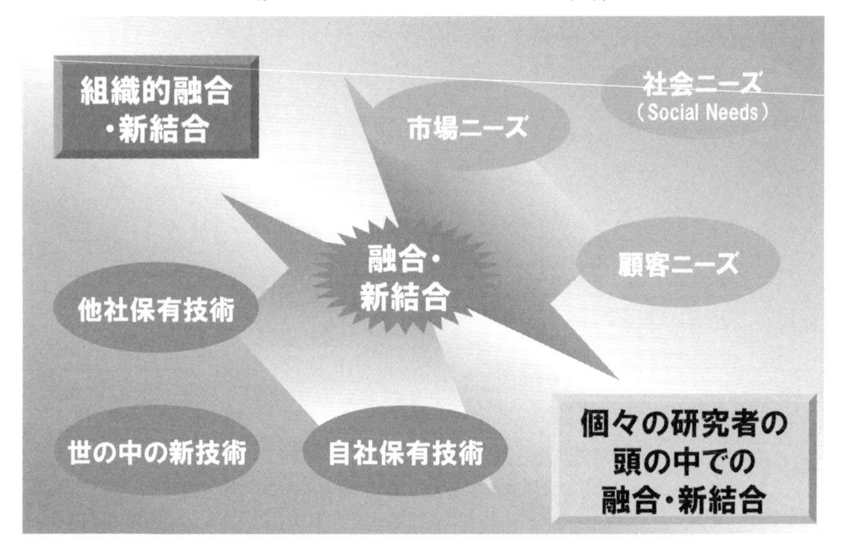

内視鏡」も、難易度の高い手術の精度向上という医師のニーズと同社の映像システム技術等のシーズの融合と考えられる。エーザイのアルツハイマー型認知症薬「アリセプト」も、認知症の進行防止という人々の願い（ニーズ）と、脳内アセチルコリン濃度低下を引き起こす同分解酵素・阻害物質の創製というシーズの融合の成果と考えられる。つまり、より強いニーズとシーズの融合が、新規事業の価値と成功確率を高める。ニーズとシーズの融合によって、新たなテーマが「死の谷」を越えて事業化に辿り着き、「ダーウィンの海」を越えて勝ち残っていく確率を高めることができる。

具体的なニーズとシーズの融合のイメージを、図表5－4に示す。ニーズには、顧客ニーズ、顧客の集合体である市場のニーズ、より大きな社会ニーズといったものがある。一方、シーズとしては、自社保有技術、他社保有技術、世の中の（新）技術といったものがある。ちなみに、他社保有技術と世の中の（新）技術は自社にとって「非保有」技術であるが、その獲得可能性を期待した広義のシーズである。

それらのニーズとシーズを人の思考の中で融合させて、新たなアイデアを創出していく。この脳内活動の主体が個々の研究者・技術者であるのは間違いないが、それを組織的に推進することで、より広く深い思考や、他者のアイデアとの新結合を促進することが可能となる。アイデア・テーマ創造をすべて個人任せにせず、「組織的融合・創造」を意図的に実践していくことが組織の存在意義でもある。組織的なニーズとシーズの融合が本格展開できれば、新製品・新事業アイデア創造の量（数）と質（価値）を飛躍的に高めることも不可能ではない。

近年、「アイデアソン（Ideathon）」というアイデア創出活動が、IT分野を中心に普及しつつある。これは、アイデア（Idea）とマラソン（Marathon）を掛け合わせた造語で、各回のグループ検討において、異分野のメンバーによる機能連携で新たなアイデア創出や新たなビジネスモデル構築を目指す取り組みである。このアイデアソンの中で、ニーズとシーズの組織的融合を推進していく。

① マクロ視点でのニーズとシーズの融合

ニーズとシーズの融合の基本構図は図表5－4の通りであるが、**図表5－5**に、ある企業における新製品・新事業分野検討の具体的なアプローチ例を示す。図の上段は広義のニーズを検討するエリアであり、最上段には着目する世の中の大きなトレンドを配置し、上から下へそれがもたらすインパクトを次第に詳細化していく。その過程で、自ずと社会的ニーズが抽出される。一方、図の下段は広義のシーズを検討するエリアである。最下段に着目する新技術分野を配置し、下から上へ同分野の中で重要な技術（分野）を詳細化・具体化していく。そして、上段のニーズと下段のシーズの具体化の結果を踏まえ、中段に両者を融合する新製品・新事業の候補分野を設定していく。

このアプローチは、マクロ視点で未来の有望新事業分野や具体的アイデアを探索していく際に有効である。

図表５－５　マクロ視点での新製品・新事業アイデア創出例

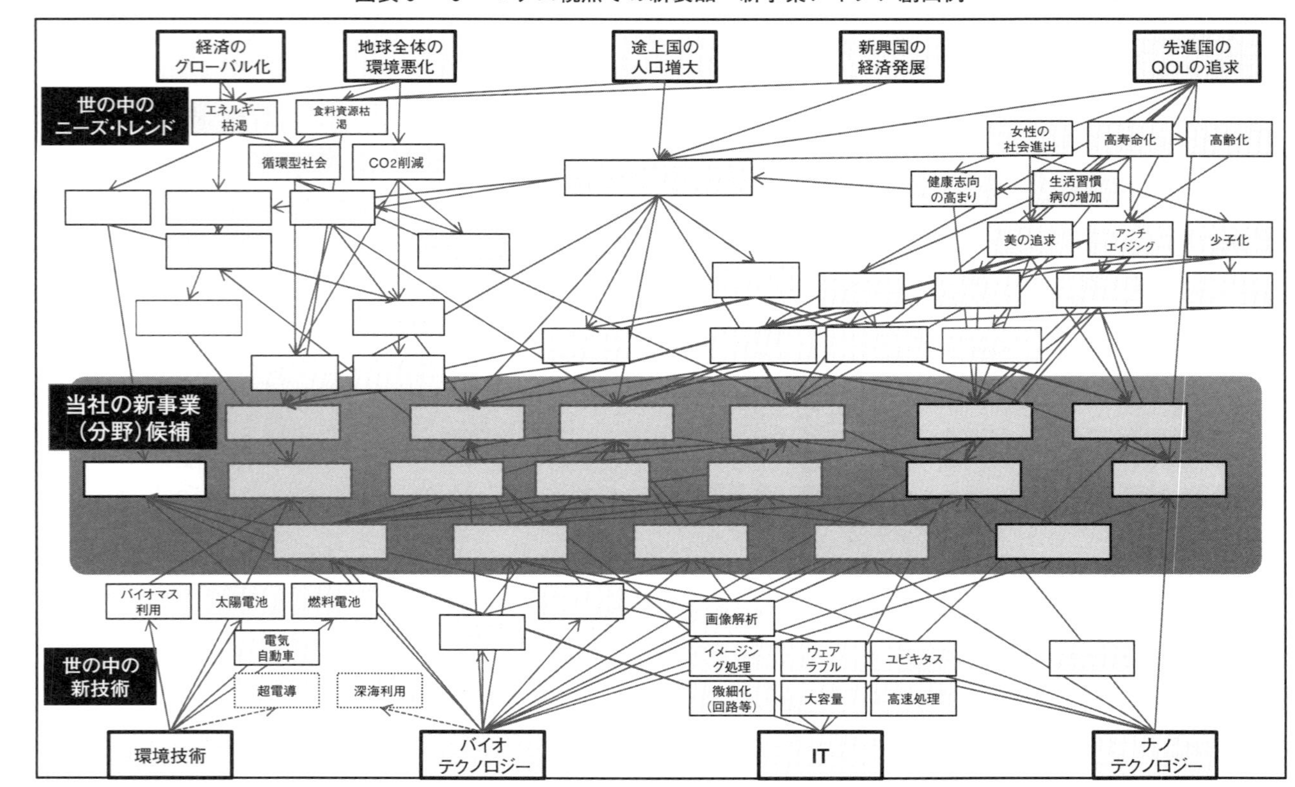

② ミクロ視点でのニーズとシーズの融合

図表５－６は、ニーズを横軸、シーズを縦軸にとった「ニーズ・シーズマトリックス」による新製品・新事業アイデア創出の枠組みを示している。ニーズとシーズを意図的に縦横で交差させ、そこで両者を融合させてアイデアを創出していく一種の強制発想法である。

ニーズ・シーズマトリックスによるアイデア発想を、広く社内有識者を集結したグループ検討の場で活用することで、個々人のセレンディピティを誘発し、アイデアの量（数）と質（価値）の両方を組織的に高めることが可能となる。

ニーズとシーズの具体的な融合には、いくつかのパターンがある。ニーズとシーズの両方を同時に想起し融合させて新製品・新事業アイデアを創造していくのが、最も基本的な「Ａパターン」である。ただ、現実的には、ニーズとシーズの想起・融合とアイデア創出のタイミングは同時ではないケースもある。「Ｂパターン」は、まずニーズを先に想起してアイデアを創出し、その後にアイデアの源泉となるシーズを探索・検証していく方法である。逆

図表５－６　ニーズ・シーズマトリックスによる新製品・新事業アイデア創出

	Needs 1	Needs 2	Needs 3	Needs 4	Needs 5	･･･
Seeds 1						
Seeds 2		A				
Seeds 3						
Seeds 4			B			
Seeds 5					C	
･･･						

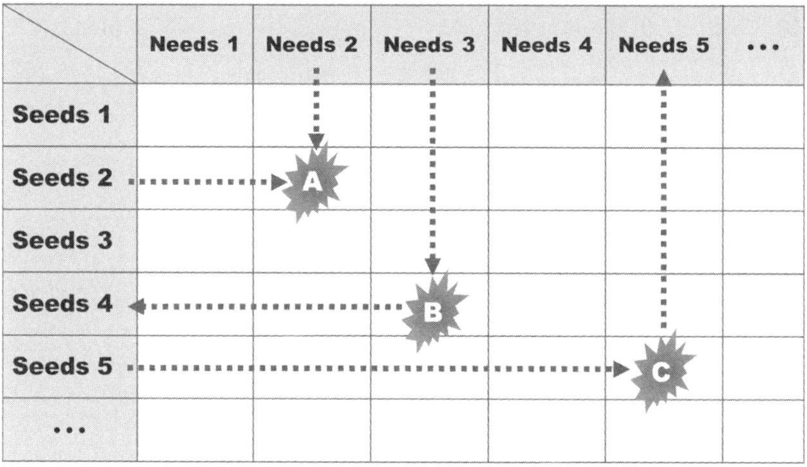

に、「Cパターン」は、シーズ主導でアイデアを創出し、その後にアイデアの背景となるニーズを探索・検証していく方法である。Aパターンが同手法の基本形であり理想的ではあるが、目的はアイデアの量と質を高めることであるため、その他のアイデア創出パターンがあってよい。

（4） テーマ設定と1次評価

① アイデアをグルーピングし整理する

ニーズ・シーズマトリックス等の発想法を活用して、新製品・新事業アイデアを、時として数百のレベルまで発案していく。アイデアの数がアイデアの質（価値）を決める面もあり、アイデアの数は多い方がよい。

ただ、創出されたアイデアは「玉石混交」状態であるため、まず明らかに「石」と見られるアイデアはいったん脇に置き、残った「玉」と見られる多数のアイデアを、近似するものからグルーピングしていく。さらに、グループ間の包含関係について検討し、「アイデア階層表」という形で整理していく。

② アイデアをテーマに変換する

「アイデア」と「テーマ」は混同して使われることが多いが、両者には違いがある。アイデアは、着想、思いつき、概念といった「断片情報」である。一方、テーマは直訳すると「主題」であり、意図や主旨が込められた「複合情報」である。つまり、アイデアはテーマ発想の「核」であり重要ではあるが、テーマ化するには、事業化に向けた思想や求める事業価値といった文脈が必要となる。

実務的には、既に作成したアイデア階層表を俯瞰し、考察を加えてテーマを設定していく。仮に、3つの階層（「大分類」・「中分類」・「小分類」）があるケースでは、中分類レベルのアイデアの群を総括してテーマ名称をつけていくことが多い。ただ、小分類のアイデア群でも、重要性が高ければテーマ設定の基礎となり得る。

一般的に、テーマ設定の総数に適正水準というものはないが、少なすぎると機会損失が増え、多すぎると総花化して検討内容が希薄になってしまう危険性がある。また、テーマ名については、具体化・詳細化しすぎると検討の広がりや発展性がなくなってしまうし、抽象的すぎるとイメージが拡散してしまうことに留意する必要がある。

③　テーマの１次評価をする

設定されたテーマの中から事業化構想・企画すべき重点テーマを設定するために、１次評価を行う。２次評価以降は、実際の研究開発への移行段階、事業化の意思決定段階で行う。１次評価の基本視点は、「事業の魅力」と「自社の強さ」である。事業としての魅力が期待できなければ、大きなシェアを獲得できても大きな収益が期待できない。また、自社の強みが発揮できなければ、激烈な競争環境の中で勝ち残っていくことはできない。

事業の魅力は、当該テーマの対象市場の大きさや成長性、期待収益等が具体的な判断基準となる。一方、自社の強さは、技術の競争優位性や既成の販売チャネル、企業ブランドの活用可能性により判断する。この１次評価の段階では、参画メンバーによる定性評価でよく、総合評価結果の高いものを事業化構想・企画の重点候補テーマとする。

（５）　重点テーマ設定

１次評価の結果、事業化構想・企画の重点候補テーマに位置づけられたものについて、限りある経営資源と時間軸の中で、優先度や必要となる研究開発期間等を総合的に考慮して、新規事業展開シナリオを描いていく。

このシナリオを作成していく上で参考となる資料が、**図表５－７**に示した新規事業戦略マップである。具体的な作成手順は、以下の通りである。

①外枠に新規事業領域を書き入れる

②中心円のところに、自社の主要なシーズ（技術、販売チャネル等）を書き入れる

図表５－７　新規事業戦略マップ

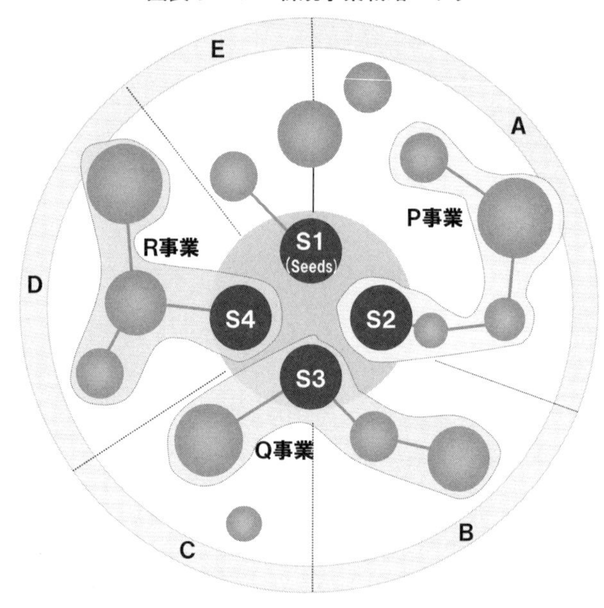

③各テーマについて、その「事業の魅力度」を円の大きさで（高いものほど大きく）、「自社の強さ」を中心からの距離（強いものほど中心寄り）で表現する

④中心円にあるシーズと各テーマ、さらにテーマ間のシナジーの大きさを勘案し、それが強いもの同士を近くに位置づけて相互に線で結ぶ

⑤（その過程で）テーマの「群」が次第に浮かび上がってくるので、それを新規事業単位とする

⑥各・新規事業単位について、事業の魅力度と自社の強さの両面で優れる中核的なテーマを、事業化の重点テーマに設定する

同マップを作成することによって、自社が今後展開していくべき新規事業領域や単位、さらに時間軸を意識した中での事業化の重点テーマが明確になってくる。

第6章

R&D マーケティングの実践

1 R&D マーケティングとは

（1） マーケティングとは

ドラッカー（Peter F. Drucker）はその著書の中で、「事業の目的とは顧客創造である」（"The purpose of business is to create customer"）と述べている。また、企業活動の2大機能はイノベーションとマーケティングとも主張しており、マーケティング重視の考え方がうかがえる。

「マーケティング（Marketing）」には、難解なものも含め様々な定義があるが、「市場創造活動」という直訳が簡潔で最も適していると考える。市場は顧客の集合体という側面もあり、ドラッカーのいう顧客創造ともつながる。

（2） マーケティング理論の変遷

一方、マーケティング理論研究の第一人者といえば、コトラー（Philip Kotler）であろう。コトラーは著書の中で、マーケティング理論の進化を「製品中心」の第1世代、「消費者志向」の第2世代、「価値主導」の第3世代、近年の個人の「自己実現」希求に焦点を当てた第4世代に分けて定義づけている。

その一方、現実の世界では、マーケティング理論はまだコトラーのいう第2世代の段階でとどまっていると思われる。市場のセグメンテーション（Segmentation）／ターゲティング（Targeting）／ポジショニング（Position）という「STP」や、製品（Product）／価格（Price）／流通（Place）／販売促進（Promotion）からなる「4P」といったマーケティング理論の概念要素は第2世代以前のものであるが、現在も理論体系の中核概念として不変である。ちなみに、「STP」はコトラー、「4P」はマッカーシー（Edmund Jerome McCarthy）の提唱によるものとされる。

この状況を逆説的にいえば、コトラーのいう「価値主導」の第3世代以降のマーケティング理論が、まだ現実の世界では実践的な体系として確立されていないことを物語っているのではないかと考える。

（3） 新たなマーケティングへの取り組みが求められている

現在のマーケティング理論の中核要素である「STP」、「4P」は依然として重要な概念ではあるが、それには、企業が新規参入すべき市場が「既に世の中に存在する」という前提条件がつく。つまり、「後発参入」のマーケティング戦略に限れば価値があると思われる。

しかしながら、熾烈なグローバル競争が繰り広げられる中、既存の市場に後発参入していくやり方だけでは、企業成長は困難な時代となっている。今、まさに『ブルーオーシャン戦略』（2005年、ランダムハウス講談社）にある「新しい市場創造」が求められている。新たな市場創造なくして、新規参入は難しい時代となっていることを認識すべきである。

（4） 研究開発への期待

マーケティングと研究開発の関係については、これまであまり議論されてこなかった。しかし、マーケティングの中心が既存市場への後発参入やシェア拡大から新たな市場創造へとシフトしていく中で、マーケティング（機能）と研究開発（機能）は融合・一体化していくことが重要となっている。市場を「細分化」し、後発参入すべき市場を「発見」していくのではなく、企業が自ら顧客を創造し、顧客の集合体である市場を創造していく機能・活動の多くを、研究開発組織が担うべき時代となっている。

（5） 「R&Dマーケティング」とは

本書では、R&Dマーケティングを「新市場創造活動」と簡潔に定義したい。具体的には、事業化テーマが「死の谷」や「ダーウィンの海」を越えて事業として成功していくために、研究開発組織が担うべき事業化構想・企画活動を指している。R&Dマーケティングを広義にとらえるなら、前章で述べた「テーマの創造」の領域も入るが、テーマ創造段階では個人・組織の発想力（セレンディピティ等）に重心があるため、あえて事業化構想・企画活動を重点対象とした。

2　R&Dマーケティングに求められるもの

（1）R&Dマーケティングの狙い

R&Dマーケティングの狙いは、事業化テーマの「価値」及び「成功確率」の向上にある。

事業化テーマの価値には、技術価値と顧客価値の2つがある。技術価値は、純技術的な独自性や競争優位性を意味している。技術価値が低ければ、顧客の感動・感激（「カスタマーデライト（Customer Delight）」）や性能・機能面での競争優位性を獲得することが難しくなる。特許化の可能性も低く、競合企業に対して高い参入障壁を築くことが難しくなり、結果として高いシェア獲得は期待薄となってしまう。一方、顧客価値が低いと、顧客の広がりに欠け、市場創造どころか十分な売上確保すら難しくなってしまう。つまり、技術価値と顧客価値の両方が高くなければ、新規事業を成功させることはできない。

なお、テーマの成功確率は、その価値とある程度相関している。つまり、価値の高い事業化テーマほど、概して成功確率も高い。ただ、テーマの価値は高くても、それを構想・企画に十分、反映できていない、事業参入戦略が不明確であるといったことが原因となって、成功確率が低下してしまうリスクがある。そういったリスクを低減するために、R&Dマーケティングの思考と行動が重要となる。

（2） R&Dマーケティングの追求パターン

高性能・高機能・適正価格による世界的競争優位の確立は、1980年代までの日本企業の成功の原動力となった。今後もその重要性に変わりはないだろうが、グローバル競争がさらに激化していく中、この戦略だけで新規事業参入・拡大を進めていくのは難しくなっていくであろう。その打開策の1つとして、R&Dマーケティングの思考と行動が、より重要になってくる。そして、その実践の方向として、以下の3つのパターンが考えられる。

① 技術革新によるカスタマーデライト

R&Dマーケティングの基本コンセプトは、「技術価値と顧客価値の同時追求」であるが、このパターンは技術価値を機軸としたアプローチである。技術の独自性や競争優位性によって、他社がこれまで成し得なかった新たな製品・サービスを実現することで、顧客の感動や感激（カスタマーデライト）を獲得していこうとするものである。

創薬の世界では、「アンメット・メディカルニーズ（Unmet Medical Needs）」という「まだ満たされていない医療ニーズ」を意味する言葉がある。患者やその家族にとっては緊急を要するニーズであるが、現在の世の中の技術水準や投資収益等の問題によって、有効な治療方法が確立できていない未充足のニーズである。代表例の1つが、認知症治療ニーズである。2018年時点で世界に5,000万人の認知症患者がいるとされ、2050年には1億5,200万人に増えるとの推計もある。こういったニーズを世の中に先駆けて充足できれば、カスタマーデライトにつながる可能性は極めて高い。

認知症治療はアンメット・メディカルニーズの1つであるが、その（進行）予防に対しては、エーザイが開発したアルツハイマー型認知症薬「アリセプト」が既に存在する。これは、1999年に厚生労働省の承認を受け、2011年に1剤で1,200億円規模（国内）の売上規模を実現した。認知症を促進する酵素の阻害物質を独自に創製するという「技術革新によるカスタマーデライト」の代表例であろう。

味の素ファインテクノが提供するプリント基板用絶縁フィルムは、圧倒的な世界シェアを保有している。それは、液状の絶縁材しか存在しない市場にフィルム状の絶縁材を提供することができたという極めて明快な理由によるものである。液状のものは埃や表面の凹凸等、品質上の問題を数多く抱えていたが、フィルム状のものであればその多くを解決できる。同社は、古くからアミノ酸に関するノウハウを応用した絶縁性を持つエポキシ樹脂に注目して基礎研究を進めており、その過程で有機物と無機物を均一に分散させる絶縁性と加工性に優れた材料の開発に成功している。

ホンダの「HondaJet」も、技術革新によるカスタマーデライトのパターンに入る。主翼上面にエンジン配置するという斬新な設計を技術革新により可能とし、静粛性を含む居住性や巡航スピード、燃費性能を他社より大幅に向上させ、カスタマーデライトを実現している。その結果、2017年には、米Cessna社の主力機を抜いて超小型ジェット機部門で初の年間首位（43機）を達成し、2018年も首位を守った。

このように、顧客・市場ニーズの顕在性や潜在性にかかわらず、技術革新により圧倒的な技術価値を創造しカスタマーデライトを実現していくパターンは、有力なR&Dマーケティングの方向性の１つである。

② 感性的・情緒的価値の追求

コモディティー化の流れが加速する中、今後は機能的価値の追求だけで勝ち抜いていくことは難しくなり、感性的・情緒的価値の追求が、これまで以上に重要になってくると思われる。

ハードウェアであれば、触れた時の質感（触覚）やデザイン（視覚）など、顧客の感性や情緒に訴え感動を与えるような価値づくりがその中心であろう。サービス分野でいえば、JR九州が「ななつ星in九州」で提供する顧客満足度の高いおもてなし等もその一例であろう。

ただ、感性的・情緒的価値は機能的価値と比べて定量化が難しいことに加えて、多くの日本企業がこれまで機能的価値重視の戦略をとってきたこともあって、相対的に軽視されてきたように思われる。しかし、今や機能的価値よりも、感性的・情緒的価値の差異によって生じる価格差の方が大きいケースも出てきている。

例えば、米Appleが提供するiPhoneは、日本市場において他社製品よりかなり高価格であるにもかかわらず、他国と比較して高シェアを確保している。この現象は機能的価値だけでは説明が難しく、日本人がiPhoneのブランドを含めた感性的・情緒的価値を高く評価していることの表れであろう。また、ソニーのハイレゾ対応のウォークマンも、高価格であるにもかかわらず、その聴覚に訴える感性的価値の高さによって、多くの消費者の支持を得ている。

感性的・情緒的価値の追求のためには、その価値自体及び価値づくりの研究が、今後、さらに重要となってこよう。例えば、パナソニックは、その中核要素の1つであるデザインの研究を重視する動きを見せている。2018年4月、それまで大阪と滋賀に分散していたデザイン部門を統合し、京都の中心部に「Panasonic Design Kyoto（パナソニック デザイン 京都）」を設立した。拠点を京都としたのは、優れた工芸技術に加え、世界に向けて日本ブランドを発信する際の拠点として最適であるという判断もあったようだ。

③ 顧客の課題解決（Solution）に向けたビジネスモデル変革

狙いの顧客に焦点を定め、深く研究し、その顕在・潜在ニーズを発掘・洞察していく。この行動を、「カスタマーフォーカス（Customer Focus）」と呼ぶ。その結果を踏まえて、顧客の抱える課題を体系的にとらえることで、自社がこれまで当該顧客に提供してきた製品・サービスが、顧客の課題解決の一部にしか貢献していないことを再認識するケースは多い。

他方、単体の製品・サービスは、性能・機能や提供価値がいかに優れていても、他社の新規参入や技術革新により、比較的短期でシェア低下や収益悪化に陥るリスクが高まっている。各社が提供する製品・サービスの性能や機能の差異が、顧客から見て小さくなってしまう「コモディティー化」現象が加速しているためである。技術革新スピードが顧客の期待価値の上昇スピードを上回ることで、破壊的イノベーションの出現確率が高まり、高品質高価格の戦略を続けることが難しくなってきている。

要するに、顧客の課題を解決し、長期にわたる事業競争力を維持するためには、単体での製品・サービスの優秀さだけでなく、複合・統合的なシステムやサービス、つまり、新たなビジネスモデル構築がより重要となっている。トヨタ自動車が自動車製造業という“モノ”を提供する企業から、無人ライドシェアなど「移動」という“コト”を提供する「モビリティカンパニー」への転換を目指す動きは証左の1つといえよう。

トヨタ自動車に限らず、これまで単体製品を「売り切る」ことを主眼としてきた製造業において、新たなビジネスモデル構築の動きが進んでいる。提供する自社製品に通信機能の付いたセンサーを搭載し、IoT技術を駆使してアフターサービスコスト削減と新たなサービス収入獲得の同時実現を目指す動きが多い。製品の稼働状況等のビッグデータ分析によって、顧客（企業）の製品購入から使用・保守管理・廃棄という一連の顧客プロセスにおける総合的課題解決（トータルソリューション）を進めている。航空機エンジンの分野では、米GEや英Rolls-Royce等の事例が有名である。

日本におけるビジネスモデル構築の代表例の1つが、コマツの建設機械稼働管理システム（「KOMTRAX」）である。同システムは、GPS（全地球測位システム）を搭載しており、顧客は建設機械の位置やエンジンのON/OFF状態、残燃料量、稼働時間等がリアルタイムで確認でき、高価な機械の盗難防止をはじめ、機械の稼働管理・維持管理業務の高度化・効率化を実現することができる。同社の売上高の2割強を、このKOMTRAXを活用したメンテナンスなどのサービス収入が占めるといわれる。

IT業界は、さらにダイナミックな動きを見せている。米AppleやGoogleなどは、パソコン、スマートフォンに続く事業分野として、自動車を重点分野と定めている。自動車にはこれまでの、走る・曲がる・止まるという基本機能に加えて、自動運転、情報収集、娯楽（AV 鑑賞等）、時として居住、非常時電源といった新たな機能が期待されている。また、近年では、金融分野への進出を含めた新たなビジネスモデルの模索・構築の動きを見せている。

ビジネスモデルと研究開発（組織）は、一見、無関係にも思えるが、新たな事業化テーマの成功のためには、研究者・技術者も無関心ではいられない。「サブスクリプション（subscription）」という製品・サービスの代金を一括ではなく定期的に支払う契約形態の普及や、ソニーのハードウェアを基点に関連サービスやソフトウェアで継続的に稼ぐ「リカーリング（recurring）」モデルの追求といった環境変化や企業の動きに関心を持ち、研究者・技術者自らが未来のビジネスモデルを構想し、提案していく時代になっていると思われる。

3 R&D マーケティングの組織的展開

（1） 事業化に向けた環境分析

事業化テーマの価値と成功確率を高めるためには、組織的な R&D マーケティング・プロセスを構築し、運用していくことが不可欠である。その第一歩が、事業環境分析である。

事業環境分析の目的は、事業化テーマを取り巻く環境を、まずはマクロの視点から客観的に調査・分析し、事業化構想・企画を進めていく上での基本条件を設定することにある。同分析は、外部環境分析と自社資源分析に大別される。

外部環境分析は、市場、競合及び技術の３つの視点で進めていく。市場分析は、市場の大きさや成長性を調査・分析し、有望なセグメント抽出や狙いの顧客の設定に向けた仮説づくりのために行う。競合分析は、既に参入している企業の強み・弱み、基本戦略や具体的施策、さらには今後の新規参入が予想される企業の研究や分析を通じて、自社の独自性発揮や競争優位確立のヒントを得るために行う。技術分析は、現在の技術的競争のポイントや、未来に向けた技術革新方向を見極めるために行う。外部環境分析を通じ、事業化テーマについての全体的な魅力度や、その中で特に魅力的な領域などを明らかにしていく。

自社資源分析は、自社の技術、販売チャネル、ブランド等の独自性や競争優位性を判断するために行う。事業化テーマの成功確率の推定や成功確率向上のための課題抽出に活用していく。

事業環境分析を事業企画やマーケティングのスタッフが中心に行っている企業が多いが、未来志向の知識や知見を有する研究者・技術者が他組織・メンバーの協力を得ながら、主体的に進めていくことが望ましい。

上記の分析結果を踏まえ、新規事業参入に向けた"SWOT"（Strengths：強み、Weaknesses：弱み、Opportunities：機会、Threats：脅威）という4つの観点で考察を行い、自社の新規事業参入のKFS（Key Factors for Success：成功の鍵）の仮説づくりに活かしていく。自社のKFSの戦略的妥当性や具体的な構築方法の巧拙が、事業化テーマの価値や成功確率に大きな影響を与える。

（2） 技術価値の探求

事業環境分析によって、マクロ視点での有益な戦略情報を得ることができる。その一方で、当該テーマを事業化する意義や価値の背景・理由を明確にする必要がある。それが不明確なままで、効果的・効率的な事業化構想・企画を進めることはできない。研究者・技術者は、特に当該テーマの技術価値について深く考察し、明確化することが期待される。

技術価値探求の手がかりは、自社の純技術的な独創性や競争優位性にある。既に特許化されている技術であれば形式知化は比較的容易であるが、そうでなければ技術的着想の原点や現在の技術水準について有識者間で議論し、技術価値をまさに探求していく。

前述した味の素ファインテクノが提供するプリント基板用の絶縁フィルムのケースでは、「有機物と無機物を均一に分散させ、高い絶縁性と加工性を同時に実現させる」ことが技術価値と考えられる。ホンダのHondaJetでは「主翼上面にエンジン配置する」こと、NECの画像認識システム「NeoFace」では「世界No.1の顔認証技術水準」が技術価値の1つであると思われる。その後、技術価値を顧客価値に効果的に変換していければ、テーマの価値は確実に高まる。

（3） 狙いの顧客の設定

① 市場分析の進化

市場分析を進めることで、事業化テーマの市場参入の方向性が見えてくる。同テーマが既成市場への後発参入を前提としたものなら、前述した「STP理論」を活用し、参入想定市場を客観的な視点で細分化（Segmentation）し、その中で最適な部分に絞り込み（Targeting）、同部分の中でどんな立ち位置（Positioning）で勝負するべきかを検討していけばよい。

近年、マーケティングの世界にデジタル技術を取り入れる動きが加速している。ビッグデータ分析によって、製品・サービスの購入前、購入時及び購入後の評価データの解析水準が高まり、より有益なマーケティング情報を得ることが可能となっている。顧客が実店舗の陳列棚にある商品のパッケージのどの部分を見て反応したか等を、瞳の動きによって分析する取り組みや、顔認証技術を活用した来店者の属性研究が進められている。これまで実店舗では、顧客層を正確に把握することが難しかったが、デジタル技術の進展によってそれが可能となり、市場分析全体もさらに進化していくであろう。

② 顧客とは誰か

既成の市場への後発参入を想定した事業化テーマであれば、前述した市場分析が構想・企画を進めていく上で多くの有益な情報を提供してくれる。しかし、新たな市場創造を目指したテーマの場合、既成の市場そのものが存在せず、市場分析情報を入手することが困難である。

そのため、市場創造型テーマについては、その対象となる「顧客とは誰か？」の仮説を早い段階で設定することが不可欠である。市場創造は、顧客創造からスタートさせることが現実的である。狙いの顧客を設定し、その研究により顕在ニーズの分析、潜在ニーズの洞察を行い、顧客の感動や感激を生み出す製品・サービスを構想・企画し、実現させていく。この顧客創造活動を継続・進化させ、市場創造につなげていくことが重要である。

③　狙いの顧客を探索する

顧客創造は市場創造の第一歩であり、必要条件でもある。そのため、狙いの顧客の選択を間違ってしまうと、市場創造につなげていくことが難しくなる。ただ、情報が限られた中で最初から最適の顧客を正確に選択することは難しく、複数のアプローチを用いて狙いの顧客を探索していくことが必要となる。

具体的には、図表6－1に示したような数種のアプローチを活用して、狙いの顧客の探索を進めていく。「STPブレークダウン」は、従来のマーケ

図表6－1「狙いの顧客」の探索アプローチ

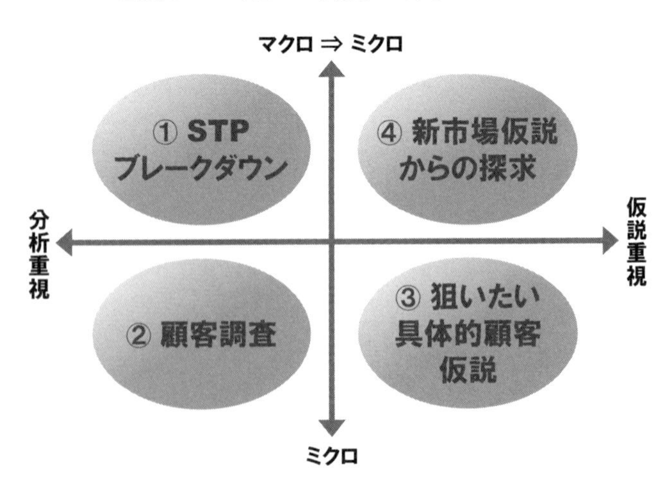

ティング理論を踏襲し、マクロ市場分析からスタートして、次第に有望顧客を探索していくアプローチである。「顧客調査」は、広範囲に想定顧客を調査し、その中から狙いの顧客を探索・選択していく地道なやり方である。「新市場仮説からの探求」は、狙いの新市場の仮説を演繹的に設定し、その中から有望顧客をプロファイリングしながら具体化していくアプローチである。「狙いたい具体的顧客仮説」は、言葉通り、狙いの顧客（像）を最初から仮説で設定するやり方であり、マーケティング理論でいう「ペルソナ(Persona)」の考え方に近い。

既成市場への後発参入型のテーマの場合は「分析重視」、新たな市場創造型のテーマであれば「仮説重視」のアプローチが主流になる。ただ、可能であれば、複数のアプローチを併用して精度を高めていくことが望ましい。

④　狙いの顧客の仮説設定

狙いの顧客の探索を経て、事業化の重点対象とすべき顧客の仮説を設定する。その際の優先順位づけの視点として、以下の７つがある。

第１は、当該顧客が市場において主導的な顧客かどうかである。主導的な顧客であれば、成功時の自社の業界内でのステータスやブランドイメージが高まり、他の顧客・市場への展開可能性も高まる。第２は、類似のニーズを持つ顧客の数である。新たな製品・サービスの価値を認めてくれる顧客がいても、それが少数で広がりがなければ、市場創造につなげていくことはできない。第３は、伸びる顧客であるかどうか、つまり、顧客の成長性である。伸びる顧客に密着することで、事業拡大の可能性は高まる。第４は、安定性である。特に、B to B ビジネスにおいては、景気変動の波が大きい顧客（業種）があり、その場合は優先順位を下げることも必要となる。第５は、先進性・革新性である。独自性や競争優位性のある技術開発に成功できれば、後発であっても事業参入・市場拡大の可能性は高まる。第６は、提供価値に適正な対価を払ってくれる顧客か否かである。仮に、顧客の購買決定要因が低価格偏重であれば、収益面で厳しくなることが予想される。第７（最後）

は、顧客の自社に対する親和性である。過去の取引実績やブランド認知の有無・高低は、顧客創造の成否を大きく左右する。

以上の7視点について総合評価を行い、高評価の（候補）顧客の中から狙いの顧客の仮説を設定する。

（4）顧客研究を通じた顧客価値の探求

顧客価値の大きさは、事業化テーマの価値と成功確率に大きな影響を与える。ただ、顧客価値は容易に推定できるものではなく、探求が必要である。

製薬企業のエーザイも、アルツハイマー型認知症薬の新たな剤形を開発する際、認知症患者が入居するグループホームでの現場観察を研究者も参画した中で行っている。そこで、従来の剤形（錠剤）では様々な問題があることを発見し、その後のゼリー状の剤形開発につなげている。つまり、狙いの顧客を深く研究し、顧客価値を探求することが極めて重要である。

B to C ビジネスを想定したテーマであれば消費者研究、B to B ビジネスであれば企業研究が中心となる。消費者研究については、想定顧客の属性研究（プロファイリング）を踏まえ、そのライフスタイル研究や具体的な消費行動の観察、グループインタビュー等を通じて顧客価値を探求していく。米 Apple は、iPod の事業化検討に際し、「音楽ファン」を狙いの顧客に定め、徹底的な消費者研究を行った。既存の携帯音楽プレーヤの問題点を調べ上げ、保存楽曲数の拡大、小型化、操作の容易性といった顧客価値を抽出・発掘していった。また、ホンダの技術者によるエンドユーザー研究、シマノの「ディーラーキャラバン」や世界的な自転車レースへの技術者のメカニックとしての参画等、研究開発メンバー自身が消費者と直接に接点を持つ取り組みが進められている。

一方で、B to B ビジネスで重要となる企業研究については、顧客（企業）インタビューや事業プロセス研究に加え、顧客の企業・事業戦略の研究、顧客のさらに先の顧客（Customer's Customer）の研究を進めていく。そういった総合的な顧客研究を組織的に進めていくことで、より価値のあるニーズの抽出・発掘が可能となる。スリーエム・ジャパンの「カスタマーテクニカルセンター（CTC）」では、同社製品や技術をベースとした顧客（企業）との技術課題の共同解決活動が進められている。同センターには、数万種類に及ぶ同社製品とその開発力のベースとなっている数十のテクノロジープラットフォームが展示され、デモンストレーションやデータ分析等が行われているという。同社の研究スタッフが、顧客（企業）の技術課題に対し、顧客とともに解決アイデアを考えることで、顧客価値の探求を進めている。

（5）価値創造

① カスタマーデライト、3つの価値創造方向

「R&D発」の新製品・新事業には、「カスタマーデライト（顧客の感動や感激）」レベルの大きな価値が求められる。その価値の源は、「技術価値×顧客価値」であることに変わりはない。

つまり、カスタマーデライトを目指すのであれば、技術価値か顧客価値の一方を飛躍的に高めるか、あるいは両方を高めるかが必要不可欠となる。そして、現実的な価値創造の方向性としては、以下の3つがある。

第1は、「技術価値の徹底追求」である。例えば、技術的障壁の高さ等の理由で未解決状態にある「アンメットニーズ（Unmet Needs）」への果敢な挑戦である。革新的技術開発を成功させ、顧客の強いニーズを充足していく方向である。これは、医薬品の分野によく見られるアプローチでもある。顧客ニーズが顕在で公知の状況にあっても、画期的な実現手段により解決（充足）できれば、極めて大きな価値を生み出すことができる。

第2は、「顧客の潜在ニーズの探求と実現」である。一般的に、潜在ニーズの方が顕在ニーズよりも価値が高い。この「見えていない（潜在）」ニーズにいち早く着目できれば、オリジナリティーのある製品やサービスを、他社に先駆けて創出できる可能性は高まる。エレクトロニクス・IT分野でい

えば、1979年発売のソニーのウォークマン、2001年発売の米Appleの iPod、2007年発売のiPhone等がその代表例であろう。航空業界では、米Southwest航空が、中小規模の都市間を、ハブ空港を経由せず直行移動したいというビジネスマンの潜在ニーズに着目し、実現したケースが該当する。

第3は、「顧客の問題・課題解決（Solution）への貢献」である。自社が提供する製品やサービスと顧客との関係を、購入時の「点」ではなく、それ以降の「線」や「面」としてとらえて価値提供していく方向である。製品であれば、「モノ」の提供に終始せず、顧客の業務等の「コト」の解決というスタンスに立った提供価値の転換である。例えば、トヨタ自動車はFCV（燃料電池車）を提供しているが、FCVというモノの価値に終始せず、燃料である水素の充填、運転（自動運転）時の情報提供といったコトの解決を含めたトータルソリューションを目指している。

② 技術価値の顧客価値への変換

価値創造の追求には、前述した3つの方向性があるが、技術価値を機軸とした研究開発組織としての展開は、今後も重要なアプローチである。その際の展開イメージを、図表6－2に示す。同図は、富士フイルムの化粧品「アスタリフト」の開発背景の一部を示しており、同社が同製品の技術価値を深く探求し、それらが「肌のハリ・弾力や潤い」、「高濃度のアスタキサンチンが肌の奥まで届く」といった顧客価値に変換していくイメージを表現している。

同図には、技術価値から顧客価値への変換が示されているが、狙いたい顧客価値から技術価値を探求するといった逆の流れからも考察することが重要である。

（6） 新商品構想

① 価値の「見える化」

価値創造の方向性と主要素の仮説ができたら、それを「見える化」してい

図表6－2　技術価値の顧客価値への変換イメージ例

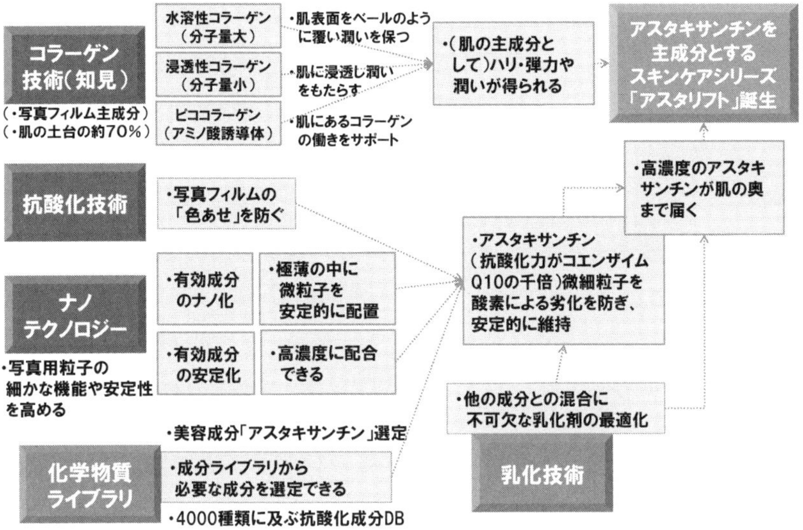

コラーゲン技術（知見）
（・写真フィルム主成分）
（・肌の土台の約70％）
水溶性コラーゲン（分子量大）
・肌表面をベールのように覆い潤いを保つ
浸透性コラーゲン（分子量小）
・肌に浸透し潤いをもたらす
ピコココラーゲン（アミノ酸誘導体）
・肌にあるコラーゲンの働きをサポート
・（肌の主成分として）ハリ・弾力や潤いが得られる
アスタキサンチンを主成分とするスキンケアシリーズ「アスタリフト」誕生

抗酸化技術
・写真フィルムの「色あせ」を防ぐ

ナノテクノロジー
・写真用粒子の細かな機能や安定性を高める
・有効成分のナノ化
・極薄の中に微粒子を安定的に配置
・有効成分の安定化
・高濃度に配合できる

・アスタキサンチン（抗酸化力がコエンザイムQ10の千倍）微細粒子を酸素による劣化を防ぎ、安定的に維持
・高濃度のアスタキサンチンが肌の奥まで届く

化学物質ライブラリ
・美容成分「アスタキサンチン」選定
・成分ライブラリから必要な成分を選定できる
・4000種類に及ぶ抗酸化成分DB

乳化技術
・他の成分との混合に不可欠な乳化剤の最適化

く。研究者・技術者の頭の中の思考イメージは第三者からは見えず、言葉だけでは意思疎通が難しい。また、個々人は自分自身の中では考え抜いていると思っていても、文章化・図案化が求められた時、自身の思考の浅さに気づくケースは多い。つまり、「見える化」は、当該テーマの価値創造・構想企画に関与する人すべてが、各人の思想・思考・具体的イメージを明確化し共有化するために、極めて重要である。

新商品構想を進めていく上での主な検討要素は、以下の4つである。第1は商品コンセプトであり、世の中に当該商品が存在する意義・価値を簡潔な文章で表現したものである。第2はセールスポイントで、当該商品の顧客にとっての主な価値を複数列挙したものである。第3は、狙いの顧客への提供価値である。提供価値とは、自社がどのように顧客価値を実現していくかを考え、自社を主語として再定義した価値表現である。第4は商品イメージで、仕様（スペック）や価格などである。

新商品構想の原案は、１人の研究者・技術者が作成してもよいし、最初から複数メンバーで作成してもよい。同構想では細部まで詳述する必要はなく、あくまでも「スケッチ」で構わない。A4サイズの用紙に記述できる範囲の商品概要で十分である。このスケッチを、「仮想カタログ」と呼ぶこともある。仮想カタログを通じて新商品構想を「見える化」・共有化し、議論しながらその完成度を次第に高めていく。

② ビジネスモデル志向の重要性

新商品構想はスタンドアローン、つまり、単体の製品やサービスを想定して進めてしまうことが多い。過去の日本企業（特に、製造業）の成功体験や、これまでの構想・企画経験の蓄積による慣性の法則が働いてしまっていることも大きな要因である。しかし、単体の製品やサービスだけで長期にわたって収益を拡大させていくことは困難な時代となっている。

つまり、ビジネスモデル志向が重要である。ビジネスモデルの価値には、少なくとも３つのメリットがある。第１は、顧客への提供価値の範囲を広げることができる点である。ソニーは、販売したゲーム機本体を基点として、関連サービスやソフトウェアで継続的に稼ぐ「リカーリング（recurring）」モデルを追求している。米Appleも、多くの自社製品が世の中で稼働しているという基盤（強み）を活用し、定額制の動画配信サービス「TV＋（プラス）」やゲーム配信サービス「アーケード（Arcade）」を展開している。

第２は、競争優位の確立である。ビジネスモデル構築によって、顧客との関係は点から線、面へと広がり、他社からの参入障壁は高まる。さらに、顧客創造から市場創造まで進化させていくことができれば、「デファクト・スタンダード（de facto standard：事実上の標準）」の獲得可能性が高まる。

第３は、収益源の多様化と収益の安定化である。顧客との接点が広がることで、収益源の範囲が広がる。日本電産は、オムロンの自動車部品会社を買収することで、モーター部品の単体での売上だけでなく、モジュールでの売上拡大を実現しようとしている。パソコン世界大手のLenovoグループも、パソコンの売り切りビジネスだけでなく、保守やデータ処理などのサービス提供を通じた「サブスクリプション（subscription）」の収益モデルを実現させようとしている。

（7）新商品企画

新商品の「構想」が固まったら、事業化に向け、さらにもう一段内容を深めた「企画」を進めていく。詳細な商品仕様や想定価格、事業展開方針、事業計画を含めた企画書を作成する。具体的には、以下に示したような視点・項目を検討し、設定していく。

①先行指標となる製品・サービス研究（機能・性能や価格）
②自社の強み（技術・特許、ブランド、販売チャネル等）
③市場トレンド（将来、起こりうる市場の動き等）
④狙いの顧客に対する攻め方（顧客価値と提供価値の再定義）
⑤キー・テクノロジーの変化予測（事業の成否に大きな影響のある技術とその革新方向）
⑥技術分析（キー・テクノロジーに対する自社技術の水準把握と技術差別化の方向性）
⑦当該商品の位置づけ、役割（収益源／新市場参入への橋頭堡等）
⑧商品コンセプト（コンセプト・キーワードとその差別化水準）
⑨商品仕様（目標とする性能・機能・価格等）
⑩商品イメージ（ビジネスモデル変革を狙うものについては、その構想を絵図にて）
⑪事業展開方針
⑫事業収益仮説

ちなみに、ホンダのHondaJetのケースでは、米Cessna社やブラジルのEmbraer社製の競合対象機種を研究し、最高巡航高度（機体の安定化や燃費性能の向上に寄与）、最大時速といった性能面で競争優位を実現させている。加えて、主翼上面にエンジンを配置する等の斬新な設計を技術革新によって実現し、静粛性を含む居住性を大幅に改善している。

他社との微差ではなく、カスタマーデライトにつながる圧倒的な差別化を目指した企画内容を目指すべきである。

（8）収益シミュレーション

事業化テーマについて収益シミュレーションを行い、投資採算面での社内ハードルをまず越えることが求められる。収益シミュレーションの3大要素は、商品の価格（Price）、数量（Quantity）、及びコスト（Cost）である。

価格（Price）は、商品コンセプトや商品仕様と極めて関係性が強く、研究者・技術者が特にこだわりを持って検討・提案すべき要素である。その際、図表6－3に示したような検討フレームの活用を推奨したい。

縦軸は価格設定の基本スタンスを意味し、「顧客の受益価値ベース」と「コストベース（コストプラス）」の二者択一となっている。また、横軸は競争優位確立の基本方向を意味し、「コストリーダーシップ」と「差別化」のいずれかを選択するようになっており、計4つの価格戦略の方向性を示している。

図表6－3　価格設定の基本フレーム

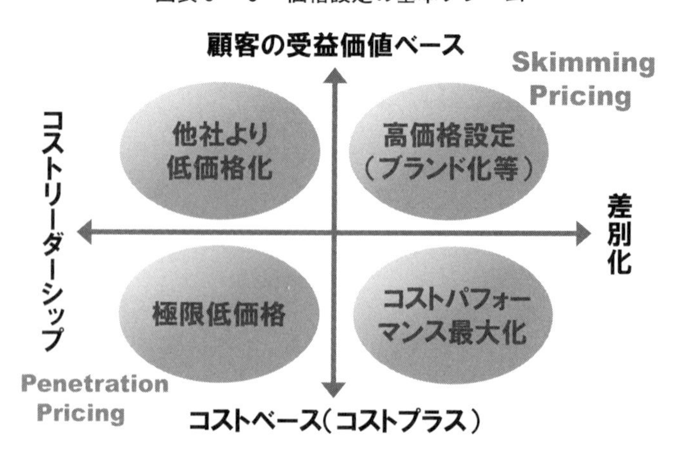

右上の象限は、顧客の受益価値ベースで差別化を狙った価格設定であるため、「高価格」が基本方向になる。マーケティング理論では、「スキミングプライシング（Skimming Pricing）」に該当する。また、左下の象限は、コストベース（コストプラス）」のスタンスでコストリーダーシップを狙ったものであるため、「極限の低価格」を目指すのが基本方向である。マーケティング理論では、「ペネトレーションプライシング（Penetration Pricing）」にあたる。

数量（Quantity）については、「需要予測」によって求めることとなる。既成市場への後発参入を想定したテーマであれば、狙いの市場の調査・分析結果を活用して、需要予測につなげることは比較的容易である。しかし、新たな市場創造を目指した事業化テーマの場合、その需要予測は難しくなる。B to Cのテーマであればグループインタビュー、B to Bの場合は前述した仮想カタログやプロトタイプを先進的で親密な関係にある顧客に提案し、提供価値の検証及び購入可能性の調査を通じて、需要予測の精度を高めていく必要がある。

価格、数量に続き、コスト（Cost）の推定ができれば、「価格×数量－コスト」の計算式で利益を算出することができる。一般的な新規・事業化テーマの収益性の判断基準として、「上市後３年以内に単年度黒字化」、「同５年以内に累積損失一掃」といったものがある。この２つの条件がクリアできない収益シミュレーション結果であれば、事業化の意思決定は難しくなる。

（9） 新規事業展開シナリオの作成

初期の新商品の上市で成功を収めたとしても、新たな事業として成長させていくためには、戦略的な新規事業展開シナリオが不可欠となる。

米Appleが、今世紀初頭、音楽事業で大きな成功を収めた背景には、長期視点での明快な新事業展開シナリオがあったと推察する。同社は、2000年10～12月期、売上の大幅な落ち込みと経常損失計上という経営的に極めて厳しい状況にあった。そのような状況の中、今後の成長を見込める分野として、音楽関連市場に参入する意思決定を行った。まず、2001年1月に開催したMacworld Conference & Expoにおいて、Macintosh向けのジュークボックス・ソフトウェア「iTunes」を披露した。その後、着々と事業基盤を整備しながら、2001年10月、携帯型音楽プレーヤである初代iPodを世の中に送り出している。

同製品は、保存楽曲数、携帯性（小型化)、操作の容易性といった点で、従来品より飛躍的に優れた新商品であった。競合他社製品に対する顧客の不満足点を徹底的に調査・分析し、同社の強みであるハードウェアからソフトウェアまで1社で手がけられる能力を最大限に発揮している。その後、2002年には、Windows対応版、2003年にはiTunes Music Store（現在はiTunes Store）と、ハードとソフト・コンテンツを時間軸の中で戦略的に連動させていった。その過程で、カスタマーデライトを実現させるとともに、独創的で競争力溢れる新たなビジネスモデルの構築に成功した。

東レの炭素繊維事業は、1960年代の事業開始以降、収益化に多くの年月を要した。成功の鍵となったのが、航空機の構造材料への採用であろう。その実現のために、炭素繊維の弾性率や伸び率、強度等の性能目標を技術開発によってクリアし続けている（図表6－4参照)。同図は、同社の技術開発と市場開発の歴史を概略化したものであるが、事業化テーマについては、未来に向けた技術開発や市場開発に関し、事業成長のための展開シナリオを長期視点に立って作成することが望ましい。

(10) 商品群企画とプラットフォーム先行開発

顧客の多種多様なニーズをすべて満たそうとすれば、商品のラインナップは際限なく拡散し、経営効率が大きく低下してしまう。逆に、供給（企業）側の都合を過度に優先してラインナップを極端に絞ってしまうと、多様な顧客ニーズに応えることができず、販売機会を逸することになる。

図表6－4　東レ炭素繊維の事業展開の軌跡

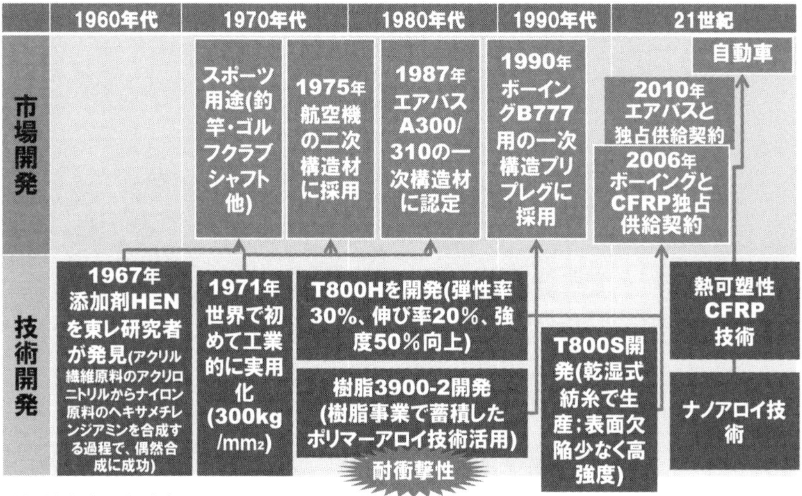

	1960年代	1970年代		1980年代	1990年代	21世紀
市場開発		スポーツ用途(釣竿・ゴルフクラブシャフト他)	1975年 航空機の二次構造材に採用	1987年 エアバスA300/310の一次構造材に認定	1990年 ボーイングB777用の一次構造プリプレグに採用	2006年 ボーイングとCFRP独占供給契約 2010年 エアバスと独占供給契約 自動車
技術開発	1967年 添加剤HENを東レ研究者が発見(アクリル繊維原料のアクリロニトリルからナイロン原料のヘキサメチレンジアミンを合成する過程で、偶然合成に成功)	1971年 世界で初めて工業的に実用化(300kg/mm2)	T800Hを開発(弾性率30%、伸び率20%、強度50%向上) 樹脂3900-2開発(樹脂事業で蓄積したポリマーアロイ技術活用) 耐衝撃性		T800S開発(乾湿式紡糸で生産；表面欠陥少なく高強度)	熱可塑性CFRP技術 ナノアロイ技術

(「時代を拓く：東レ70年のあゆみ」1999.05日本経営史研究所編集 他公開資料より作成)

つまり、経営効率を保ちつつ可能な範囲で顧客の多様なニーズに応えるという、二律背反の課題を同時に解決していく考え方と手法が求められる。その1つが、「商品群企画」と「プラットフォーム先行開発」である。

商品群企画は、単品志向ではなく、商品を「群」として戦略的なラインナップを実現していく企画手法である。また、プラットフォーム先行開発とは、商品群企画を実現していくために必須となる技術プラットフォームを早期段階で明確にし、長期的視点で先行的に開発していくことを意味している。この商品群企画とプラットフォーム先行開発によって、新事業展開のスピードアップと新製品・新事業の成功確率向上を目指していく（図表6－5参照)。

商品群企画とプラットフォーム先行開発の期待成果は、以下の3つである。第1は、基幹商品を中核とした「骨太商品づくり」である。第2は、プラットフォームを機軸とした事業競争力の強化、第3は、顧客ニーズの多様化に伴い増大するコストの低減である。

図表6－5　商品群企画とプラットフォーム先行開発の全体概念図

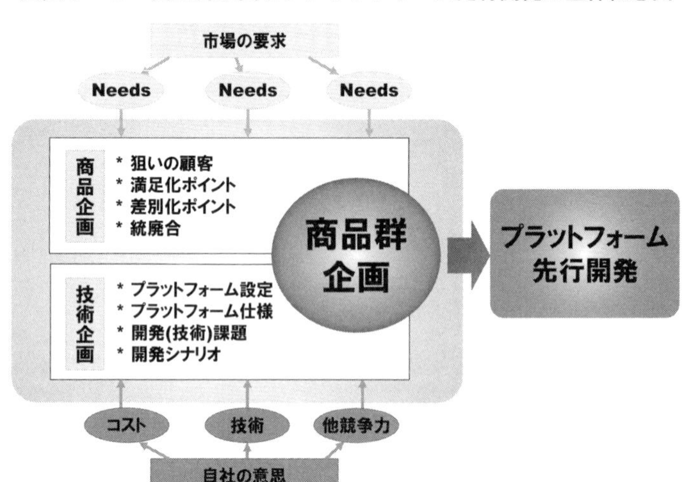

メカトロニクス商品のケースでのイメージを、図表6－6に示した。シリーズ展開の核となる「基幹商品」をまず定め、それを軸に「派生商品」を戦略的に多様化させていく。

商品群全体で共通の「固定部分」、ある程度のカスタマイズを許容する「準固定部分」、顧客ニーズに応じて変化させる「変動部分」を戦略的に峻別して、多様化した顧客ニーズへの対応と経営効率維持の両立を狙うものである。固定部分は、プラットフォームの一要素ととらえることもできる。加工組立型産業の代表格である自動車業界では、プラットフォームといえば、「車台（シャーシ）」を指すことが多いが、基幹部品であるエンジンや設計概念まで含めた広い概念としてとらえることもある。開発の効率化や開発期間の短縮化を狙って、車台をセダンや小型車などに大別して車種を集約するとともに、プラットフォームの共通化が進められている。例えば、トヨタ自動車では、新しいクルマづくりの方針として、「トヨタ・ニュー・グローバル・アーキテクチャー（TNGA）」を打ち出している。独Volkswagenも、「MEB（Modular electric drive matrix）」と呼ぶEV（電気自動車）専用のプ

図表６－６　商品群企画における戦略的シリーズ展開

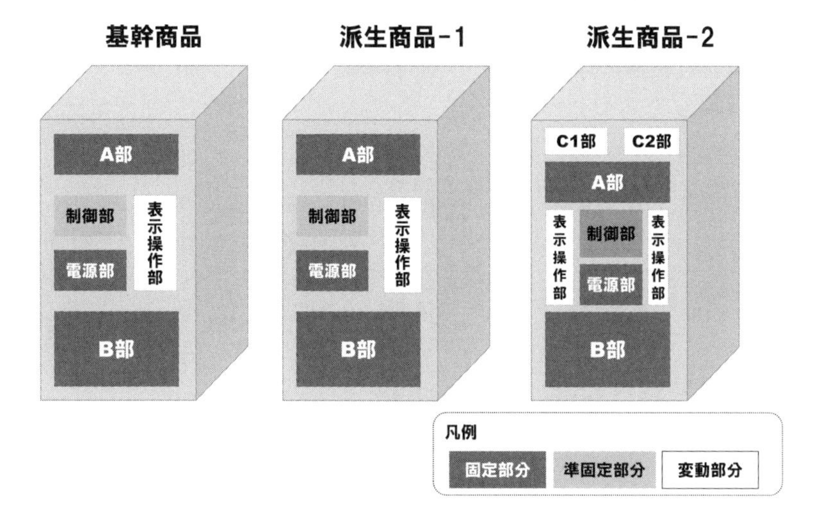

ラットフォームを積極拡大させている。また、日立製作所の「ルマーダ(Lumada)」というソリューション／サービス／テクノロジーの総称とされる概念も、プラットフォームに該当すると思われる。

一方、化学、製薬、食品等のプロセス系産業の場合は、基礎技術や具体的な機能物質がプラットフォームに該当する。米3Mは、粘着剤、高精度表面、不織布、光ファイバーなどを「テクノロジープラットフォーム」と称し、「複数の市場に向けて、複数の製品を生み出すことのできる特定の技術基盤」と定義している。

(11) ビジネスプランの作成

新規性の高い事業化テーマの場合、現事業分野における商品開発と比較して、多くのリスクを抱えることとなる。そのため、その事業化の意思決定の際には、期待収益や投資リスクを含めたビジネスプランを作成して、経営に提案（提言）することが必要となってくる。

ビジネスプランの基本構成を、図表６－７に示した。最大のポイントは、

図表6－7　ビジネスプランの基本構成

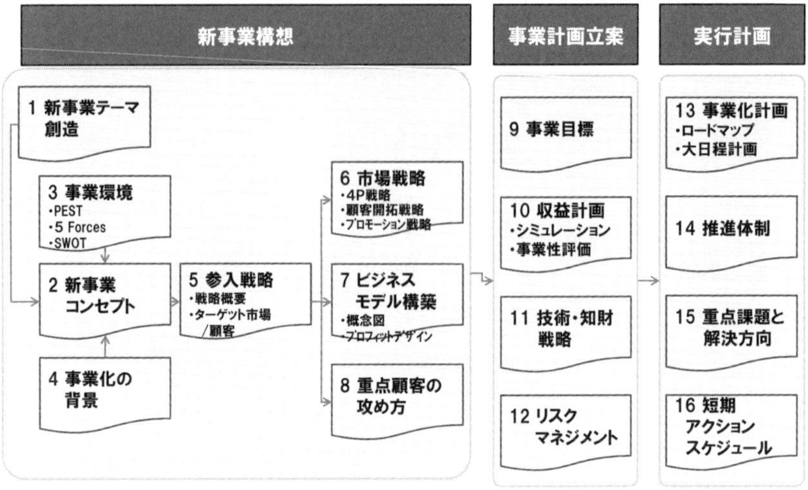

新事業構想

1 新事業テーマ創造

3 事業環境
・PEST
・5 Forces
・SWOT

2 新事業コンセプト

4 事業化の背景

5 参入戦略
・戦略概要
・ターゲット市場／顧客

6 市場戦略
・4P戦略
・顧客開拓戦略
・プロモーション戦略

7 ビジネスモデル構築
・概念図
・プロフィットデザイン

8 重点顧客の攻め方

事業計画立案

9 事業目標

10 収益計画
・シミュレーション
・事業性評価

11 技術・知財戦略

12 リスクマネジメント

実行計画

13 事業化計画
・ロードマップ
・大日程計画

14 推進体制

15 重点課題と解決方向

16 短期アクションスケジュール

「投資リターン」の大きさである。その判断のための代表的な手法として「NPV（Net Present Value：現在価値）法」がある。同法は、新規事業が一定期間に生み出す将来キャッシュフローの（正味）現在価値額の総和から投資額を差し引いた金額によって、投資の意思決定を行うものである。その値がプラスであれば、投資価値があると判断されるが、逆にマイナスであれば、定石上では事業化は「ストップ」という判断になる。

なお、同法では、将来価値を現在価値に引き戻す際に「割引率」を適用することで、収益予測を厳格化する考え方がとられている。この割引率は、金利に加えて、株主やその他投資家への配当原資、事業リスクといった要素も含め設定されることもある。通常は5～10％に設定されるケースが多いが、新薬開発など投資規模が大きく成功確率の面で問題を抱えているケースでは、さらに高い割引率が設定されることもある。

前述してきたような一連のR&Dマーケティングの検討プロセスが完了し、事業化の意思決定がなされれば、事業化に向けた実行計画を作成していくこととなる。

第7章
オープンイノベーションの本格展開

1 なぜ、今、オープンイノベーションなのか

（1） オープンイノベーションとは

オープンイノベーションの定義については諸説あるが、チェスブロウ（Henry W. Chesbrough）の「技術を進歩させるために、企業が外部のアイデアを内部と同様に活用し、内部と外部の市場への経路を活用することが可能であり、また、そうしなければならないパラダイムである」、「内部のイノベーションを加速し、イノベーションの外部利用市場を拡大するための意図的なナレッジの流入・流出である」といった定義がある。

この定義内容を踏まえつつ、本書では、オープンイノベーションとは、「社外の知識や技術を活用して新技術や新製品・新事業を創造すること」と簡潔に定義したい。自社の研究者・技術者の発想や科学的知識・ノウハウ、自社保有技術に固執せず、広く世の中の知識・知恵・アイデア・技術等を活用して、イノベーションを加速しようとする考え方・行動である。

（2） 自前主義を見つめ直す

「自前主義」、「NIH（Not Invented Here）症候群」は、研究者・技術者の本来の特質であり、決して悪いことではない。自らの頭の中で、全体の事象を一貫した論理体系の中に位置づけて考察し、新たな発見や発想を生み出していく努力は尊敬に値する。しかし、それが自らの閉じた世界にとどまっていては、井の中の蛙となってしまう。唯我独尊の状態に陥り、外部との知の融合を通じた新たな価値創造ができない。世の中の先端・先進技術や知識の水準を知り、積極的に外部の英知を活用・導入していくオープンイノベーションの思考と行動が求められている。

意外かもしれないが、企業の研究開発は、オープンイノベーションの一種であるアウトソーシングから始まったという説がある。19世紀後期のドイツ

の染料工業では、企業が発明者・科学者から特許権を買い取って、それを製品開発に活用していくやり方が主流だったようだ。しかし、その後、研究開発機能の過度の外部依存への危機意識もあって、次第に企業内へとシフト（内部化）していったという説である。そして、20世紀初頭には、米大企業（GE 等）で企業内研究活動が本格化していくことになる。

つまり、歴史的に見れば、自社内での研究開発活動は唯一無二のスタイルではなく、企業の長期的な成長のために、最適な研究開発のスタイルをゼロベースで再考すべき時期に来ているものと考える。

（3） リニアモデル見直しの機運

化学や製薬、食品等のプロセス系企業においては、今でも「リニアモデル（linear model）」と呼ばれる、基礎研究—応用研究—製品開発—事業化という「直列」型の研究開発プロセスが主流である。企業内での科学（science）を基礎とした新技術の発見・発明を原点に、研究—開発—事業化を社内で一貫して進めていく「自前主義」のプロセスでもある。米 DuPont の中央研究所におけるナイロン、米 AT&T Bell 研究所におけるトランジスタの発明などが、その代表的な成功例である。こういった成功が、米国では1950～1960年代、日本では1970～1980年代の中央研究所設立ブームの契機になったといわれる。

しかし、1990年代以降、米国ではオープンイノベーションを活用したシリコンバレー・モデルの成功、他方で研究開発投資増大への株主の圧力の高まりによって、リニアモデルの見直しが起こった。日本でも、バブル経済崩壊を契機とした基礎研究投資の大幅な縮小によって、同モデルを見直していこうという機運が高まり、現在まで続いている。

（4） 自前主義からオープンイノベーションへ

企業内研究開発活動が本格展開されて１世紀を経た現在、自前主義が強いとされる日本企業においても、少しずつではあるが、社外の経営資源を積極的に活用していこうというオープンイノベーションへの機運が高まりつつある。その背景として、以下の4つがあると考える。

第1は、新規事業の開発・事業化のリソース不足である。グローバル競争が激化する中、新規事業展開に向けた不足技術の獲得、事業化のスピード及び必要投資額の確保を自社単独で達成することが難しくなっている。

第2は、未来志向の研究開発テーマの不足である。同じ企業内の研究者・技術者の閉じた世界の中では、斬新な新製品・新事業のアイデアや革新的技術テーマを創出することが難しい。例えば、産学連携では、異なる立場や視座・視点を持つ大学教員と、未来志向で魅力的な新技術や新製品・新事業アイデアを共創することが可能となる。

第3は、デファクト・スタンダード（de facto standard：事実上の標準）確立の必要性の増大である。デファクト・スタンダード確立のためには、産業内での戦略的提携が重要となる。自動車分野では、「CASE（Connected／Autonomous／Shared& Service／Electric）」の進展とともに、異業種企業を含めたグローバル競争が激化する中で、企業連携によってデファクト・スタンダードを確立しようとする動きが加速している。

第4は、研究開発の生産性の低迷である。売上高に占める研究開発費比率が上昇傾向にあり、製薬業界では20％前後の企業もある。一方、研究開発成果が高まらず、生産性の低迷に悩む企業は多い。社外の資源を活用して投資額を抑制しつつ、成果を増大させていく方策として、オープンイノベーションに本格的に取り組む企業が増えてきている。

2 オープンイノベーションの進展と本格化

前述した米DuPontのナイロン発明は、オープンイノベーションの成功事例の1つでもある。同社は、1903年に中央研究所を設立した際、有機化学の分野でHarvard大学から教授を招聘し、その知識と知見を発明に活かしたといわれている。日本でも、味の素のグルタミン酸ソーダ事業の創業時における東京帝国大学・池田菊苗教授との産学連携は有名である。TDKも、東京工業大学の加藤与五郎・武井武両教授が発明したソフトフェライトの工業化を目的に、大学発ベンチャー企業として設立された。

さて、近年では、米P&Gの「コネクト・アンド・ディベロップ（Connect & Develop）戦略」がオープンイノベーションの成功事例として有名である。イノベーション・コストを外部調達比率の引き上げによって削減する一方で、外部研究機関や研究者からの価値あるイノベーション・アイデアを収集・活用して研究開発成果を高め、研究開発の生産性を飛躍的に高めることに成功したとされる。

製薬業界では、新薬創出に必要な投資規模の増大と成功確率の低下等の影響もあり、他業界に比べてオープンイノベーション展開が顕著である。バイオベンチャーや大学を活用した新薬のシーズ（種）創出や、基礎研究の充実による新薬開発力強化の動きが見られる。国内外の研究機関からのテーマ募集、外部研究機関との共同研究費の大幅増額を行う企業もある。武田薬品工業は、2011年に設立した湘南研究所をグローバルリサーチハブとして、オープンイノベーションを本格展開している。外部の優秀な研究者と自社研究者との共同研究活動を通じ、知識の融合と新たなアイデア創造を目指している。さらに、同研究所内に社外との共同研究施設「インキュベーションラボ」を設け、大学等の外部研究機関から創薬マインドを持つ人材を集め、オープンなネットワークづくりを進めている。

自動車業界においては、まず、動力源に関する技術革新が、オープンイノベーションを加速させている。ガソリン／ディーゼルエンジン車から環境適合車であるHV・EVへのシフトが進み、水素利用のFCVの普及が期待される中、自前主義からの転換が次第に進んでいる。例えば、トヨタ自動車と独BMWのFCVなど環境技術分野での包括提携や、日産自動車の独Daimlerや米Ford MotorとのFCVの開発・実用化に向けた日米欧連合の動きがある。特に、BMWの他社との共同開発は、同社の約100年の歴史の中でも例がないといわれ、トヨタ自動車の環境技術への大きな期待がうかがえる。また、「CASE」における自動運転（Autonomous）やシェアード・サービス（Shared & Service）の進展によって、異業種間のオープンイノベーションが加速している。日産自動車のGoogle系Waymoとの提携、MaaS分野におけるトヨタ自動車とソフトバンクグループの連携が進められている。

ソフトウェア業界では、長らくライバル関係にあった米Microsoftと米Oracleが、クラウドコンピューティングの普及という業界の構造変化を受けて提携する時代となっている。Oracleの業務ソフトがMicrosoftのクラウド上で容易に使えるようになる等、ユーザーにとって提携のメリットは大きい。

新規事業展開を加速させている富士フイルムは、2006年に開設した先進研究所において、「『融知・創新』による新たな価値の創生」をコンセプトに、異分野の幅広い知識や技術の融合を進めている。グループ内連携強化はもとより、他社との技術提携や産学連携、技術M&A（Mergers & Acquisitions：企業の合併・買収）を積極的に推進し、技術分野や組織の壁を取り払った「開かれた場」づくりを目指している。2014年1月には、東京赤坂に「Open Innovation Hub」を設け、社外のビジネスパートナーと新たな価値を共創して、イノベーションを進めていく動きがある。

世界経済が成熟化する一方で、技術革新のスピードは加速し、企業間競争が激化している。さらに、顧客の製品・サービスへの期待水準が高まる中、研究開発活動をすべて一企業の閉じた組織内で進めることは、技術的ブレークスルー、開発スピード、開発投資効率といった面で難しくなっている。オープンイノベーションの思考と手法を本格的に取り入れ、実践していくべき時代となっている。

3 オープンイノベーションの類型

オープンイノベーションという言葉は比較的新しいが、その実態（実績）は、かなり以前から存在している。例えば、第２次世界大戦後、日本の大手製造業の多くは、欧米先進企業からの技術導入によって技術基盤を構築し、高度成長期の企業発展の礎とした。それが、時代を経て、現在では様々なパターンのオープンイノベーションが展開されている。それらを類型化したものが、図表７－１である。

横軸は、「技術のやりとり」を表している。技術獲得（「イン（入）」）を狙ったものか、技術（開発）の「協働・共有」か、あるいは技術供与・売却等の「アウト（出）」を狙ったものかを表している。一方の縦軸は、他社（大学含む）との資本的な結びつきの強弱を表す軸である。この２つを軸とした図中に、現在の主なオープンイノベーションの類型を位置づけた。

図表７－１　主なオープンイノベーションの類型

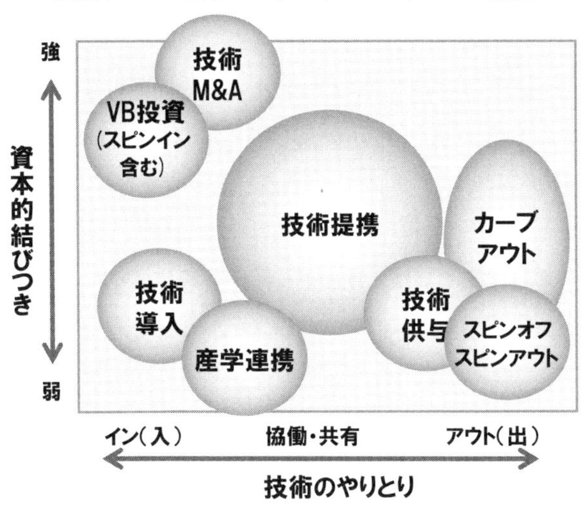

（1） 技術導入

技術導入は、オープンイノベーションというキーワードが普及するずっと前から行われてきた。前述したように、第2次世界大戦後、多くの日本企業が欧米企業から先進技術を導入し、技術基盤を構築していった。その後、高度成長期を経て、1980年代に入ると、多くの産業で日本企業の国際競争力が大いに高まり、「日本脅威論」まで出るようになった。それと同時に、日本企業への「基礎研究ただ乗り」との批判も強まり、欧米企業からの技術導入が一時期難しくなった。この事態が、日本企業の第2次中央研究所設立ブームの発端となったとの指摘がある。

ただ、現在においても、新規事業展開のための不足技術の獲得手段として、他社からの技術導入は広く用いられている。

（2） 技術提携

自動車製造業では、ガソリン／ディーゼルエンジン車からHV・EV・FCV等の環境適合車へと変遷していく過程で、数多くの技術的イノベーションが起こっている。このような事業環境の中で、一企業がすべての技術分野でNo.1の地位を獲得することは、技術的にも経営効率の観点からも不可能に近い。そのため、様々な分野で戦略的な技術提携が進められている。トヨタ自動車とFord Motorの小型トラック及び多目的スポーツ車（SUV）向けHVシステム共同開発や、FCV分野における日米欧企業間での技術提携の動きが加速している。

IT・コンピュータ業界では、ビッグデータ解析技術の革新やクラウドコンピューティングの進展が、技術提携の動きを加速させている。例えば、NECと米HPは、ビッグデータ解析や企業の情報システムに利用する高性能コンピュータの共同開発を進めている。また、ソニーと米Microsoftが、インターネットを活用したゲームの配信事業で提携する動きもある。両社は、引き続きサービスは独自に展開する一方で、GoogleやAmazonに対抗するため、ゲーム配信の基盤技術の部分では協力する戦略を採択したようだ。

これらの例は水平方向の連携であるが、垂直方向の技術提携はさらに歴史があり、現在も多くの企業で行われている。例えば、素材・部品メーカーと完成品メーカーとの間で、単なる商取引を超えた新たな価値の共創手段としての技術提携が活用されている。今後も、特にB to Bビジネスにおいては、顧客創造の有力な手段として発展していくと思われる。

（3） 技術供与

技術供与の主な目的は、ライセンスフィーの獲得とデファクト・スタンダードの確立である。IBMは、ライセンスフィー獲得を、「テクノロジープロダクトの外販」と呼び、その積極展開によって、多額の知財収入を得ているといわれる。

また、デファクト・スタンダードの確立に積極的に取り組む企業が増えている。トヨタ自動車は、2019年春、HV関連特許を無償開放する方針を発表した。モーターや電力制御装置など、HVの基本性能を左右する技術の大半がその対象となっており、デファクト・スタンダード確立への強い意志が感じられる。それが実現できれば、業界内での主導的地位の確立とともに、生産規模拡大によるコスト競争力強化という成果が期待できる。

（4） 産学連携

産学連携とは、「企業と大学が、新技術や新規事業などの新たな価値を共創すること」と定義したい。企業にとって、産学連携の最大の価値は、大学の知や先端・先進設備を活用することで、研究開発成果や投資効率の向上を実現することにある。

日本企業の国内外の大学への外部支出額や共同研究実施件数は、増加基調にある。2017年度に国内の大学が企業から受け入れた研究資金は986億円と、増加基調にある（文部科学省調べ）。また、日本企業の総論文数が減少傾向にある中、産学共著論文の割合は増加している。

産学連携は、かつての個人ベースの連携から組織間連携へと、その範囲や規模は拡大傾向にある。武田薬品工業は2015年に京都大学iPS細胞研究所と共同研究を開始し、中外製薬は大阪大学免疫学フロンティア研究センターと包括提携を進めている。

（5） VB投資（スピンイン含む）

大企業による独創的・先進的な技術を持つVB（Venture Business）への投資が加速しており、2017年に大企業が自社ファンドなどを通じて投資した額は681億円と、その5年前の27倍増となったようである（レコフ調べ）。ソニーは、2019年7月、大和キャピタル・ホールディングスと共同ファンド組成のための合弁会社を設立し、今後、大きな成長が期待できるVBを対象とした投資ファンドの運営を開始した。AI分野（特に、深層学習）で評価の高いプリファード・ネットワークスに対しては、トヨタ自動車やファナックが出資をしている。

創薬分野は、研究開発投資額が売上高比で大きい一方、テーマの成功確率が低迷しているため、大手企業による創薬VBの積極的活用が進んでいる。東京大学発VBのペプチドリームは、特殊ペプチドを人工的に量産する創薬技術を持ち、特定の疾患への新薬候補物質を作製して大手製薬企業に提供している。大手企業側には、候補物質の絞り込みや臨床試験研究の加速とともに、研究投資額を抑制できるというメリットがある。

近年では、CVC（Corporate Venture Capital）という、事業会社が行うVB投資活動が復活している。主として企業規模の大きい事業会社が、VBの株式上場などによるキャピタルゲインだけでなく、その保有する独創的・先進的技術やその開発能力を獲得する目的で、自らVC（Venture Capital）を創設・運用するものである。CVCの草分けとしては、米Intel Capitalが有名であるが、日本でも2000年前後、日立製作所、パナソニック、富士通等の

IT関連大企業で、CVCが相次いで設立された。2013年には、第一三共が三菱UFJキャピタルと提携し、日本の大学等から将来有望な創薬基盤技術となり得る研究成果を探索してその事業化を支援するファンドを立ち上げている。仏Renault・日産自動車・三菱自動車も、2018年1月、自動運転やAI等の成長分野を対象とするCVCを設立し、5年で最大10億ドルを投じると対外発表している。

米通信機器大手のCisco Systemsは、「スピンイン（Spin-in）」と呼ぶ独自のVB投資戦略を進め、成長戦略の有力な手法として活用しているという。これは、元社員が起業したVBを買収することを意味し、社員が独立して起業する「スピンアウト（Spin-out）」とは反対の企業行動である。

（6） 技術M&A

M&Aの多くは、経営規模の拡大によるグローバルシェアの拡大や経営統合による収益構造改革を狙ったものである。一方、技術M&Aは、成長戦略実現のために、自社にない新たな技術獲得を主眼とするものである。キヤノンは、2014年、半導体露光装置の技術革新のために、高度露光技術を保有する米Molecular Imprintsを買収・完全子会社化している。また、2019年の日本電産によるオムロンオートモーティブエレクトロニクスの買収は、同社が保有する制御技術等の獲得が目的とされている。

ただ、技術M&Aが最も目立つのは、創薬・ヘルスケア分野であろう。武田薬品工業の米Millennium Pharmaceuticals社（2008年）、スイスのNycomed社（2011年）、アイルランドのShire社（2019年）に対する買収も、広義には技術M&Aの範疇に入ると思われる。富士フイルムは、ヘルスケア事業を成長戦略の柱の1つとするために、富山化学工業の買収・子会社化（2008年）、再生医療ベンチャーのジャパン・ティッシュ・エンジニアリング（J･TEC）への出資（2010年、2014年には子会社化）、武田薬品工業傘下の和光純薬工業の買収（2017年）等の技術M&Aを行っている。

（7） スピンオフ・スピンアウト

スピンオフ（Spin-off）、スピンアウト（Spin-out）のいずれも、親元の企業から、主として研究者・技術者が独立して起業することを意味する。一般的には、新会社が親元の企業との資本関係を継続する場合がスピンオフ、資本関係を継続しない場合がスピンアウトと定義されている。ただ、いずれも、親元の企業内では中核事業となり得ず、技術的シナジーも期待できない場合に活用されることが多い。米 Fairchild Semiconductor からのスピンオフを通じて、ゴードン・ムーア（Gordon E. Moore）らによって設立された米 Intel の例は有名である。

日本企業では、2006年、富士通研究所のスピンオフベンチャーとして設立された QD レーザ社の例などがある。同社は、世界初の通信用量子ドットレーザの開発・量産に成功し、生命科学用の緑・黄緑・橙色レーザなどを事業展開している。今後、創薬や AI など先端技術分野を中心に、スピンオフ・スピンアウトが増えていく可能性は高い。

（8） カーブアウト

カーブアウト（Carve-out）とは、親元企業が企業内に埋もれた技術や人材を新会社に移し、ファンドなど外部の投資を呼び込んで、事業価値を高める経営手法である。スピンオフ・スピンアウトと同様、事業の選択と集中という経営方針の中で、企業の外で新たな事業成長を狙うものである。企業内ではノンコア（non-core：非中核）事業と判断された研究成果（事業）であるものの、独創性や将来発展性といった長期視点での魅力を持った事業が対象となるケースが多い。フラーレン等のナノカーボン製造業のフロンティアカーボン、SiC 単結晶やエピ基板製造業のシクスオンは、それぞれ三菱化学（現・三菱ケミカル）と住友電工からカーブアウトという形で分離独立した例である。

4　オープンイノベーションの得失と基本課題

（1）オープンイノベーションのメリット

オープンイノベーションのメリットとして、以下の4点が挙げられる。

①　不足技術の獲得による事業化スピードの加速

新規事業創出を進める上で必須となる未保有技術を社外から獲得できることが、第1のメリットである。技術導入や技術提携、技術系VBへの投資、技術M&Aといったオープンイノベーション手法を活用した外部からの技術獲得によって、不足技術の補充・拡充が可能となる。必要となる時間やコスト、成功確率等を総合して判断すれば、自社の研究者・技術者が社内で新規開発していくケースよりオープンイノベーション活用の方が優れている場合は多い。

中でも、技術開発に要する「時間」は決定的に重要であり、他社や公的研究機関の優れた技術や知識・知見を活用することで「時間を買う」意味は大きい。

②　未来志向の新技術・新事業アイデアの創出

産学連携において、企業の研究者・技術者と大学教員（教授・准教授等）が、異なる視座・視点から未来志向で共創する意義は、極めて大きい。一種のダイバーシティ（diversity：多様性）効果が期待でき、魅力的な新技術や新製品・新事業を創出する可能性が高まる。

同一企業内の研究者・技術者は、類似の職場環境・体験・風土を共有し、チームワークの面では優れているが、アイデア創出の面では、「閉じた世界」での議論になりがちで、斬新なアイデアは生まれにくい。その意味で、大学や外部研究機関のメンバーとの間で非日常の交流の場を意図的に設け、異質の知識・知恵、経験を共有・融合させて、魅力的な新技術や新製品・新事業を創出していくことが重要である。

③ デファクト・スタンダードの確立

産官学連携は、産業界、官公庁及び大学の英知の結集を狙ったオープンイノベーションの一形態である。例えば、ポストLiイオン電池の研究を加速させるために、自動車メーカーや電池メーカー、有力大学による産官学のプロジェクトチームが、未来のEVに使う電池の共同研究を行っている。産官学連携の研究開発成果は、知の集積度や公共財としての価値の高さにより、デファクト・スタンダード確立につながる可能性が高い。それに成功すれば、市場拡大のみならず、技術ブランド価値の向上にもつながる。

産官学連携に限らず、自社が保有する技術や特許を他社に開放して共同開発等に持ち込むことによって、デファクト・スタンダードの確立を狙うケースがある。例えば、トヨタ自動車は、HVやFCVの世界的な普及を目的に、同社が単独で保有する燃料電池等の特許実施権の一部を無償で提供する動きを見せている。オープンイノベーションによるデファクト・スタンダード確立は、個々の企業にとって技術の独占化は難しくなる反面、市場の拡大や同市場の中での主導的地位の確立という、より大きなメリットが期待できる。

④ 研究開発の生産性の向上

米P&Gは、オープンイノベーションにより、インプットである研究開発投資額を抑制しつつ、アウトプットである新規事業創造やデファクト・スタンダード確立等の成果を高め、研究開発の生産性を大きく高めているといわれる。

増加傾向にある研究開発投資に対して、自社が期待以上の成果を生み出していると見ている経営者はごく少数である。研究開発の生産性の改善・向上は多くの企業にとって喫緊の課題であり、オープンイノベーションはその有効な解決手段の1つとなっていくであろう。

(2) オープンイノベーションのデメリット・リスク

メリットの一方で、オープンイノベーションのデメリットやリスクについて整理すると、以下の5点に集約される。

① 連携／M&A先の技術水準の過大評価

技術提携や技術M&Aの際に、相手先の技術水準を実力より過大に評価してしまうケースは多い。技術提携／M&Aの対象分野は、自社にとっては新規、あるいは不得意とする技術分野であり、相手先の技術水準を適正に評価する能力が十分に備わっていないことが大きな原因の1つである。相手先の技術水準の過大評価は、当初期待した成果が未達成に終わってしまうだけでなく、別の最適パートナーを選択する機会を逸してしまうというリスクにもつながる。

② 技術のブラックボックス化

オープンイノベーションの対象となる技術分野は、多少なりともブラックボックス化することは避けられない。自社開発であれば、社内での技術蓄積は着実に進展するが、オープンイノベーションの対象部分は当初よりパートナーの方が技術的に優位であり、その後の技術蓄積スピードもパートナーの方が速い傾向にある。このような技術のブラックボックス化のリスクを補って余りあるメリットが期待できなければ、オープンイノベーションは得策ではなくなる。

③ 自社研究者・技術者のモチベーション低下

これまで自社内で研究・開発されてきた分野やテーマがオープンイノベーションの対象になることに対し、その担当者が複雑な感情を持つことは少なくない。自らの知識や知見、技術水準に対して、否定的な見方をされたと受け取ってしまうためである。その意味で、オープンイノベーションの背景・目的・狙い及び具体的内容について、関係者に的確に説明し、納得してもらう努力が必要である。それが不十分であると、モチベーション低下につながってしまう。

④ 研究・開発の進捗管理の困難化

オープンイノベーションは、研究開発の進め方や風土・文化が異なる企業・組織との共創・協働活動となる。そのため、進捗管理をはじめとする研究開発プロセスのマネジメントは難しい。しかし、それを克服できなければ、期待通りの成果を生み出せなくなるだけでなく、事業化の遅延による成功確率の低下にもつながってしまう。

⑤　知財問題の発生リスク

共同研究や技術提携を通じて新たに得られた知的財産（特許、技術、ノウハウ、実験データ等）の帰属問題は常に発生する。こうした問題については、契約時に明確にしておくことが原則であるが、現実的には、共創・協働活動の過程で、研究環境や両者（社）の貢献度が当初の想定と大きく乖離してしまうケースは多い。そのため、契約前にゴールの仮説、想定される技術課題とその解決に向けた複数のシナリオを描き、シナリオごとに知財問題対応の基本方針と具体案を準備しておくことが望ましい。特に、産学連携においては、学会発表と特許出願・取得とのタイミングの調整が重要となる。

（3）　オープンイノベーションを戦略的に進めるために

近年のオープンイノベーションの普及・定着の動きを見ると、期待されるメリットの方が想定されるデメリットやリスクよりも大きいとの企業判断が大勢を占めているものと思われる。ただ、さらなる進展のためには、前述したメリットを最大化する一方で、デメリット・リスクを最小化していくことが必要となる。以下に、その際の５つの主要課題を述べる。

①　オープンイノベーションの基本方針の明確化

第１の課題は、オープンイノベーションの背景・目的・狙い、基本方向、具体的施策について、十分な検討をした上、関係者へ結果を説明し、共有化を図ることである。オープンイノベーションの目的・狙いが、不足技術の獲得にあるのか、未来志向の新製品・新事業アイデアの創出にあるのかといった点を明確にする必要がある。さらに、不足技術の獲得が主目的であれば、具体的にどの技術を獲得していくのか、狙いの技術水準をどの程度とするかについて、関係する研究者・技術者にも参画してもらい、しっかり議論し、決定していくことが不可欠である。

② コア（中核）の再定義

オープンイノベーションは、ダイバーシティ効果をもたらし、それまで形成されてきた内部志向の価値観や風土を変革する可能性を秘めている。ただ、その一方で、総花的なオープンイノベーションの展開は、重要分野のブラックボックス化や、研究開発プロセスの混乱、研究者・技術者のモチベーション低下といったデメリットやリスクを顕在化させてしまう。その意味で、オープンイノベーションを進める中でも、あえて変えない価値観や組織文化・風土、機軸とすべき中核技術を再定義・認識する必要がある。

③ 最適なパートナーの選定

オープンイノベーションを成功させるためには、最適なパートナーの選定が極めて重要である。パートナー選定の際には、技術水準の高さ、技術の相補関係・相乗効果、組織文化・風土の融和性、中核メンバー同士の価値観の共通性や相性の良さ等の総合判断が求められる。ただ、それを短期間で判断することは難しく、常日頃からオープンイノベーションの候補対象分野における候補企業や外部研究機関について、研究論文発表や新技術開発動向、中核となる研究者のプロフィール等の情報収集とその評価を行っておくことが重要である。

④ イコールパートナーとしての共創・協働活動

例えば、共同研究や技術提携の契約上、「甲」・「乙」の関係にあったとしても、実際の研究開発活動においては、「イコールパートナー」として共創・協働化を進めない限り、大きな成果は期待できない。両者（社）の研究者・技術者は、指揮命令系統は違っていても、利害関係を超えた「運命共同体」として活動することが不可欠である。そのためにも、プロジェクトのリーダーには、オープンマインドで人間的魅力に溢れた人材を充てることが望ましい。

⑤　プロジェクトマネジメントの充実

研究開発の進め方や組織文化・風土の異なる組織間での共創・協働活動を、スムーズかつスピーディーに推進していくためには、推進状況の「見える化」をはじめとするプロジェクトマネジメントを、社内プロジェクトと同様にしっかりやっていくことが不可欠である。イコールパートナーとして日々の研究開発活動を進めていく一方で、定期的な合同検討会が必要である。その場では、推進状況の共有化、客観的な成果創出状況の確認、新たな課題設定と対策の立案、それらを踏まえた研究計画の更新を行う。大きな事業環境変化や当初計画と実績との差異が発生した場合には、双方の冷静な議論によるプロジェクト中止も含めた大幅な計画見直しの判断も必要となる。

5　産学連携の効果的な活用

（1）　日本の産学連携の概況

①　産学連携は古くから存在する

産学連携とは、「企業と大学が、新技術や新規事業などの新たな価値を協働で創造すること」である。企業にとっての価値は、大学の知や先端・先進設備を活用することで、研究開発の有効性（成果向上）や効率性（費用・投資の抑制）を高め、結果として、研究開発の生産性を高めることにある。一方の大学にとっての価値は、教育、研究に次ぐ第３の社会連携（貢献）という使命の達成による高邁な理想追求と、外部資金の獲得や大学の存在価値の外部発信といった実利追求の両面がある。

産学連携自体は、前世紀から各社各様で進められてきた。100年以上前、味の素（当時は鈴木製薬所）が、東京帝国大学・池田菊苗博士による昆布の「うま味」成分（グルタミン酸ナトリウム）の発見を礎に事業化に成功している。また、1935年には、TDK（当時は東京電気化学工業）が、東京工業大学の電気化学科で発明されたフェライトコアの生産を目的に設立されている。

② 関連する法整備は米国に20年の遅れ

産学連携という点では、米国が先行している。特に、カリフォルニア州のシリコンバレーにおけるStanford大学等の有力大学群とVBとの産学連携は有名である。そして、その成功を法整備の面で支えたとされるのが、バイ・ドール（Bayh-Dole）法（1980年特許修正法）である。同法は、連邦政府の資金で研究開発された発明であっても、その成果に対して、大学や研究者が特許権を取得することを認めた点に特徴がある。同法によって、大学で創造された知の企業化への道が大きく拓かれたといってよい。

日本でも、米国より約20年遅れではあるが、1999年に産業活力再生特別措置法が制定され、その第30条に、日本版バイ・ドール法の内容が組み込まれた。また、その前年の1998年には、大学等技術移転促進法が成立した。このような法整備の効果もあって、1990年代後半から、企業と大学の共同研究や企業から大学への委託研究が急速に拡大していった。

③ 2004年の国立大学の法人化が大きな転機

2004年４月の国立大学の法人化は、産学連携に大きなインパクトを与えた。同時並行で大学改革が進められ、国からの補助金（運営費交付金等）が抑制される中、競争的資金獲得や企業からの研究委託、共同研究、寄付講座開設による民間資金の獲得が求められるようになり、大学にとって、産学連携の加速が大きな経営課題となった。そういった環境変化を先取りするような形で、国立大学法人化前年の2003年９月、産学連携学会の第１回大会が北海道大学で開催され、産学連携の本格展開への機運が高まった。

④ 個人的連携から組織連携、そして広域連携へ

ただ、国立大学法人化前後の産学連携の多くは、企業の研究所内の特定の研究室や個人と特定の大学の研究室や教授・准教授との間の、個人的で限定的な「第１世代」の段階にとどまっていた。現在においても、このパターンの産学連携を継続している企業は少なくない。

ただ、産学連携全体としては、個人ベースの連携から組織間連携（「第２

世代」）へとシフトし、連携の範囲や規模は拡大傾向にある。武田薬品工業は2015年に京都大学 iPS 細胞研究所と共同研究を開始し、中外製薬は大阪大学免疫学フロンティア研究センターと包括提携を進めている。

また、近年では、企業と大学の１対１の連携を超えて、大学が中核になって競合企業や異業種企業を含めた複数の企業が参画する１対Ｎの組織連携も始まっている。2013年４月、東京大学に設立された「先進ものづくりシステム連携研究センター」では、航空機製造技術の高度化を目指した複数企業（競合・異業種含む）による産学連携が進められている。京都大学では、「先端イノベーション拠点施設」を中核に、EV 向け次世代蓄電池の開発を目指した複数の自動車メーカーとの産学共同研究が進められている。そこで得られた研究成果に基づく特許については、大学と企業が共同出願することを基本とし、参加企業は安価な特許料で製品開発に活用できる仕組みになっているという。東北大学でも、MRAM（磁気記録式メモリー）の基盤技術確立に向けて、同大学が拠点となり、複数企業が共同した技術研究・開発が進められている。

このように、産学連携は、個人レベル、１対１の組織間、１対Ｎの組織間、さらにＮ対Ｎの広域ネットワーク型へと着実に進化しつつある。

産学連携の取り組みは、このように進展を続けており、日本企業の国内外の大学への外部支出額及び共同研究実施件数は増加基調にある。また、日本企業の総論文数が減少傾向にある中、産学共著論文の割合は高まり、国内の大学が企業から受け入れた研究資金も増加基調にある。

⑤　大学発ベンチャーの増加

経済産業省の「2018年度大学発ベンチャー実態等調査」によれば、2018年度の日本の大学における大学発ベンチャー企業数は2,278社と、対前年度で185社増加しており、長期トレンドで見ても増加傾向にある。また、同調査時点で上場している企業数は64社、時価総額は2.4兆円に上っている。

近年では、大学発ベンチャー企業の成功例も増えてきており、再生医療の分野では、2003年にリプロセル、2011年にはiPS細胞を使った止血剤等の血液製剤生産や再生医療技術開発を目的として、京都大学と東京大学の研究グループによりメガカリオンが設立されている。東大発VBとして画像処理技術を手掛けるモルフォ、創薬ベンチャーのペプチドリームは、それぞれ2011年、2013年に東証マザーズに上場している。世界初のミドリムシの屋外大量培養に成功したユーグレナにいたっては、2014年に東証一部への上場を果たしている。

企業は、その成長戦略づくりの中で、大学発ベンチャー企業と連携し、Win-Win関係を構築していくことも視野に入れる必要が出てきている。

(2) 日本企業にとっての産学連携とは

① 日本における産学連携の成果はまだこれから

米国に法整備の面で約20年の遅れをとっていることを指摘されている日本であるが、前述したように、産学連携の成果は高まりつつある。2017年度の大学と民間企業との「共同研究実施件数」は25,451件、大学等の「研究費受入額」は約608億円、特許権実施等収入額は約32億円と増加基調にある(文部科学省「令和元年版科学技術白書」)。

ただ、欧米諸国(企業)と比較すると、大学発ベンチャー数、産学共同の研究数・平均金額といった点で、依然として差は大きい。企業から大学への研究開発費の流れは、大学の研究開発費の2.8%に過ぎないとのデータもある(科学技術・学術政策研究所「科学技術指標2018」)。

この現実を、欧米諸国(企業)に「負けている」ととらえるか、「伸び代が大きい」ととらえるかであるが、成長戦略を考えていく上では、後者の認識に立つべきであろう。

② 企業の産学連携の目的・狙いをあらためて整理する

今日の日本企業の産学連携の類型・狙いを整理すると、以下の3つに集約できる。

第1は、委託研究である。これは、第1世代の産学連携から長い歴史がある。企業にとって新規、あるいは不得意とする研究分野のアウトソーシングの意味合いが大きい。自社内研究投資のコストダウンという狙いもある。第2は、共同研究である。企業の新規分野探索や基礎研究を共同で行うもので、これも長い歴史がある。

第3が、大学発ベンチャー企業の有効活用である。大学発といっても企業化後であるため、厳密には産学連携に当たらないとの指摘もあろうが、通常の企業間連携とは大きく異なる点も多く、広義には産学連携の範疇に入るものと考える。この大学発ベンチャーと有効な協力関係を築いていくことが、これからは重要となってくる。1つは有望な大学発ベンチャー企業との提携や資本参加であり、もう1つはその企業の持つ独創的・先進的技術やサービスを有効に活用することである。

③ 企業と大学の知の融合と創造が真の産学連携

企業の産学連携の類型・狙いには、委託研究、共同研究及び大学発ベンチャー活用の3つがあると述べたが、加えてもう1つ、「大学の知を活かした新製品・新事業アイデアの創出」を提唱したい。これは、企業から大学への一方的な試験研究や特定技術研究の委託、ターゲット分野や具体的テーマを設定した上で進める共同研究などではなく、新規事業分野あるいは具体的なテーマを新たに創出することを目的とするものである。

企業における新製品・新事業アイデア創出は、そのほとんどが自社内の研究者・技術者個々人の頭の中、あるいは複数メンバーによる集中検討会という場を通じて行われる。集中検討会には、社内の事業企画スタッフやマーケターが参画する場合もあるが、社内メンバーだけの思考に依存したアイデア創出方法には限界がある。「いつも同じようなメンバーで議論しても、改善・改良レベルのアイデアは出るが、斬新なものは出てこない」という声がよく聞かれる。社内メンバーは、近接した職場環境下で、類似の社内情報に触れ、同じ組織文化・風土を共有するため、思考パターンや思考内容が均質化してしまう傾向にある。そのため、社内メンバーだけでは異質の情報や知識・知恵の融合が難しく、斬新なアイデア創出も期待しにくい。

一方、前述したように、大学は産学連携を新たな社会的使命と位置づけている。しかし、大学には様々なシーズ（知識・知恵や技術）はあるが、シーズの活用先（出口）となる事業や顧客ニーズに関する情報や意識が希薄であるケースが多い。「必要は発明の母」であり、独創性や競争優位性に溢れるシーズであっても、その出口となる製品・サービスのイメージや顧客・市場についての考察や構想ができなければ、その価値は埋もれてしまう。

つまり、異質の情報や知識・知恵の融合を期待する企業側と、シーズの活用先に関する情報や知識が不足しがちな大学側が、未来志向で新たな事業創造のために異質融合を進めていくことは、両者にとって価値のある取り組みである。企業から大学への一方通行のアウトソーシングではなく、企業と大学が未来志向で新たな事業を共創していくアプローチが期待されている。

近年では、企業が大学の教授・准教授を大学に籍を残したまま雇用し、自社の研究に本格的に参画してもらう取り組みが、パナソニックやダイキン、アステラス製薬で進められている。企業と大学が、定期的な会合で進捗を確認するだけでなく、運命共同体として研究テーマに協働で取り組むことを狙いとするものである。

（3）「未来クロス研究」

企業と大学が、当該企業の５年後、10年後を見据え、魅力的な新製品・新事業のアイデア・テーマを共同で創出していくプログラムが、「未来クロス研究」である。企業の研究者・技術者と大学教員（教授・准教授他）が、未来志向で検討対象分野の将来あるべき姿や魅力的なテーマを、真のイコールパートナーのスタンスで共創していく。そして、最終的に、当該企業が産学共同研究や大学からの技術導入に結びつけていくプログラムとなっている（図表７－２参照）。2004年前後、筆者と京都大学の国際融合創造センター

（現・産官学連携本部）の澤田芳郎教授（当時）をはじめとする複数メンバーによって本プログラムの原型を開発し、同年の産学連携学会（第２回大会）で共同発表している。

◆第１フェーズ

未来クロス研究プログラムの第１フェーズは、産学連携ビジョンづくりである。ビジョンなき産学連携は、双方にとって、有効性・効率性の両面で大きなマイナスとなる。例えば、企業が大学に期待する重点分野が不明確な状態で、「何かいいシーズはありませんか？」と大学教員に問いかけても、有効な回答は期待できない。産学連携への期待分野（事業／技術）、期待成果（新規事業創造／革新的技術確立）、産学連携への投資規模、連携対象となる大学・組織、社内推進体制等について、企業主導でまず明確なビジョンを策定することが必要である。そして、同ビジョンをもとに、企業と大学が秘密保持契約を結び、さらに詳細検討を共同で進めていく。

産学連携ビジョンとともに産学連携の成否を決定づける重要なポイントの１つが、連携対象の大学・学部と中核となる教員の選定である。過去の

図表７－２　「未来クロス研究」プログラムの概要

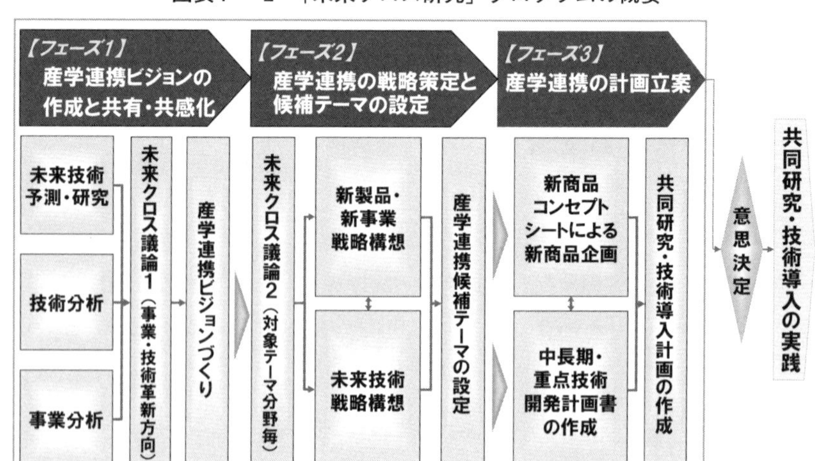

実績や人間関係をまったく無視はできないが、研究実績等の客観的評価に基づいて、ゼロベースで最適な大学・学部・教員を選定すべきである。産学連携の重点対象分野がかなり絞り込まれている場合は、専門特化型の研究を進めている大学・学部の選定が現実的と思われるが、ある程度の広がりを持った検討を進めるのであれば、比較的規模の大きい総合大学の方が適していると思われる。

◆第2フェーズ

本フェーズでは、産学連携の戦略策定と連携候補テーマの設定を行う。前フェーズで策定した産学連携ビジョンを踏まえ、重点となる対象テーマ分野ごとに、具体的な産学連携の方向性を「未来クロス議論」を通じて打ち出す。同議論の前に、企業側は、当該テーマ分野における市場トレンドや顧客ニーズ、期待する製品・事業イメージ等について検討し、仮説をつくっておくことが望ましい。一方、大学側は、同分野における技術トレンドや革新的技術、大学内の有力シーズに関する情報や知見、アイデアを事前に整理しておく。

そうした事前準備内容を踏まえ、未来クロス議論の中で、ニーズとシーズの融合による未来志向の新製品・新事業アイデアを共同で創出していく。そして、その結果を踏まえ、企業側が新製品・新事業戦略構想と未来技術戦略構想を策定する。さらに、産学連携候補テーマの仮説をつくり、それらに対する大学側からのアドバイスを得て、候補テーマを設定する。

◆第3フェーズ

本フェーズでは、産学連携の実行計画を立案する。前フェーズで設定した産学連携候補テーマの商品企画を進める一方で、未来技術戦略構想の実現に向けた中長期の重点技術・開発計画を作成する。その後、共同研究／技術導入計画を作成し、社内での意思決定を経て、日々の産学連携活動を進めていく。

第Ⅲ部

イノベーションを生み出す組織基盤づくり

第8章

全社技術戦略の中枢機能となる

1 技術戦略を取り巻く環境

（1） 日本の科学技術面での存在感の低下

世界全体の特許出願数が増加基調にある中、日本の特許出願数は、2001年の約44万件をピークに2016年及び2017年は約32万件へと減少・停滞傾向にある（科学技術振興機構及び世界知的所有権機関調査）。首位の中国の出願数は、2016年に約134万件、2017年には約138万件と、日本の4倍以上の規模となっている。国際出願に限っても、2017年に日本は中国に抜かれ、3位となった（首位は米国）。

論文数についても、日本の世界における存在感は低下傾向にあるようだ。日本の世界ランキングを見ても、1995～1997年は米国に次いで2位、2005～2007年は米国・中国に次いで3位、2015～2017年はドイツに抜かれて4位にランクを落としている（文部科学省科学技術・学術政策研究所「科学技術指標2019」）。「トップ10％補正論文数」のランキングでも、日本は2005～2007年の5位から2015～2017年度には9位へと低下している（同）。

このように、特許、論文の両面で、日本の科学技術力の低下を指摘する声は多い。その一方、米国と中国は、技術の面でも覇権競争を繰り広げている。米国は、GAFA等の民間部門での積極的な研究開発投資に加え、大学や公的研究機関における先端技術研究を強みに世界首位の座を死守しようとしている。中国も、「中国製造2025」を掲げ、研究開発を本格化している。2018年には論文数で米国を抜き、特許出願数の面では世界シェアの約4割を占めるほどの躍進を見せている。例えば、次世代通信規格「5G」に関する特許出願数でも首位に立つなど、ハイテク分野での国際競争力の向上が、近年、際立っている。

このように、日本の科学技術面での存在感の低下は否めない。他方で、日本の研究開発投資額に占める政府負担割合は15％程度と、米国や中国、あるいはOECD平均値と比べてかなり低い。つまり、日本の科学技術面での存在感は、日本企業の研究開発成果の多寡に大きく依存する構造であることは間違いない。個々の企業の努力で日本の科学技術力を高めることは至難の業ではあるが、企業の技術戦略の適否とその実行力が最終的に日本の科学技術力を決定するという構図は不変である。

（2） 技術戦略軽視の時代が長らく続く

しかしながら、1990年代前半のバブル経済崩壊以降、長らく日本企業の技術戦略はあまり機能してこなかったように思われる。第1の理由は、経営者の技術戦略に対する意識の低さがある。「選択と集中」・「本業回帰」の基本方針の下、短期的な経営効率追求の時代が長らく続き、未来志向が求められる技術戦略は軽視されてきた。第2の理由は、先行指標となる企業が見当たらなくなり、技術戦略の策定が難しくなったことである。日本企業は、1990年代初頭の時点で自動車やエレクトロニクス分野を中心に国際競争力をかなり高めており、ベンチマーキング対象企業が不鮮明になったためである。

そして、第3の理由は、技術戦略自体がもともと概念的でわかりにくく、考えにくいという特性である。そもそも、「技術とは何か」を定義することが難しい。辞書によれば、「ある目的を実現するための技（わざ）」といった解釈になろうが、シャープが保有する「IGZO」という技術も、酸化物半導体という物質（Indium・Gallium・Zinc・Oxygen）という側面でとらえるか、液晶技術、結晶化技術、配合技術といった側面でとらえるかによって定義が異なってくる。つまり、目的次第で手段である技術のとらえ方も大きく変わってしまい、一筋縄ではいかない。このような状況の中で、技術戦略を真剣に検討し実践してきた企業は、少数派であったと思われる。

（3） 技術戦略を重視する企業が増加傾向

それが、近年になって、技術戦略を重視し、技術経営を実践しようとする企業が、少しずつではあるが増えてきているように思われる。その背景として、以下の2つがあると考えられる。

第1は、長らく企業成長が止まり、新たな成長戦略が求められていることである。日本企業の財務体質はかつてないほど強靭となり、多額の内部留保が積み上がっている企業が多い。しかし、企業は長期にわたって成長していない。その成長の原動力として、技術を再び重視する機運が高まってきている。特に、コモディティー化が加速する中で、独創性・競争優位性ある新製品・新事業をスピーディーに創出するためには、やはり技術が不可欠であるとの再認識である。

第2は、技術の経済的価値に対する重要視がある。例えば、M&Aの対象となる創薬VBの企業価値評価額（買収金額）は、その総資産規模や売上高規模の数倍、あるいは数十倍になることもある。また、技術のブランド価値も、近年、重要視されるようになってきた。例えば、NECの顔認証技術の水準は高く、米国立標準技術研究所（NIST）のテストにおいて抜群の精度を達成した。この実績により、同社のこの分野における技術ブランド価値は大いに高まり、事業展開上での大きな強み・武器となっているようだ。

「技術で勝っても事業で勝たなければ意味がない」との指摘は一面では正しいが、「技術で負けて事業で勝つ」というケースは、現実の世界では少ない。つまり、現実の企業経営の観点からは、「技術で勝つ」ことは「事業で勝つ」ことを確約するものではないが、少なくとも必要条件であると認識すべきであろう。

2 今、求められる技術戦略のコンセプト

（1） 技術戦略のコンセプト

製品・事業開発と技術開発は、車の両輪である。独自性・競争優位性ある技術なくして、魅力ある新製品・新事業の創出はできない。基幹製品・事業

の競争優位性の確立・維持・向上も難しくなる。これまで短期的な製品開発を偏重してきた企業の多くでは、長期視点での先端・先進技術開発は後回しになっていた。一方で、出口の見えない基礎研究や先端・先進技術開発への投資額を増やすだけでは、「技術で勝って事業で負ける」状況に陥ってしまう危険性が高い。技術の軸と製品・事業の軸を束ねて融合・連動させ、相互に高め合う「2軸同時革新」を実践していくことが重要である。

成長戦略を策定していく上でも、事業と技術の2軸同時革新のコンセプトを重視すべきであるが、先に事業戦略を策定し、その後、その実現手段として技術戦略を策定するパターンが依然として多い。これでは、事業が「主」で、技術は「従」という位置関係となってしまう。こういう状況では、技術の価値を魅力ある新製品・新事業創出や基幹事業の技術的競争優位の確立に活用することは難しい。つまり、事業戦略の策定を待って技術戦略の検討を開始するのではなく、図表8－1に示したように、事業戦略と技術戦略を同時並行で連動させながら策定していくことが望ましい。事業を縦糸とするなら、技術を横糸として織り成していくことが重要である。

図表8－1　事業戦略と技術戦略の融合

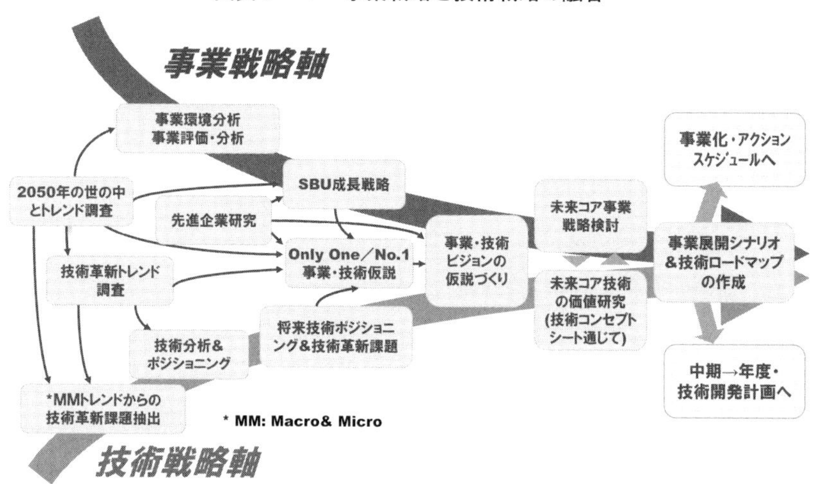

（2） 技術戦略の主な要素

技術戦略の主な要素は、①技術ビジョン、②技術領域、③重点技術分野、④戦略技術、⑤技術ロードマップ、⑥重点技術目標、⑦技術開発組織・資源である。

「技術ビジョン」とは、企業経営の中で技術の果たす役割や使命、あるいは技術全体としての長期目標を指し示したものである。「技術領域」とは、技術開発をはじめ技術革新を進めていく「範囲」を示したもの、「重点技術分野」は、技術領域の中で、特に重点的な技術革新を進めていく分野である。トヨタ自動車におけるAI、デンソーにおける量子コンピュータなどが、それに該当すると思われる。

「戦略技術」については後に詳述するが、企業成長のため、特に重要となる技術である。「技術ロードマップ」は、事業展開シナリオと連動する形で、主要な技術成果の創出タイミングと先行技術開発計画を時間軸の中で明示したものである。「重点技術目標」は、技術開発をはじめとする技術革新のゴールを鮮明化したものである。「技術開発組織・資源」では、技術革新を進める上で最適な組織と資源配分のあり方を設定する。

本章では、これら7つの技術戦略要素の検討プロセスのポイントを中心に述べていく。

3 技術戦略の検討プロセス

（1） 技術の棚卸し

① 技術の棚卸しにおける問題

技術に限らず、戦略策定の第1ステップは診断となる。技術戦略の場合、その診断の第一歩が、技術の棚卸しである。技術の棚卸しは、これまで、主要な製品・事業を構成する要素技術を、ビジネスプロセスに沿って上流から下流にかけて地道に抽出していくやり方が主流であった。このアプローチは現在でも依然として有効であるが、これだけでは問題がある。その理由として、以下の2つがある。

1）抜け・漏れの発生

第1の問題は、技術の棚卸しが、限定された少数の社内有識者によって進められるため、抽出されるべき技術に「抜け」や「漏れ」が生じてしまうという点である。社内有識者の「見える範囲、わかる範囲、できる範囲」での技術の棚卸しとなってしまい、技術の体系的・網羅的な把握ができていないケースが多い。

その解決のために、社内での主観的な解釈・判断による技術棚卸しと併行して、特許という客観的で形式知化された技術定義を活用した展開を行うことが有効である。自社が保有する有効特許情報を収集して、IPC（International Patent Classification：国際特許分類）等を使って整理していけば、「抜け」や「漏れ」のない技術の棚卸しができ、体系的把握も可能となる。

2）社内保有技術に終始

第2の問題は、技術の棚卸しの対象範囲が、自社保有技術に限定されているケースがほとんどであるという点である。既存事業だけで新たな企業成長が難しい現在、広く世の中の革新的な技術に目を向け、有望な新技術を抽出・設定し、その獲得を目指すことが重要になっている。

現在は社内に保有していなくても、新たな自社開発、外部企業や大学からの技術導入、企業間連携や産学連携による新技術開発によって、未来において保有すべき技術も、棚卸しの対象に含めるべきである。具体的には、公開資料をベースとした技術トレンドを調査・分析する一方で、新技術動向に対し知識や知見を有する社内有識者を幅広く募り、インタビューや集中検討会などを通じて着目すべき新技術を抽出していく。

② 技術の棚卸しプロセスの再構築

これまでの技術棚卸しのやり方では、抜けや漏れが発生して網羅性に欠け、対象が社内保有技術に限定される閉鎖性という問題もある。それを解決

図表8－2　技術の棚卸し、4つのアプローチ

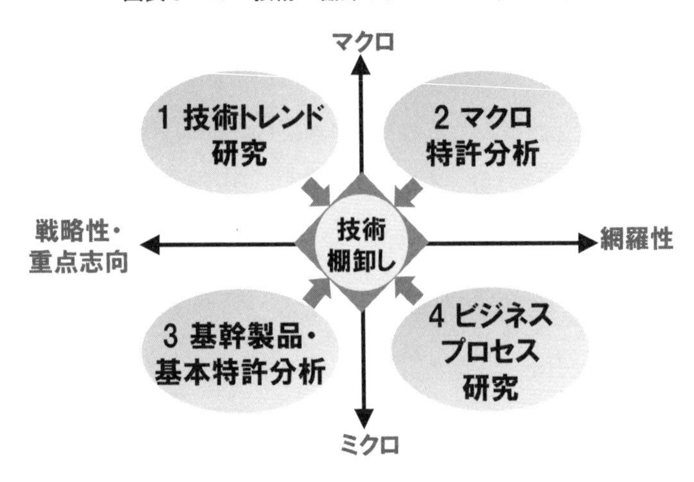

するために、図表8－2に示した4つのアプローチを、同時並行で推進することを提案したい。

◆技術トレンド研究による新たな有望技術抽出

自社保有技術に限定した技術の棚卸しだけでは、長期にわたる企業成長に必要となる新技術の抽出が対象外となってしまう。現在は保有していないが、新規事業の創造や基幹事業の新たな競争優位確立に必要となる有望新技術の抽出が重要である。

そのための有力なアプローチが、図表8－2の左上象限にある「技術トレンド研究」である。マクロ環境変化や技術革新動向、特許の出願傾向、大学等研究機関の先端・先進技術研究の動向を広く調査・分析し、その中で自社の成長戦略に関与しそうな新技術分野や具体的新技術を抽出していく。この検討には、研究者・技術者だけでなく、経営企画や事業企画スタッフ、そして、可能ならば社外専門家の参画が望ましい。

◆マクロ視点での特許分析

これまでの技術の棚卸しのやり方は、社内有識者の「見える範囲、わかる範囲、できる範囲」での帰納法的アプローチが主流であった。しかし、

図表8－3　特許ポートフォリオ

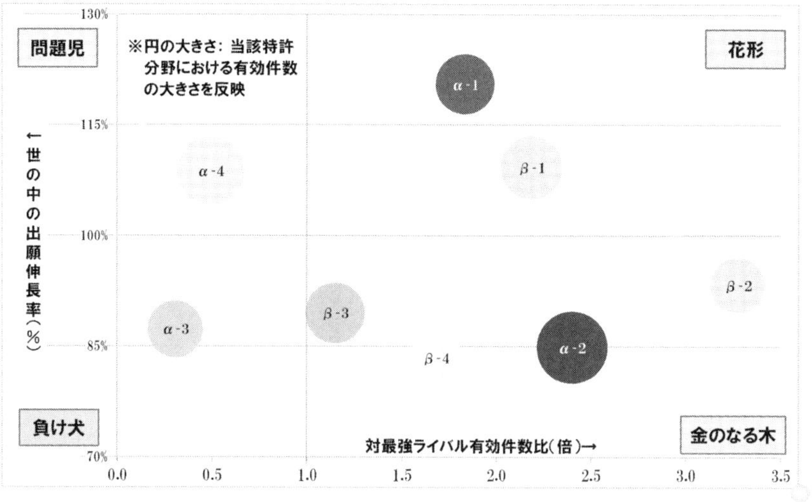

問題児
※円の大きさ：当該特許分野における有効件数の大きさを反映
花形
負け犬
金のなる木
↑世の中の出願伸長率（%）
対最強ライバル有効件数比（倍）→
α-1
α-2
α-3
α-4
β-1
β-2
β-3
β-4
130%
115%
100%
85%
70%
0.0
0.5
1.0
1.5
2.0
2.5
3.0
3.5

これでは、既存技術領域においても抜けや漏れが発生してしまう。

この問題を解決するためには、特許情報を活用することが有効である。自社の保有する有効特許（権利取得済みか権利化可能性のある特許）に関する情報を収集し、客観的な区分体系であるIPCに沿って分類していくことで、抜け・漏れを防ぐとともに、自社技術を体系的に抽出することができる。機械的な推進が可能となり、労働集約的な棚卸し作業から解放されるというメリットもある。さらに、図表8－3に示したような特許ポートフォリオを作成することで、特許という形式知化された技術という観点での評価（競争優位性や成長性）を効率的に行うことができる。

◆基幹製品・基本特許の分析

網羅性やマクロ視点を重視する一方で、重要な技術（分野）については、より深い考察による棚卸しを行うことが望ましい。現在の基幹製品の独自性や競争優位性の源泉となっている技術や基本特許の源泉となっている技術を重点的に抽出していく。

図表8－4　プロセス系産業の技術体系図のイメージ例

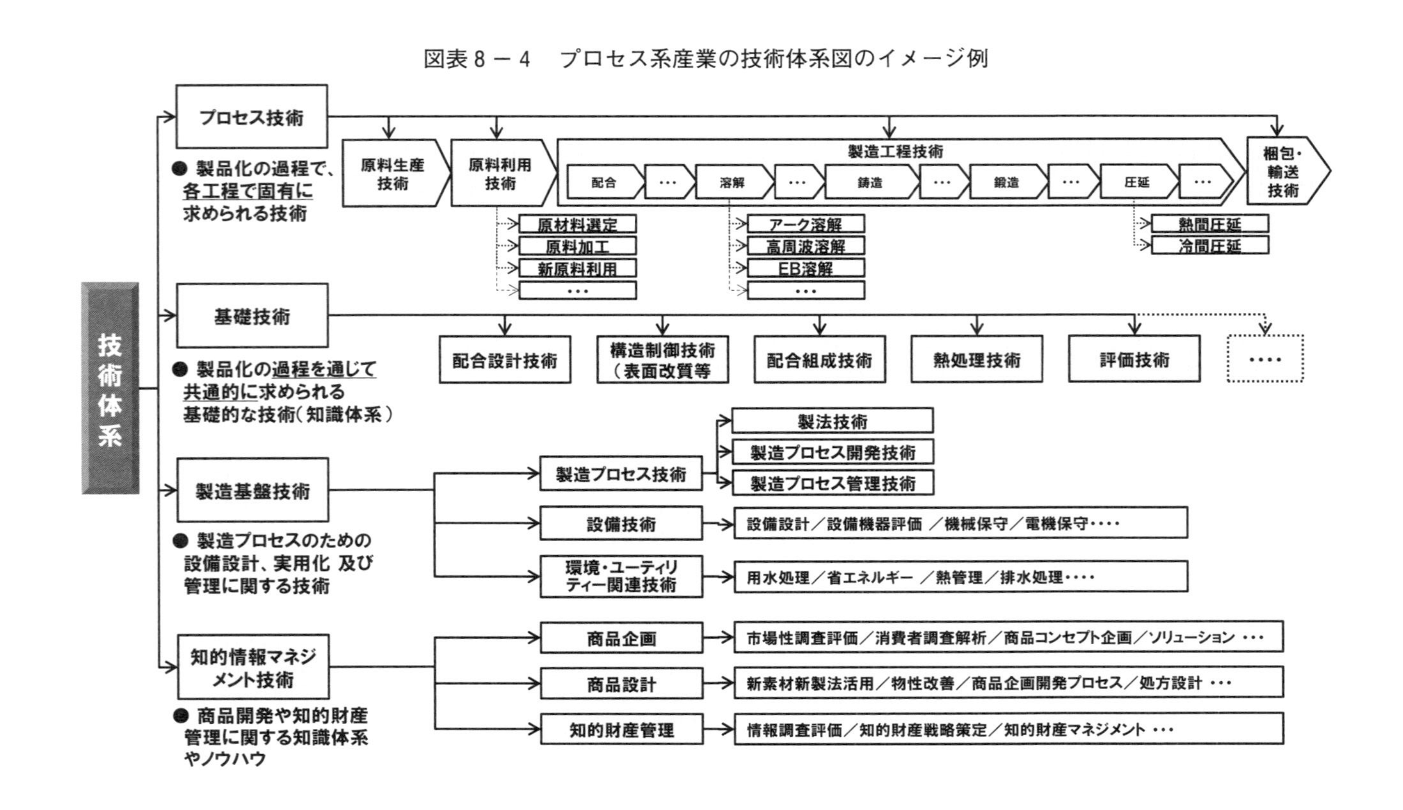

◆ビジネスプロセス研究

ミクロの視点で、技術棚卸しの網羅性を高めていくことを目指すアプローチである。主要製品・事業ごとに、そのビジネスプロセスを想定しながら、必要となる技術を、順次、抽出していく、これまで主流であったやり方である。極めて実践的なアプローチであり、今後も1つのやり方として、一定程度は有効であろう。ただ、網羅性を目指しつつもその達成は難しく、他のアプローチと併用することが望ましい。

以上の4つの技術棚卸しのアプローチを同時並行で進め、技術体系図を作成していく。例えば、化学、製薬、食品等のプロセス系産業の場合であれば、**図表8－4**に示したように、技術の大分類を、基礎技術、プロセス技術、製造基盤技術及び知的情報マネジメント技術の4つとし、さらに中分類、小分類と細分化していくことも1つの展開例となろう。

また、加工組立型産業やSI（システムインテグレーター）等の業種であれば、IPC等、特許分析を技術棚卸しに本格的に活用していくことが有効である。

（2）技術の評価

①　技術評価における問題と解決方向

科学の世界では、ピアレビュー（peer review：専門家による相互評価）や論文の被引用件数といった客観的な評価方法により、研究者や研究機関の評価が行われている。ただ、この考え方をそのまま技術評価に適用することはできない。技術は科学と違い、新たな事業創造や既存事業の競争優位確立のための「手段」という位置づけであり、純粋に単独でその価値を評価することは難しい。対象事業の企業における価値や戦略によって、技術の価値も変動してしまうからである。

企業における技術評価については、これまで、ボイアー（F. Peter Boer、2004）による特定の研究開発や技術開発テーマ・プロジェクトの経済価値評価に焦点を当てた研究や、山本・小川（2006）による事業性評価法を通じた技術評価のシステム化研究などが行われてきた。その他にも、金融工学分野の理論を応用したリアルオプション（real option）技術評価、モンテカルロDCF（Monte Carlo Discount Cash Flow）評価といった様々な技術評価手法が開発されてきている。しかしながら、いずれも、技術自体の評価手法ではなく、技術を活用した製品・事業の評価についての言及にとどまっている。その先の技術評価への変換についての考え方や、具体的な方法論は読み取れない。

つまり、企業における技術評価は、依然として社内の有識者の主観による定性評価の域を脱していない。客観性・有効性・効率性を兼ね備えた実践的な技術評価手法は、確立されていないといってよい。以下では、そういった状況も踏まえ、現在の技術評価における問題を再整理するとともに、解決方向について述べる。

1）客観性・定量的評価の不足

これまでの企業における技術評価は、定性評価が中心で、客観性や定量性が不足しているという問題があった。その有効な解決策の１つが、特許を技術評価に活用していくことである。技術は暗黙知の要素を多分に含んでいるが、特許は形式知化された部分が大きい。他方、特許の価値を客観的・定量的に評価する手法は、ある程度、確立されている。つまり、個々の特許の源泉となる技術を特定し、両者を「紐付け」することによって、特許の価値評価結果を技術評価に活用することが可能となる。

2）未来視点の欠如

従来の技術評価は、主に以下の２つの視点で行われてきた。

・「基盤度」：（当該技術が）自社の製品や事業に、どの程度、広く深く貢献しているか
・「競争優位性」：競合他社に比べて、どの程度優れているか

しかし、技術評価に「成長性」という視点は、あまり活用されてこなかっ

た。技術にも、ライフサイクルがある。今はコア（中核）技術であっても、10年後、20年後にコア技術であり続ける保証はない。コモディティー化が加速し、製品・事業のライフサイクルが短くなっている現在、技術の成長性を評価する必要性が高まっている。

技術の成長性については、社内有識者による定性評価に加え、前述した特許の価値評価結果を活用し、定量的で客観的な評価要素を加えることが重要である。

3）評価結果を踏まえた戦略的な技術区分ができていない

技術評価結果は、技術戦略に反映されてこそ価値が生まれる。しかしながら、技術評価後は重要な技術を再認識する程度でとどまっており、技術戦略に有効に活用されていないケースが多い。その原因の１つに、技術評価後の戦略的な技術区分の考え方や方法論が確立されていないことがあると思われる。この解決方向については後述する。

②　技術評価プロセスの構築

1）技術の評価基準の再設定

技術評価の視点としては、従来の技術の「基盤度」と「競争優位性」に、新たに「成長性」を加えた３視点で行うべきである。実際には、**図表８－５**に示したように、これら３視点を９つの評価要素にブレークダウンし、さらに評価要素ごとに明確な評価基準を設定していく。

2）特許価値の技術評価への反映

これまでの技術評価は、社内有識者による定性的評価の域を出ておらず、客観的かつ定量的な技術評価をしたいという企業ニーズは満たされなかった。その有力な解決策の１つが、特許価値を技術評価に活用することである。具体的には、図表８－５にある特許の価値を数値化した「PS（パテントスコア）」等を活用することで、関連する技術の競争優位性を客観的・定量的に評価することが可能となる。

ちなみに、PSは有力な特許分析機関であるパテント・リザルト社が提供

図表８－５　技術評価の３視点と９評価要素

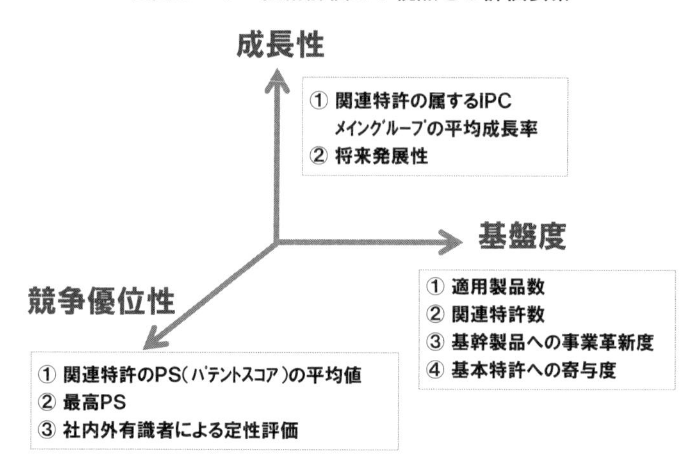

するサービスの１つであり、特許出願後の審査経過情報をもとに、当該特許の「注目度」を中心に評価したスコアである。具体的には、出願人、審査官、競合他社の３者の当該特許に対するアクション（異議申立等）に着目して、同一技術分野・同一出願年の他の特許との相対比較によって評価され、最終的に偏差値という形で表示される。

特許と技術の紐付けができれば、PS等の活用によって、客観的かつ定量的な技術評価が可能となる。

３）関連特許の属するIPCメイングループ平均成長率の技術評価への反映

技術評価の第３の視点である「成長性」を客観的・定量的にとらえるために、関連特許が属するIPCメイングループの平均成長率を活用する。同グループの出願傾向が上昇トレンドにあれば成長性の高い技術、減少傾向にある場合は低成長の技術（成熟技術）といった評価となる。

４）幅広い社内外有識者による技術の「将来発展性」の評価

前記３）と同様、技術の「成長性」を評価するために、社内外の有識者による定性的な「将来発展性」の判断結果を活用する。例えば、縦軸に棚卸しされた技術、横軸に有望な新規事業分野をリストアップしたマトリックスを作成し、当該技術の有望新規事業分野への参入・拡大への貢献の可能性について検討・判断していく。最終的に、より多くの有望新規事業分野への貢献可能性があるものを、将来発展性の高い技術と判断する。

（3） 技術ポートフォリオの作成

技術評価ができたら技術ポートフォリオを作成して、戦略的な技術の峻別を行っていく。技術ポートフォリオは、図表8－6に示すように、まず横軸に技術の基盤度、縦軸に競争優位性をとる。さらに、ポジショニングされた個々の技術（図中の小円）の色調によって成長性を表現し、技術の「基盤度」・「競争優位性」・「成長性」が同時に判別できるようにする。既存技術領域において、3視点とも高評価の技術は「未来コア技術」の候補となる一方、いずれも低評価の技術は「非戦略技術」の候補となる。

図表8－6　技術ポートフォリオ

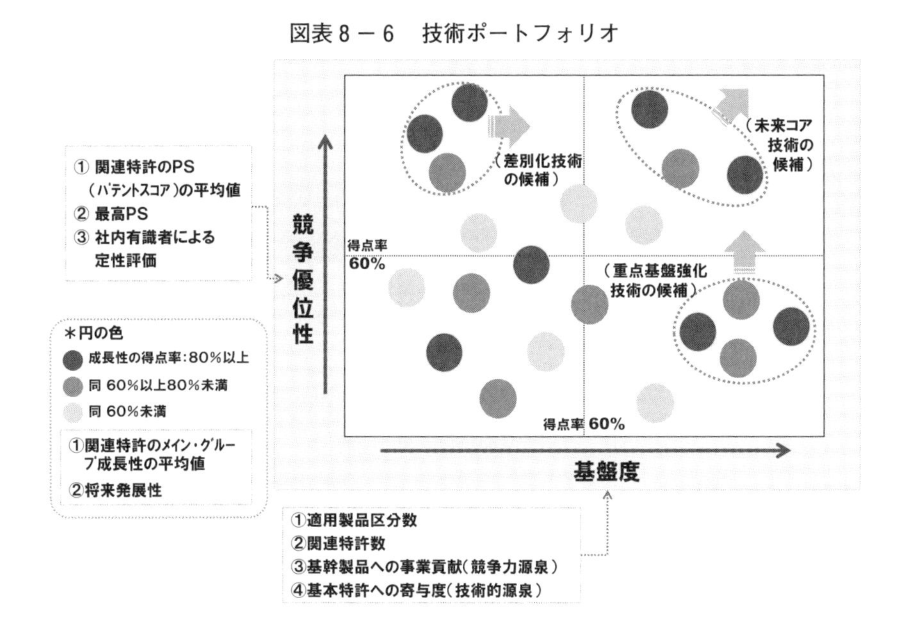

（4） 戦略技術の設定

技術ポートフォリオ作成の過程で各技術の戦略的重要性は見えてくるが、さらに明確な技術定義を行う。戦略技術には、①未来コア技術、②重点基盤強化技術、③差別化技術、④未来に向けた有望新技術の４種類がある。その基本的な位置づけを、技術ポートフォリオと同様のフレームに当てはめて明確化したものが、図表８－７である。さらに、４つの戦略技術について、そ

図表８－７　戦略技術設定の基本フレーム

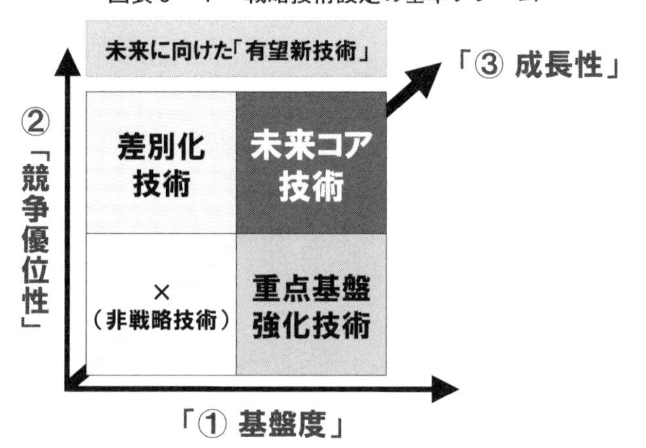

図表８－８　４つの戦略技術の位置づけと基本方向

戦略技術（区分）		技術戦略上の位置づけ	基本方向
（既存技術領域）	未来コア技術	将来に向けた基幹製品・事業の成長や競争優位確立、新規事業創造の中核になる技術	積極的技術開発投資により、さらなる競争優位を確立していく
	重点基盤強化技術	現時点では独創性や競争優位性はないものの、将来にむけて基幹製品・事業の品質やコスト構造に大きな影響を与える基盤技術	一刻も早くまずはライバル企業の技術水準に追いつき、競争面でのハンディキャップを早期に解消
	差別化技術	独創性や競争優位性は高いが、現時点では一部の製品・事業にしか使われていない技術	他製品・事業や新事業への展開可能性を見極め、必要に応じ積極的技術展開
未来に向けた有望新技術		現在、自社では保有していない技術（分野）であるが、長期の企業成長のために新たに獲得すべき技術	自社開発、技術導入・提携等の複数の技術獲得手段の中から長期視点での投資対効果で最適な手段を選択

の技術戦略上の位置づけや基本方向についてまとめたものが、図表８－８である。

未来コア技術は、基盤度、競争優位性、成長性の３視点とも高評価を得た技術である。それは、「将来に向けた基幹製品・事業の成長や競争優位確立、新規事業創造の中核になる技術」と位置づけられる。積極的な技術開発投資を行い、さらなる競争優位を確立していくことが、技術戦略上の基本方向となる。

重点基盤強化技術は、基盤度と成長性は高いが、競争優位性が中位、若しくは低い技術である。そのため、競合企業の技術水準に早急にキャッチアップし、製造コスト等の競争面でのハンディキャップをなくしていくべき技術でもある。

差別化技術は、競争優位性と成長性が高いが、基盤度は中位、若しくは低い技術である。まだ適用されていない製品・事業や、新規事業への適用可能性の検討と実践が重要となる。また、技術ポートフォリオ上にはプロットで

図表８－９　技術の棚卸し・評価～戦略技術設定プロセス

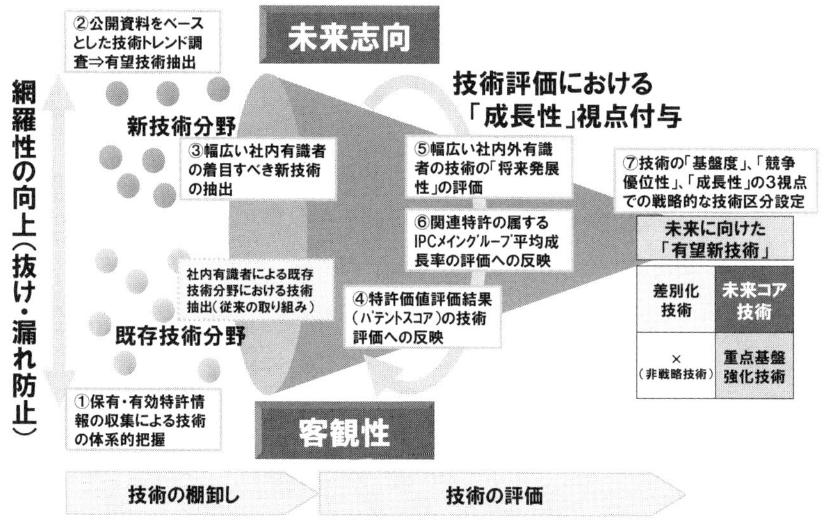

きないが、未来に向けた有望新技術が、第4の戦略技術と位置づけられる。

以上、「未来志向」と「客観性」を重視した技術の棚卸し・評価～戦略技術の設定について概念図化したのが、**図表8－9**である。「未来志向」は、技術の棚卸しにおいて新技術分野を対象とすることや、技術評価に技術の将来発展性の視点を加味することを意味している。一方の「客観性」は、技術の棚卸しにおける特許情報の活用や、技術評価における特許価値の活用が該当する。

（5） 技術ビジョン・戦略構想

① 技術と事業のビジョン・戦略構想を融合・一体化する

技術戦略の羅針盤となるのが、技術ビジョンである。過去からの延長上の発想や思考ではなく、未来に立ち、そこから現状をマクロの視点で客観的に見つめる「未来志向」が、技術ビジョン構想に求められる。世の中の技術革新の変化方向を見極めるとともに、自社が技術革新をリードしていく意志を持ち、必然性・可能性を模索しながら、技術ビジョンを構想していく。

ただ、技術ビジョン構想においても、技術という軸だけではなく、事業ビジョンと「2軸同時革新」のスタンスで検討していくことが不可欠である。具体的には、**図表8－10**に示すように、技術革新と事業革新が横軸・縦軸で融合・連動するような構図を強く意識して、それぞれの革新方向、目標、重点領域、具体的施策といったビジョン・戦略を策定し、具体化していく。

② 未来コア技術が技術戦略の中核

未来コア技術は、企業の成長戦略、技術戦略の根幹をなす技術である。長期にわたって基幹事業の競争優位を高めるとともに、新規事業創造の中核となる技術でもある。自転車部品を手掛けるシマノでは、冷間鍛造技術がそれに該当すると推察する。

また、一見すると成熟した技術分野の中にも、未来コア技術が潜んでいることがある。例えば、自動車分野では、HV・EV・FCVといった環境適合車

図8－10　技術と事業のビジョン・戦略の融合

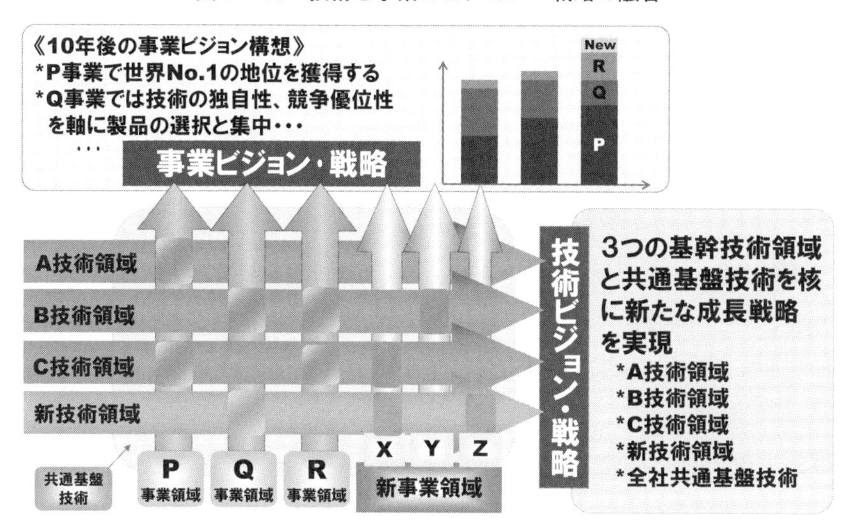

へのシフトが進む中、成熟分野といわれるガソリン車にあって、予混合圧縮着火（HCCI）技術は、未来コア技術の候補といえよう。同技術は、ガソリンをディーゼルエンジンのように自己着火させ、低燃費とCO_2・NOx削減を両立させる画期的な燃焼方式に関する技術である。

米3Mの「テクノロジープラットフォーム（Technology Platform）」も、未来コア技術に該当すると思われる。同社は、粘着剤、高精度表面、不織布、光ファイバーなど数十のテクノロジープラットフォームを、「複数の市場に向けて、複数の製品を生み出すことのできる特定の技術基盤」と定義している。キヤノンにおいては光学技術・精密制御技術やCMOSセンサー技術、ソニーにおいては高精細映像技術や半導体センサー技術などが該当するものと考える。また、半導体メーカーにとっては、新型半導体メモリーに必要な半導体素子を正確に積み重ねる3次元積層技術、自動車メーカーにとっては、EVへの搭載が有力視されている全固体電池技術や自動運転技術、AIなどが、未来コア技術の候補と考える。

ただ、現在のコア技術が、必ずしもそのまま未来コア技術になるとは限らない。現時点では基幹事業を支える重要なコア技術であっても、対象事業の市場成熟化や破壊的イノベーションによって「基幹」ではなくなることが確実視されるのであれば、未来コア技術と位置づけることはできない。ジャパンディスプレイ（JDI）は、現在、経営的に極めて厳しい状況にあると報じられている。その背景には、2017年頃からスマートフォン向けパネルが、上位機種を中心に同社の主力である液晶から有機ELへ転換していったことがあるようだ。同社においては、液晶関連のコア技術を未来コア技術と位置づけるか否かの経営判断が求められている。自動車の分野でも、自動変速機（AT）に関する技術は、電動化の進展とともに価値の低下が予想される。このように、現在はコア技術であっても、長期視点では未来コア技術と定義することが困難なケースは存在する。

逆に、今はコア技術といえるほど基盤度や競争優位性はなくとも、成長性が高く将来の技術の主流となることが確実視される技術は、戦略的に未来コア技術として位置づけてもよい。自動車分野では、AI、自動運転技術、量子コンピュータ技術、次世代通信規格である5G技術などは、それに該当すると思われる。

③　その他の戦略技術はオープンイノベーション活用が重要

重点基盤強化技術は、基盤度・成長性は高いが競争優位性が劣っている技術である。基幹事業のコストや品質といった面で、競争上のハンディキャップを抱える要因となっている可能性がある。そのため、一刻も早く、競合企業の技術水準までキャッチアップすることが必須である。ただ、自社単独で他社に追いつき、追い越すことは容易ではなく、技術提携や技術導入等のオープンイノベーションの活用も検討すべきである。トヨタ自動車が車載用電池技術で世界最大手の中国・寧徳時代新能科技（CATL）と戦略提携の動きを見せているのは、その一例と考える。

差別化技術は、独自性や競争優位性は高いものの、現時点では一部の製品・事業にしか使われていない技術である。そのため、他の製品・事業への展開可能性を見極め、応用展開を狙っていくことが最優先課題となる。社内展開に限界があるのであれば、トヨタ自動車がHV関連特許を無償開放したように、技術を外部公開して、デファクト・スタンダードの獲得を狙っていくことも重要な方向性の1つであろう。

有望新技術は、自社にとって未保有の技術である。ゼロから自社単独で開発していくことも、選択肢としてはある。東レの炭素繊維技術やキヤノンのバブルジェットプリンター技術、トヨタ自動車のHV・FCV技術などは、そのパターンであろう。しかしながら、技術革新のスピードが加速している現在、オープンイノベーション志向で企業間の技術提携・共同開発や産学連携を活用して獲得スピードを上げることも視野に入れるべきである。

④ 技術プラットフォームの重要性

前述した3Mの「テクノロジープラットフォーム」は、「要素技術」でもある。化学系企業における技術プラットフォームの多くは、要素技術と考えてよい。ただ、加工組立系の企業における技術プラットフォームは、この要素技術の「有機的結合体」ととらえた方がよいだろう。オランダのPhilips社における病理学の知見・データのAI活用等を狙った「HealthSuite digital platform」、トヨタ自動車の「TNGA（Toyota New Global Architecture）」、独Volkswagenの「MEB（Modular electric drive matrix）」と呼ばれるEV専用のプラットフォームなどがそれにあたる。また、日立製作所の「ルマーダ（Lumada）」というソリューション／サービス／テクノロジーの総称とされる概念も、広義の技術プラットフォームに該当すると思われる。

（6） 技術ロードマップの作成

① なぜ、技術ロードマップが機能しないのか

技術ロードマップがうまく機能していないケースが多い。第1の原因は、顧客・市場志向の欠如である。テクノロジー・アウトの発想に終始し、顧客

や市場にとって価値ある技術を創出していく意識が希薄となっている。そのため、既存の顧客や市場に対する技術的価値の探求や価値創造への検討が不足し、技術革新計画（狭義の技術ロードマップ）と対をなす事業展開シナリオが描けていない。

第２の原因は、先端・先進技術への挑戦が少ないという点である。世の中の技術革新への感度が低く、他社への追随や模倣に終始し、技術リーダーシップを確立していこうという意志や戦略が欠けている。結果として、成果が見えやすい短期の製品開発やコストダウンのための技術開発が主流となってしまっている。研究者・技術者の挑戦意欲や、潜在能力の喚起ができていない。

第３の原因は、内部志向にある。一部の研究者・技術者による限られた情報、知識、知恵の範囲内での検討で終わってしまっている。社内のマーケティングや事業企画スタッフの情報、知識・知恵を組織として結集できていない。加えて、技術提携や産学連携などのオープンイノベーションを活用しようとする発想や思考が不足している。

②　技術ロードマップの本来の狙いとは

技術ロードマップの第１の狙いは、技術を核とした新たな事業展開の方向性を指し示すことである。新規事業候補テーマとその実現に必要な技術獲得（自社開発、導入、提携等）を明確にし、獲得のための長期計画を立てることである。第２の狙いは、先行技術開発によって新製品の価値を高め、その「骨太化」（１新製品当たり売上額の拡大）や創業者利益の確保につなげることである。

第３の狙いは、新製品開発の「効率化」である。複数の新製品をその都度開発していくのではなく、長期視点に基づく計画的なシリーズ開発によって、１新製品当たりの開発投資額を低減することである。第４の狙いは、「戦略技術の創造・深耕」である。未来コア技術をさらに磨く、差別化技術の適用事業を拡大する、有望な新技術をオープンイノベーション活用によって開発・獲得していくといった道筋を明確にすることである。

③ 技術開発ロードマップをつくる

技術ロードマップを機能させて成果をあげている企業は少なく、技術ロードマップの再構築が必要となっている。具体的には、図表８－11に示したように、事業展開シナリオを上段、技術革新計画を下段に配置した１枚の図に、新製品・新事業展開と技術革新を時間軸の中で有機的に結合させていく。技術革新面では､技術開発成果となる技術プラットフォーム（Technology Platform）を構想し、それが新製品や新事業に適用されるタイミングとつながりを明記（紐付け）する。さらに、その実現のための先行技術開発計画をマップ上に位置づけ、実行計画へとブレークダウンしていく。このように、事業展開シナリオと技術革新計画という「２軸」同時革新を目指したロードマップを作成する。

図表８－11　戦略的な技術ロードマップのイメージ

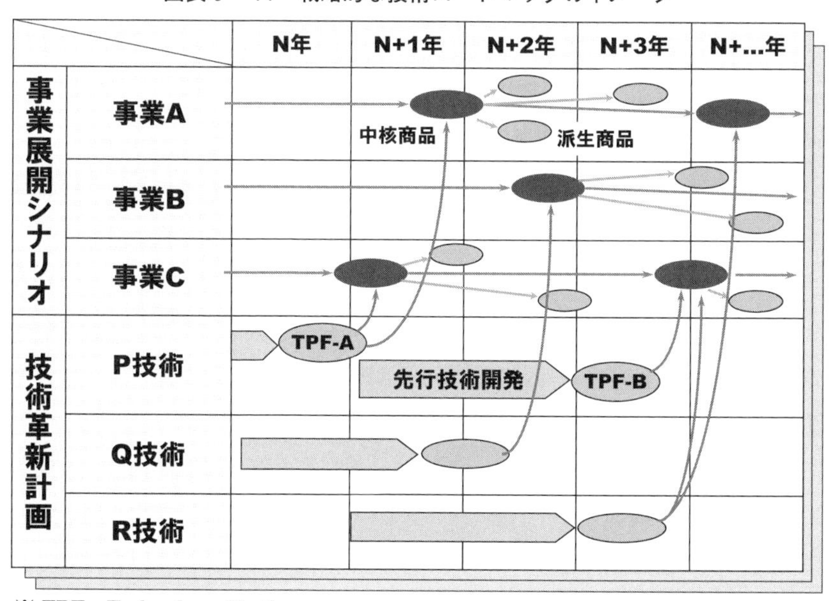

※TPF：Technology Platform

技術ロードマップにおいても、主役は未来コア技術である。長期の時間軸の中で、その革新計画を「見える化」することが重要である。トヨタ自動車は、HVやFCVの商品化のために、20年を超える研究開発期間を費やしたといわれる。このような未来を見据えた長期にわたる研究開発活動を組織的に継続させていくためには、技術ロードマップが不可欠である。再生医療分野におけるiPS細胞技術のケースでは、網膜再生を通じた加齢黄斑変性の治療、ドーパミン導出の神経細胞作製を通じたパーキンソン病の治療、さらには、脊髄損傷の治療に向けた研究ロードマップが、京都大学iPS細胞研究所から発信されている。

このように、技術ロードマップは、技術戦略上、極めて重要であるにもかかわらず、事業展開シナリオは事業部門、技術革新計画は研究開発部門で検討・作成されることが多い。別々の場所では、意思疎通が希薄になり、価値があり機能する技術ロードマップを作成することは難しい。クロスファンクション（機能連携）による組織の英知を結集した検討・作成が望まれる。

（7） 技術戦略の実行に向けた取り組み

① 重点技術目標の設定

技術プラットフォーム等、技術ロードマップに記載された重要な技術開発成果については、その開発目標を明確化することが必要となる。当該技術をいつまでにどの水準まで高める（創造する）かについて、組織として「見える化」していく。技術開発目標が個々の研究者・技術者の頭の中だけで暗黙知の状態でとどまっていては、組織の英知が結集できず、技術開発スピードを高めることはできない。

その意味で、第6章で述べた「新商品・仮想カタログ」と同様、重要技術においても、そのコンセプトやセールスポイント等について構想していく。さらに、顧客（社内含む）にとっての価値や技術スペックについて検討し、「技術版の仮想カタログ」を作成する。研究者・技術者自らが、まず個人ベースで作成し、その後、当該技術に関する有識者を交えて構想・企画内容を研ぎ澄ましていく。さらに、顧客への提案・フィードバックを繰り返し、完成度を高めていく。

② 技術開発組織・投資は技術戦略に従う

技術においても、「組織は戦略に従う」という経営の原則に従い、技術開発組織は技術戦略を最もスピーディーかつ確実に実践させることを最優先に再編成していく。具体的には、未来コア技術や差別化技術、有望新技術などの戦略技術の強化・創造を進めていく上での、最適な組織づくりを目指す。

また、技術開発投資も、組織と同様、技術戦略の実現という目的のために最適な投資配分となるよう努める。過去の投資配分枠にとらわれて戦略的な資源配分ができなければ、技術戦略の実践は難しい。慣性の法則を乗り越えて、テーマ同様、ゼロベースの資源再配分が求められる。

第9章

R&Dテーマのマネジメントを充実させる

研究開発の生産性については第２章で詳述したが、それは、図表９－１のような図式で表すこともできる。つまり、研究開発投資額が一定であると仮定すれば、生産性を高めるためには、テーマの「価値」と「成功確率」のいずれか、若しくは両方を高める必要がある。

本章では、「Σ（R&Dテーマの価値）」を高めるための重要な施策として「R&Dテーマ評価システムの再構築」、「成功確率」を高めるための施策として「R&Dテーマ推進マネジメントの高度化」、「知財マネジメントとの融合」について述べる。

図表９－１　研究開発生産性＝Σ（R&Dテーマ価値×成功確率）／投資額

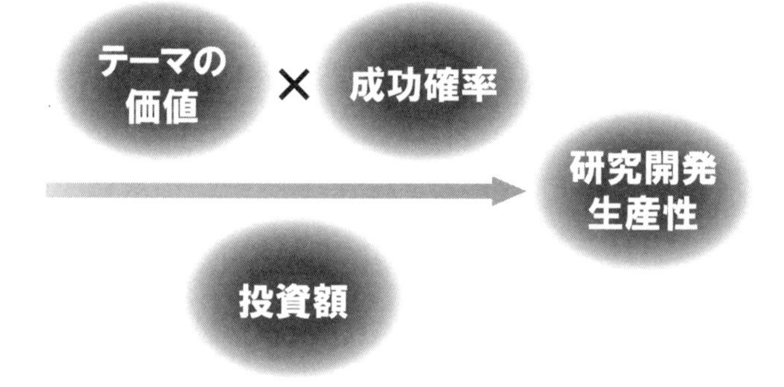

1　R&Dテーマ評価システムの再構築 ——テーマ価値の総和を最大化する

（1）　研究開発テーマ評価の概況

研究開発の生産性を高めていくためには、価値あるテーマに経営資源を集中的に投資し、その成功確率を高めることが必須である。しかしながら、現実は、価値の低いテーマが見直されることなく続いているケースが多い。価値の低いテーマの推進は、生産性向上を阻害するだけでなく、担当する研究者・技術者も大きな成功体験を得られず、本人にとっても大きな損失となる。その意味で、研究開発テーマの価値を、組織として適正に評価していく仕組みづくりが不可欠である。

研究開発テーマ評価について、現実的には、以下のような状況に陥っている企業が多い。

・評価基準が不明確である。
・価値の低いテーマが温存され、漫然と継続されている。
・一方で、大きな未来価値が期待できるテーマに適正な投資がなされていない。
・探索研究や基礎研究といったアーリーステージ（研究の早期段階）テーマに対し、精緻な事業性評価（投資収益率の計算等）を課してしまっている。
・逆に、レイターステージ（事業化間際の後期段階）のテーマ評価において、適正な事業性評価ができていない。
・テーマ評価会議が形骸化しており、テーマ推進のための有意義なアドバイスが少ない。

研究開発テーマ評価システムの再構築には、第一線の研究者・技術者や現場リーダーの事業化に向けた意識改革や成功体験の蓄積という目的もある。研究開発テーマの中止決定による担当者のモチベーション低下を過度に危惧して、価値の低いテーマを延々と継続してしまうことは、本人の成功体験を奪うことにもつながってしまう。そのため、テーマ評価によるGO／STOPの判断は、できる限り早めに、担当者の意向や能力とは別次元で、組織として客観的かつ適正に行うことが重要である。GO／STOP判断の先延ばしは、研究開発生産性の低下のみならず、組織活力の低下も招いてしまう。

（2） 従来の研究開発テーマ評価手法の概括

① 評価手法の分類体系

研究開発テーマの評価手法に関して、1970年代に行われたPOEM（Product

図表９－２　POEM研究会による研究開発テーマの評価手法の分類体系

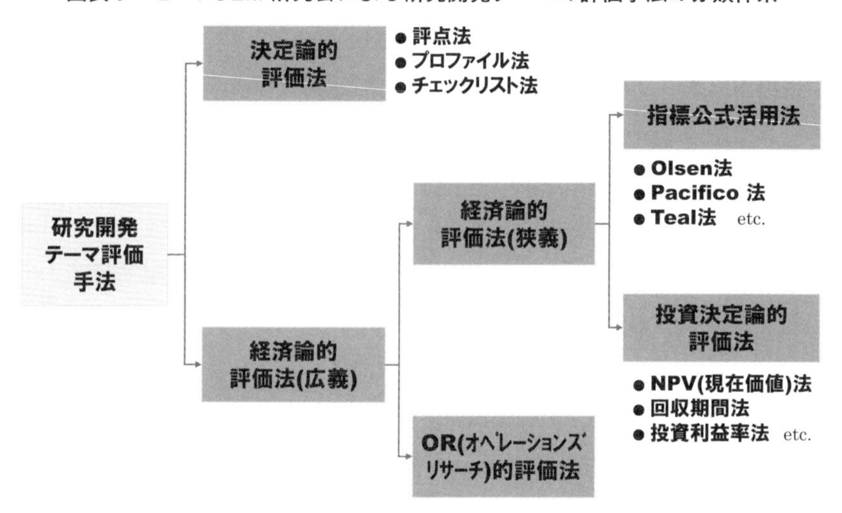

Oriented Evaluation for Management）研究会による本格的な調査研究結果がある。同研究会は、旭化成工業（現・旭化成）、石川島播磨重工業（現・IHI）、島津製作所、立石電気（現・オムロン）、三井東圧化学（現・三井化学）、日立製作所、工業技術院（現・独立行政法人産業技術総合研究所）及び社団法人（現・一般社団法人）日本能率協会のメンバーで構成されている。

同研究会では、各種の研究開発テーマの評価手法を、図表９－２に示すように体系的に分類している。まず、大きく「決定論的評価法」と「経済論的評価法」に区分している。決定論的評価法とは、複数の評価項目と判断基準を設け、各基準に基づいて定性判断によって格付けを行う手法である。評価結果を点数で表して得点の大小から判断する「評点法」、評価結果を図形で表して特性から判断する「プロファイル法」、評価項目をチェックリスト的に編集して設問に対する回答を埋めていく「チェックリスト法」などがある。

一方、経済論的評価法は、研究開発の成果を、費用・支出と収益との対比によって経済的観点から評価する手法である。さらに、狭義の経済論的評価法は、Olsen法、Pacifico法、Teal法といった「指標公式を活用する手法」

と、NPV（Net Present Value：現在価値）法、回収期間法、投資利益率法といった「投資決定論的評価法」に細分化される。

② 比較的活用されている評価手法

企業の研究開発部門において、近年、比較的活用されている評価手法として、決定論的評価法の範疇では「STAR（Strategic Technology Assessment Review）法」と「BMO（Bruce Merrifield & Ohe）法」、経済論的評価法の範疇では前述の「NPV法」がある。

STAR法は、Pennsylvania大学のMcMillan教授らにより開発された評価手法である。技術のもたらす価値を、リスクの2要素（外的／内的不確実性）と事業特性の4要素（収入規模／収入の持続性／製品化コスト／商品化コスト）の計6要素で評価していく。BMO法は、新規事業参入時の成功確率を定量的に評価する手法として用いられることが多い。売上・利益の可能性などの「事業の魅力度」とマーケティング力や技術力などの「適社度」の2つの視点でテーマ評価を行うものである。

NPV法は、特定期間のDCF（Discounted Cash Flow：将来のキャッシュフローを現在価値に割り戻した値）の総和から投資額を差し引いて、テーマの金銭的価値を求める手法である。算出された値がプラスであれば、投資価値があると判断される。この手法は、研究開発のミドルステージ（中盤の開発段階）以降の、投資規模が幾何級数的に大きくなっていく段階でのテーマ評価に活用されることが多く、最終の事業化の意思決定に活用される比率が高い。

ただ、前述した3つの評価手法は、いずれも探索研究・基礎研究といったアーリーステージにあるテーマの評価にはあまり活用されていない。同ステージにあるテーマは、その適用市場の情報（規模や成長性）、技術的可能性、期待収益等の情報収集・分析が難しいことがその背景にある。

一方、アーリーステージのテーマを対象とした評価手法は散見されるが、いずれの手法もミドルステージやレイターステージにあるテーマに必要な経済的価値や事業性の評価が的確にできない内容となっている。研究開発テーマの全ステージを通じて有効かつ実践的なテーマ評価手法を確立することが、積年の課題となっている。

（3） 研究開発テーマ評価システム再構築に向けた基本スタンス

① ステージ特性の理解

研究開発テーマは、ステージによって評価の狙いや重視ポイントに違いがある。探索研究や基礎研究といったアーリーステージにあるテーマは、独創性や発展性、市場性（将来の市場規模等）といった「魅力度」に評価の重心がある。また、このステージのテーマ評価の原則は、「相対評価」である（図表9－3参照）。

応用研究、技術開発といったミドルステージのテーマについては、市場性に加えて、技術課題の解決可能性、競争優位性といった「実現性」が最も重視される。

図表9－3　研究開発テーマのステージごとの評価の重点

	研究段階（アーリーステージ）	開発段階（ミドルステージ）	事業化段階（レイターステージ）
評価重点	「魅力度」	「実現性」	「投資採算性」
評価特性	相対評価 →		絶対評価
評価法の例	✓評点法 ✓チェックリスト法など	✓評点法 ✓資本回収法 ✓投資利益率法など	✓NPV法（現在価値法） ✓回収期間法 ✓投資利益率法　など
評価のための材料	✓技術予測 ✓技術ロードマップ ✓市場調査	✓需要予測 ✓技術的実現可能性分析 ✓既存事業のシナジー	✓業績指標 ✓撤退の影響度分析 ✓拡販余地

事業化間際のレイターステージのテーマ評価の最重要視点は「投資採算性」となり、NPV法や回収期間法、内部収益率法といった投資決定論的評価手法の採用率が高くなる。このステージのテーマ評価の原則は、「絶対評価」である。複数テーマがすべて投資採算性の面で良好と判断されれば、全テーマが「GO」と判断され、逆の場合、すべて「STOP」がかかることもある。

② 全ステージを通して評価できるシステムの必要性

前述したように、研究開発テーマは、その位置するステージによって評価の重点は異なる。

一方で、限られた研究開発投資額の枠内で、様々なステージに分散するテーマを、同一の評価手法で適正に評価することが大きな課題となっている。例えば、アーリーステージのテーマは評点法、レイターステージのテーマはNPV法といったように別々の評価手法となってしまうと、評価結果の単純比較ができなくなる。それでは、全体として適正な評価結果が得られず、戦略的な資源配分につなげることができなくなる。

このような状況の中で、全ステージを通して一貫したコンセプトと同一の基準で研究開発テーマを評価できるシステムの確立が求められてきた。

（4） FVE法の提言

筆者は、長年、研究開発の全ステージを通じて一貫したコンセプトと同一の評価基準でテーマを適正に評価できる手法の開発に取り組み、以下のような統合的評価システムを開発した。同システムは、前述した決定論的評価法と経済論的評価法の両方のメリットを活かしつつ、デメリットを最小化することを設計の基本条件とした。

新たな研究開発テーマ評価システムは、「未来価値」を総合的に評価・判断できることを最大の特長とした。ここでいう未来価値とは、NPV法において、現在価値に引き戻される期待収益を含めた概念である。本書では、こ

図表9－4　FVE 法における評価視点体系

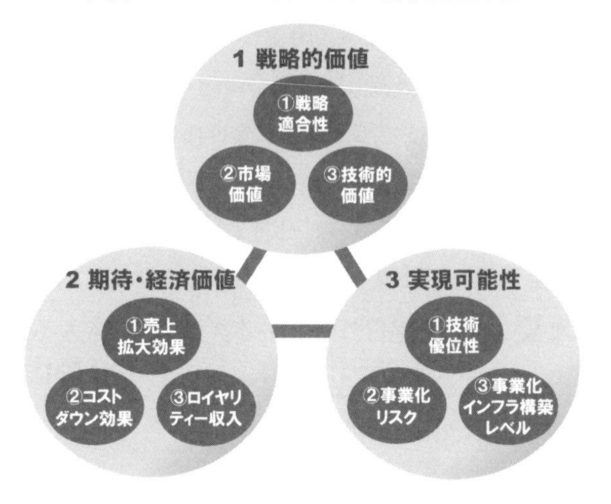

の未来価値を重視した新たな評価手法を、「FVE（Future Value Evaluation：未来価値評価）法」と呼ぶこととする。

前述したように、FVE 法の特長は、決定論的評価法と経済論的評価法の要素を融合させた点である。同法における未来価値は、図表9－4に示すように、①戦略的価値、②期待・経済価値、③実現可能性という3つの大きな視点から構成される。

◆戦略的価値

「戦略的価値」は、テーマの経営戦略上の重要性を示す視点であり、①戦略適合性、②市場価値、③技術的価値に細分化される。

①　戦略適合性

当該テーマの経営戦略への適合度を表す視点であり、「事業戦略適合性」と「技術戦略適合性」に細分化される。

事業戦略適合性は、当該テーマの事業の成長戦略への寄与度を意味する。例えば、有望な新規事業の創造や基幹事業分野における画期的な新製品や革新的な技術開発につながるテーマは、高い評価を得ることになる。

技術戦略適合性は、技術戦略の目指す方向性への適合度や技術戦略の実現への寄与度を意味する。未来コア技術の深耕や新規事業創造につながる有望新技術開発に関連するテーマを高評価していく。

② 市場価値

以下の4要素で評価した結果を総合化したものを、市場価値とする。

・推定市場規模：当該テーマの事業化対象市場の規模

・事業的広がり：事業化後、新たに創出される事業分野の広がり

・顧客・市場の創造：自社にとって新しい顧客・市場創造の可能性

・顧客価値：顧客が新たに享受できる価値

③ 技術的価値

以下の4要素で評価した結果を総合化したものを、技術的価値とする。

・独自性：技術的なオリジナリティーの高さや概念特許・基本特許の獲得可能性

・発展性：新たなシーズ獲得や新たな技術的基盤構築の可能性

・付加価値向上への寄与：製品や事業の機能的価値や感性的価値の向上への寄与度

・技術ブランド価値向上：世の中に対する技術的インパクトの大きさ

◆期待・経済価値

テーマ成功時に期待される収益の大きさを評価する視点である。具体的には、「売上拡大効果」、「コストダウン効果」及び「ロイヤリティー収入」の3つの詳細視点で、期待される経済的な価値を算出し評価する。

① 売上拡大効果

テーマ事業化後の一定期間（例えば、3年間）に期待される累積売上高、あるいは最盛期の年間売上高の期待額によって評価を行う。

② コストダウン効果

大きな投資（設備投資等）を伴わないケースであれば、テーマ事業化後の1年間に生み出されるコストダウン効果額を算出して評価する。大きな

投資を伴う場合は、ROI（Return on Investment：投資対効果）の観点で評価を行う。

③　**ロイヤリティー収入**

テーマが推進され事業化されていく過程で新たに取得した特許等の知的財産を、他社にライセンス供与することによって得られるロイヤリティー収入の期待額の大きさによって評価を行う。

◆実現可能性

戦略的価値と期待・経済価値は、テーマが成功することを前提として評価を行う。つまり、テーマが成功しない限り、その期待価値は無に帰すことになる。その意味で、「実現可能性」は極めて重要な評価視点である。実現可能性は、さらに、①「技術優位性」、②「事業化リスク」、③「事業化インフラ構築レベル」の3つの詳細視点で評価していく。

①　**技術優位性**

競合企業と比較した技術力の相対的水準を意味する。社内有識者による定性評価がメインとなるが、当該技術分野における特許数や特許の価値評価結果等の客観的・定量的評価も加えることが望ましい。

②　**事業化リスク**

以下の3要素で評価した結果を総合化したものを、事業化リスクとする。

・事業化の実現時期：事業化までの期間が長期化するほどリスク発生数は増加していくため、実現時期の早いテーマを相対的に高く評価する。

・技術的難易度：ブレークスルーすべき技術課題を的確に認識できているか、その課題の解決可能性は高いか、の2点で評価する。課題が明確で解決可能性が高いテーマほど、高評価とする。

・既存の経営資源の活用可能性：既存の試験・製造設備、販売チャネル、企業ブランドイメージなど、これまで培った経営資源が有効に活用できるテーマを高く評価する。

③ 事業化インフラ構築レベル

過去の実験結果等、研究開発の実績が、どの程度積み上がっているかを評価する。関連特許を取得済みである創薬事業であれば、特殊試験やヒト性能確認等を終えているなど、事業化に向けたインフラ整備が進んでいるテーマは高評価となる。結果として、アーリーステージにあるテーマよりレイターステージに位置するテーマの方が評価面で有利となるが、「実現可能性」の評価としては、やむをえない。

（5）FVE（未来価値評価）法とNPV（現在価値）法の併用

FVE法は研究開発テーマの全ステージを通じ、一貫したコンセプトと基準で評価できる実効性の高い手法と考える。ただ、事業化間際のレイターステージにおいては、NPV法と併用することが望ましい。投資決定論的評価法の代表であるNPV法は、アーリーステージのテーマには適用が困難だが、レイターステージにあるテーマの「現在価値」を定量的に算出できる実践的な手法である。

つまり、研究開発テーマの全ステージで一貫してFVE法を活用する一方で、レイターステージにあるテーマにはNPV法を活用し、双方の評価結果を総合することによって、研究開発テーマ評価の精度向上を実現することができる（図表9－5参照）。

FVE法とNPV法の併用によって、「未来価値と現在価値の総合化」を行い、より戦略的な研究開発テーマ評価を実現する。図表9－6は、未来価値と現在価値を横軸・縦軸とした、研究開発テーマのポートフォリオ・イメージ図である。同図の右上の象限に位置する、未来価値と現在価値のいずれも高いテーマが、最優先の研究開発テーマとなる。右下象限の、FVEスコアは高いがNPVが低い（マイナスの）テーマは、現在の事業化の方向性の転換を含めた再考が必要なテーマと考えられる。左上象限の、FVEスコアが低くNPVが高いテーマは、成果創出を急ぐべきテーマである。両方とも低

図表9－5　FVE法とNPV法の併用

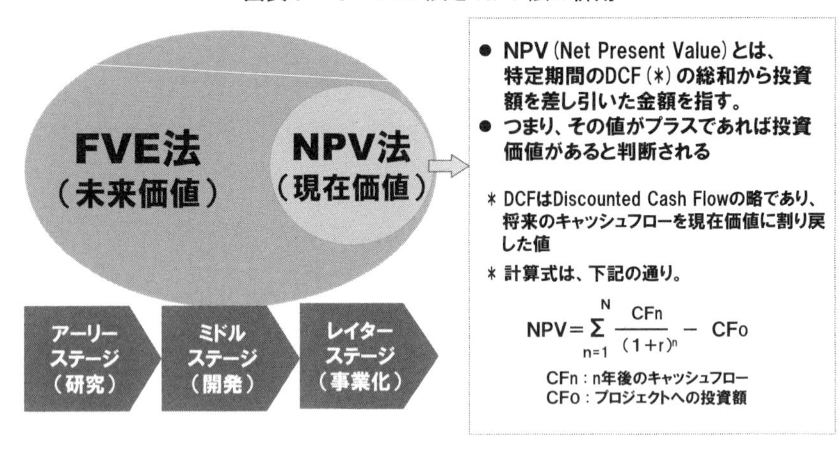

図表9－6　未来価値と現在価値の総合検討

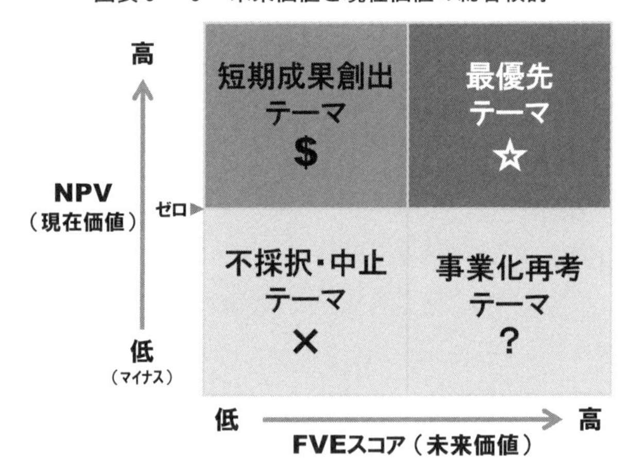

評価の左下象限のテーマは、不採択、あるいは中止対象のテーマとなる。

（6）　FVE法の適用事例

①　A社における研究開発テーマ評価の問題認識

製薬企業A社のB研究所では、FVE法を導入・運用する以前は、研究開発テーマ評価システムが未整備の状況であった。レイターステージに位置する研究開発テーマについてはNPV法を活用していたものの、アーリーステージ、ミドルステージにあるテーマを適正に評価する手法が確立できておらず、研究所内のテーマ評価会議での定性的な検討結果に依存していた。

このような状況の中、A社のB研究所長は、経営からの画期的な新薬や新技術の継続的創出への期待・要請に対し、限られた研究開発資源で応えていくためには、的確な研究開発テーマ評価システムの構築が不可欠であると判断した。

そこで、B研究所の企画スタッフは、STAR法やBMO法をはじめ、世の中の研究開発テーマ評価法に関して調査・研究を行った。その後、評価視点の網羅性や客観性・定量性、評価実務の簡便性といった観点で、各種評価手法について比較検討を行った。その結果、いずれの評価手法も、自社の期待する要件を十分に満たすものではないとの結論に至った。当時、脚光を浴びていたリアルオプション（Real Option）も、不確実性の加味や部分評価の可能性といったメリットがある反面、実務作業が複雑で一定期間後に再評価が必要になるなどデメリットが大きく、導入は難しいと判断した。

こういった状況の中で、新たな研究開発テーマ評価システムの構築と運用を目指して、以前から研究会等で親交のあった筆者に問合せがあり、FVE法の導入を想定したプロジェクトを発足させた。

② 研究開発テーマ評価システム構築の基本的な考え方の明確化

1）目的

新たな技術研究の成果が、経営により大きく直接的に貢献できる状態を実現する。

2）狙い

・事業化につながる有効性の高いテーマを明確にするとともに、テーマの選定及び優先順位づけを行う。

・テーマ評価の際、多様な価値観を持つ評価者が、「共通の尺度」で多面的な評価ができる環境をつくる。

・テーマの創造、課題形成を加速させる。

3）システム構築の前提条件（≒FVE法の特長）

・ステージの異なるテーマ間の比較ができる。

・客観性を加味した同一視点で、評価が効率的に実施できる。

・テーマ価値を多面的に分析できる。

・レイターステージのテーマには従来通りNPV法を適用し、新手法（FVE法）と相互補完して評価精度を高めていく。

4）システム構築の留意点

・評価視点を論理的に体系化・構造化する。

・研究開発戦略への適合性を特に重要視する。

・経済的価値を客観的・定量的かつ簡便に評価できる実効的なシステムとする。

・現行テーマでの評価結果を複数回シミュレーションすることによって、評価基準の適正化を行う。

③　具体的な評価システムの詳細設計

1）評価視点体系と配点

戦略適合性、市場価値及び技術的価値といった「戦略的価値」の創出が研究所の最も重要な使命であると考え、最大の配点（50点）とした（図表9－7参照）。「期待・経済価値」は25点、「実現可能性」は45点の配点とした。なお、実現可能性のうち、「事業化インフラ構築レベル」（配点20点）については、研究開発テーマのステージが進むにつれ加点していく方式とした。

2）評価基準の設定

評価視点体系と配点をもとに、個々の評価視点について、詳細な評価基準と評点を設定した。図表9－8は、その中の「技術的価値」に関する具体例であるが、他のすべての評価視点についても、同様の展開を行った。その際のポイントは、評価のためのキーワードを適切に設定することである。例え

図表9－7　A社B研究所における評価視点体系と配点

評価視点Ⅰ	評価視点Ⅱ	評価視点Ⅲ	配点（Ⅲ）	配点（Ⅱ）	配点（Ⅰ）
戦略的価値	戦略適合性	事業戦略適合性	5	10	50
		技術戦略適合性	5		
	市場価値	推定市場規模	5	20	
		適用製品・事業の広がり	5		
		新たな顧客・市場の創造	5		
		顧客価値	5		
	技術的価値	独自性（オリジナリティー）	5	20	
		発展性	5		
		製品化・製品価値向上への寄与	5		
		世の中への技術インパクト	5		
期待・経済価値	売上拡大効果	（レベル設定）		10	25
	ロイヤリティー収入	（レベル設定）		10	
	コストダウン効果	（レベル設定）		5	
実現可能性	技術優位性	社外評価（定量評価）	5	10	25
		社内評価（定性評価）	5		
	事業化リスク	事業化の実現時期	5	15	
		技術的難易度	5		
		既存の経営資源の活用可能性	5		
	（事業化インフラ構築レベル）	特許取得	(5)	（20）	
		適用／汎用性確認	(5)		
		製造性	(5)		
		**性能確認	(5)		

図表9－8　「技術的価値」の評価基準と評点

評価視点（Ⅲ）	評価基準	点数
独自性（オリジナリティー）	独自性が極めて高く、概念特許が取得できる可能性が高い	5点
	独自性が高く、基本特許が取得できる可能性がある	4点
	独自性があり、応用特許が取得できる可能性がある	2点
	特許取得は困難と思われる	0点
発展性	このテーマが核となって新たな技術プラットフォームが確立ができる	5点
	このテーマを推進することで新たなシーズ（応用研究）が獲得ができる	2点
	発展性が見えない	0点
製品化・製品価値向上への寄与	新製品分野進出への手掛かりとなる	5点
	既存製品の独自性・競争優位確立に貢献する	3点
	既存製品の付加価値向上につながる	2点
	上記以外	0点
世の中への技術インパクト	グローバルに非常に大きなインパクトを与える	5点
	社外から注目されそうである	2点
	社外に対するアピール度は低い	0点

ば、技術の「独自性」の評価に際しては、概念特許・基本特許・応用特許の取得の可能性といった、より客観的な評価ができる水準設定を行った。

④　実際のテーマ評価を通じた検証

A社B研究所のX領域における主要な16個の研究開発テーマ（a～p）について、FVE法を使って実際に評価を行った。図表9－9の横軸の左側にあるテーマ“a”、“b”は探索研究・基礎研究といったアーリーステージのテーマ、一方の右側にあるテーマ“n”、“o”、“p”は事業化間際のレイターステージのテーマという並びとなっている。

同図から明らかなように、事業化間際の“n”、“o”、“p”の3テーマは、総合点の高さに加えて、評価の3大視点である、1）戦略的価値、2）期待・経済価値、3）実現可能性のいずれも高得点であることが判明した。つまり、これまで事業化を進めていく過程で、概ね適正なテーマ評価がなされてきたことが検証された。しかしながら、テーマ“d”、“g”については、総

図表9－9　FVE法による実際の評価結果

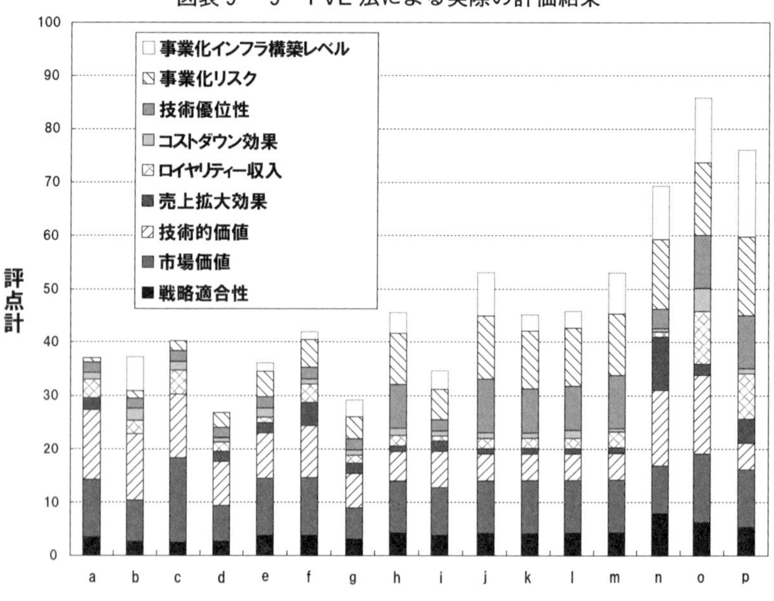

図表9－10　テーマ評価結果のレーダーチャート化

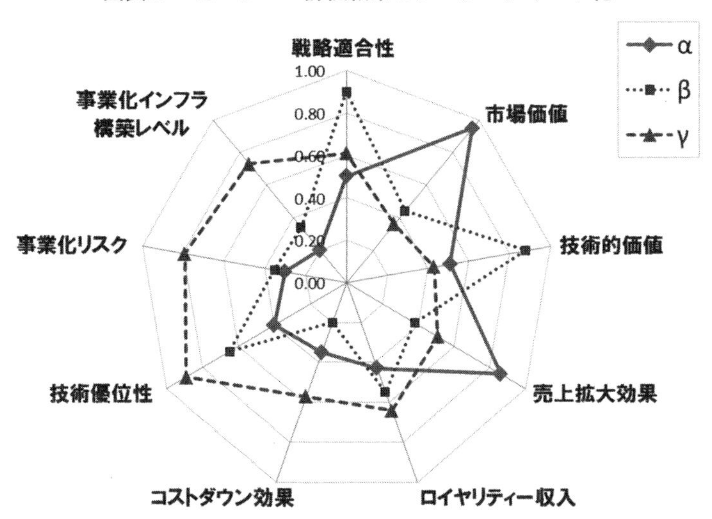

合点が低い上、特に戦略適合性や市場価値を含めた「戦略的価値」が低いことが明確になったため、中止の意思決定がなされた。

さらに、テーマ評価結果をレーダーチャート化することによって、テーマを多面的に分析・考察することができる。図表9－10は、A社B研究所のY領域における主要3テーマの評価結果（得点率）をレーダーチャート化したものである。それによって、以下のことが明確となった。

・（テーマ）「α」は、市場価値が高く、売上拡大に大きく寄与する。

・「β」は、技術戦略上、重要なテーマである。

・「γ」は、技術優位性をはじめ実現性は高いが、戦略的価値は相対的に低い。

このような評価結果の棒グラフ化、レーダーチャート化に評価視点別のランキング等の分析を加えることで、テーマ特性をより多面的に評価することが可能となる。以上のような分析結果を、テーマの適正なGO／STOP判断や的確な進捗管理につなげていくことが重要である。

⑤　新たなテーマ評価システムの運用

A社では、これまで、研究開発プロセスにおける探索研究・基礎研究・応用研究・製品開発・事業化といった様々なステージにあるテーマを、一貫した考え方で統合的にマネジメントすることができていなかった。そのため、FVE法を活用した新たなテーマ評価システムを構築・導入した。さらに、その後、効果的な運用方法についても検討し、再構築を進めた。

運用においては、まず、研究開発テーマの評価・意思決定者を明確にした。基本的に1次評価者はテーマリーダー、2次評価者は研究所長、3次評価者は研究開発本部長とした。意思決定者については、探索研究はテーマリーダー、基礎研究は研究所長とした。ただ、テーマが進展するにつれて、研究開発投資額が急速に増大していく傾向にあるため、応用研究以降のステージにあるテーマの最終意思決定者は、研究開発本部長とした。

研究開発テーマの評価・意思決定の際には、新たなテーマ評価システムによる事前評価結果（総合評価、視点別評価、レーダーチャート等）に加え、テーマ提案書・報告書類を整備し、総合的な意思決定が迅速に行えるようにした。さらに、テーマ評価やGO／STOPの意思決定だけではなく、その評価・意思決定に至った背景・理由を評価者が記述し、提案者にきちんとフィードバックするようにした。市場や主要顧客の変化、競合企業の動き、技術革新の動向といった外部環境変化も含めて、当該テーマをステージアップさせる価値や推進スピードアップのヒント等も合わせてコメントとして記述するようにしている。そういった地道な取り組みによって、テーマ評価・意思決定の経緯に関する情報や知識の組織的蓄積、テーマ担当者・提案者のモチベーションの維持に努めている。

このように、A社では、同システムを研究開発テーマの開始時の採否、ステージ移行時のGO／STOP判断にとどまらず、日々の研究開発活動のスピードアップを目指した進捗管理の高度化を含めた戦略的なテーママネジメントに本格的に活用している。

R&D テーマ推進マネジメントの高度化による成功確率の向上

研究開発テーマの成功確率を高めるためには、テーマ自体の価値が高いことが必要条件となる。そのためには、戦略的な研究開発テーマ評価システムを構築・導入・運用することによって、未来価値の高いテーマを厳選していくことが必須となる。

ただ、価値あるテーマの評価・選別ができたとしても、その推進がうまくいかなければ、成功確率は大きく低下する。激烈なグローバル競争の中で、製品やサービスのライフサイクルは短期化し、企業が創業者利益を享受できる期間は短くなっている。そのため、求められる研究開発スピードは、以前とは比較できない水準まで高まってきている。スピードが低下してしまうと、市場投入タイミングの逸失、ライバル企業参入リスクの増大、事業化投入コストの肥大化、プロジェクトメンバーの士気低下といった様々な事業化リスクが発生し、成功確率は低下してしまう。

スポーツの世界、例えば、陸上の100m走では、競技者個々人の「心・技・体」、つまり、強靭な精神・技術・肉体が、走行スピードを決める。しかし、企業における研究開発スピードは、研究者・技術者個々人の能力以外に、組織的なマネジメント力の影響を大きく受ける。本節では、研究開発スピードを大きく左右する組織的な成果志向のテーママネジメントに焦点を当てる。

（1） 成果志向のテーママネジメントが目指すもの

① 成果志向が欠如したR&Dテーマ推進

日本企業の研究開発活動の特徴の１つとして、欧米企業と比較した際の成果（アウトプット）志向の弱さを指摘する向きがある。この指摘の根拠となる明確なデータは持ち合わせていないが、筆者の研究開発に関するコンサルティング経験からすれば、この指摘は当たっているように思われる。

この最大の原因として、研究者・技術者の帰納法的アプローチ偏重の思考・行動様式がある。まず、小さな仮説を立てて実験し、結果を分析し考察する。そして、また次の仮説―実験を繰り返していくアプローチである。このアプローチは、着実にデータが積み上がっていくため、研究者・技術者の満足感が得られやすく、研究・開発の最終形まで考え抜くという思考面の苦難からも逃避できるために選択されている側面もあろうかと考える。

しかしながら、このアプローチは、大胆な仮説や挑戦的目標の設定といった思考や行動とは一線を画すものであり、いくつかの問題を引き起こす。第1の問題は、成果水準の低下である（図表９－11参照）。最終ゴールが不鮮明な中で、短期的な試行錯誤を繰り返しているだけでは、大きな成果創出は期待できない。たとえ基礎研究段階のテーマであっても、長期視点で最終ゴールイメージを思い描く努力が必要である。

２点目は、研究開発の完了時期の遅延である。長期・中期の成果目標が不

図表９―11　成果志向が欠如した研究開発テーマ推進

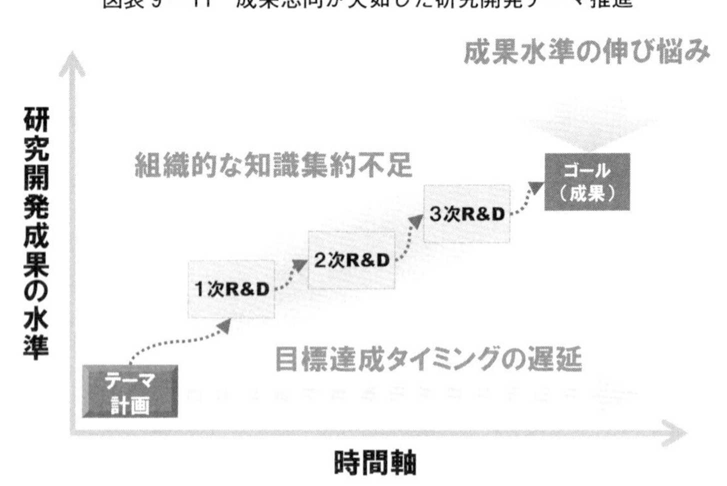

図表9－12　成果志向の研究開発テーママネジメントの推進イメージ

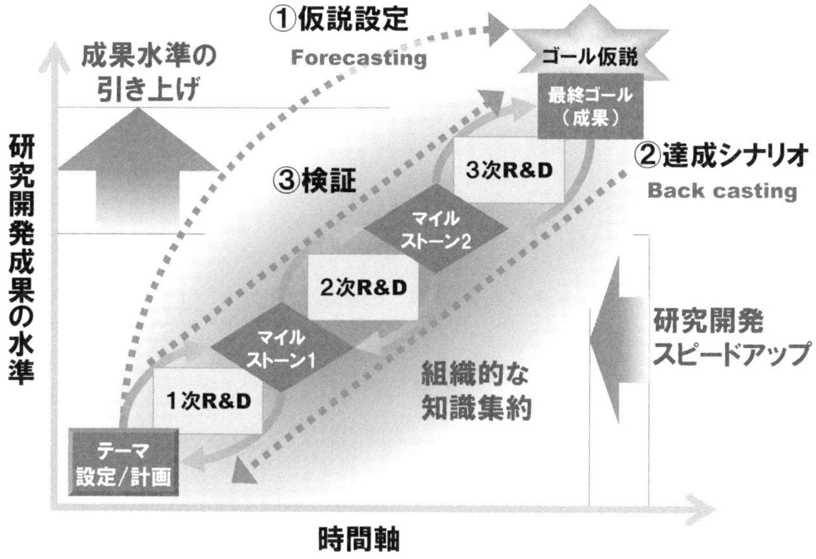

鮮明な中での研究開発は、組織としてのベクトルを集約することができず、活動は停滞してしまう。3点目は、組織的な知識集約の不足である。研究者・技術者の個人力に大きく依存した状態となり、組織の英知結集が進まず、組織能力は高まらない。

②　成果志向のテーママネジメントの概要

こういった問題を引き起こさないためには、CTO（Chief Technology Officer：最高技術責任者）や研究所長が、「成果志向の研究開発」への転換の必要性や重要性を経営方針として明確に宣言し、組織的に徹底実践していく仕組みをつくることが必要である。具体的には、図表9－12に示したように、

- テーマの最終ゴール（成果）仮説を設定する。
- 最終ゴールを見据え、未来から現在へのバックキャスティング（back casting）で「長期→中期→短期」の順番でマイルストーン（Milestone）

を設定し、ゴール達成シナリオを作成する。

・ゴール達成シナリオの実現に向けた先行課題抽出とその解決計画を立案する。

・同シナリオの実現可能性について、「短期→中期→長期」の順番で検証を行う。

といったような仮説─検証サイクルを複数回行って、研究開発テーマ計画の完成度を向上させ、進捗管理を徹底していく。

③ 成果志向のテーママネジメントへの変革

成果志向のテーママネジメントの実践は、一朝一夕にはいかない。特に、以下の2点に留意して進めていくべきである。

1点目は、研究者・技術者の明確な成果目標の設定に対する心理的な抵抗感への対処である。目標の未達成リスクを回避したい、研究の自由度を確保しておきたいという個々の思いを、完全になくすことはできない。そのため、そういう思いや懸念を超越すべくテーマの意義や価値を、個々の研究者・技術者に丁寧に説明し納得してもらうとともに、高い目標への挑戦に対する適正な人事評価といった組織的基盤整備が必要となる。

2点目は、プロジェクトマネジメント能力不足への対処である。ちなみに、プロジェクトの定義には様々なものがあるが、「明確な目的がある」、「期限が限られている」、「人や資金等の資源の制約枠がある」といった普遍的な要件がある。このプロジェクトを有効的かつ効率的に進めていく管理技術が、プロジェクトマネジメントである。研究開発テーマにおいても、研究開発の成功確率の向上のためにその能力向上が必要である。

（2） 成果志向のテーママネジメントの実践

① 最適なリーダーとメンバー編成

研究開発テーマを成功させるためには、誰をリーダーとするかが、極めて重要なポイントとなる。リーダーの統率力、専門知識、起業家精神、人間的魅力といった能力や資質がテーマの成功確率を決めるといっても過言ではない。しかしながら、リーダーの人選は、本人の実力ではなく、職位や資格といった内部基準によって行われるケースが多い。リーダーの選出においては、内部志向を排し、実力主義を徹底させるべきである。

メンバー選出についても同様であり、特に中核メンバーの選出は、実力主義を徹底すべきである。米製薬大手のMerckでは、プロジェクトメンバーをコアメンバーと支援メンバーに分けた編成を行っている。支援メンバーは、プロジェクトの進行状況に合わせた別プロジェクトへの異動を前提としているが、コアメンバーは、プロジェクトが継続進行している限り同一プロジェクトを担当することを基本としている。

② ビジョンの共創

目標には、「達成度を測る指標」、「同指標の水準値」及び「達成期限」の3要素が求められる。ただ、すべての研究開発テーマについて、この3要素が揃った明確な目標を設定することは、現実的に難しい。特に、アーリーステージのテーマは不確定要因が多く、その傾向が強い。そのため、明確な目標設定へ努力する一方で、テーマのビジョンを議論し、共有・共感・共鳴することが重要となる。テーマの意義や目的、事業化成功時の事業イメージや期待成果について、メンバー間で議論を重ね、共創していくことが大切である。

③ クロスファンクション

研究開発テーマの推進スピードを加速し、事業化の成功確率を高めるためには、市場開発／技術開発が本格化するミドルステージから、マーケティング・営業部門、製造部門、品質保証部門等のスタッフが、メンバーとして参画することが望ましい。バトンリレー方式ではなく、スクラム方式での推進を目指すべきである。バトンリレー方式では、同時並行開発ができず、推進期間は延び、引継ぎロスも発生してしまう。早期段階からクロスファンクション（機能連携）によるスクラム方式で、組織の英知を結集して取り組むことが重要である。

④　マイルストーン設定

マイルストーン（Milestone）は、日本語では「里程標」と訳される。ゴール到達までの大きな分岐点となる中間段階での「標（しるべ）」である。それは、「テーマがゴールに向けて適正なスピードで進んでいるか」、「時間の経過とともに、組織的な知識が集約され、テーマの価値が確実に高まっているか」などの点について判断する地点・基準としての役割を持つ。その到達度レベルによって、投資を再強化するか、継続推進か、方向転換するか、中止すべきかといった意思決定につなげていくべきである。

その意味で、マイルストーンについても、「達成度を測る指標」、「同指標の水準値」及び「達成期限」という目標の3要素を適用する必要がある。例えば、iPS細胞の応用開発でいえば、達成度測定指標として、「有効性（治癒率等）」、「がん化率」、「作製効率」、「作製コスト」等が候補になると思われる。これらの指標を何年後にどの水準まで向上／低減させていくかについて、マイルストーンを設定し、達成シナリオを作成していく。

⑤　律速要因の早期抽出と解決着手

化学の教科書に、「律速段階」という言葉がある。化学反応プロセスにおいて、全体の反応速度を律している（遅くしてしまっている）反応段階を意味する。研究開発プロセスにも、この律速段階が存在する。

テーマ推進の過程で、技術的障壁や競合企業参入による戦略変更等によって、研究開発が律速段階に入ってしまうことがある。この律速段階を生じさせる可能性のある要因を組織の英知を活用して早期に抽出し、その解決に向けた取り組みに一刻も早く着手することが重要となる。解決が難しい問題や課題を後回しにしてしまうと、研究開発期間が延びて、市場投入のタイミングを逃してしまう危険性が高まる。つまり、少しでも早い段階で律速段階を引き起こす要因（技術的障壁や事業化リスク）を抽出し、時間的余裕がある早期の段階で、組織の英知を結集し、その解決策に取り組み始めることが重要である。

⑥　デザイン思考

「デザイン思考」は、1980年代、パソコンなどのデジタル機器の使い方をデザインするため、米国の西海岸から始まった方法論である。フィールドワークなどで顧客を観察・探求し、顧客の共感を機軸に、コンセプト創造やプロトタイプ作成を進めていく点に特徴がある。

その過程では、デザイナーや外部の専門家が参画することもあり、エレクトロニクス分野に限らず、米P&Gのような化学系企業にも普及しつつある。同社では、組織的イノベーションを、1）アイデア討議、2）プロトタイプ作成、3）想定製品の購入動機・行動や使用状況の観察・研究という3つの段階に分けたテーマ（プロジェクト）マネジメントをしているといわれる。

従来、デザイン検討は、研究開発プロセスでは中盤以降にスタートすることが多かったが、新商品の「コンセプトをデザインする」という意味で、早期段階から本格検討を進めていく時代になっている。

⑦　PDSサイクルの徹底実践

日々のマネジメントとして、「PDCAサイクル」が広く活用されている。それは、Plan（計画）内容をまず固定し、Do（実行）した後にCheck（評価）し、計画と実績の差をAction（方策）によって埋めていくという思想に立っている。しかしながら、研究開発のような知識創造型業務の場合、Planの段階で、そのまま実行して進捗をチェックするだけの確実で精緻な計画内容を作成することは難しい。そのため、研究開発においては、最終ゴールに向けたマイルストーン到達のためのPlanを作成した後は、Do（実行）しつつ、定期的なSee（分析と考察）を加えて、Planを改訂・精緻化・最新化させていく「PDSサイクル」を高速回転させていく方が望ましい。

このPDSサイクルの徹底実践のために、まず、研究開発テーマの開始から終了に至る「大日程計画」を作成する。それは、テーマのゴール仮説、成果目標、必要投資（人・資金）、達成シナリオ、実行計画を含めた「総合計画」であり、テーマによっては数年に及ぶものもある。大日程計画ができたら、それを基本設計図として、四半期（3ヵ月）の「中日程計画」を作成し、同計画をもとに、日常的にPDSサイクルを回していく。毎週、中日程計画に記載された実施項目の進捗状況をメンバー間で共有化し、特に遅延が顕著な実施項目に対しては、挽回策を検討して同計画にフィードバックする。さらに、中日程計画作成から1ヵ月経った時点で、次の同計画を立案（更新）して、毎週の進捗管理を継続させていく。また、大日程計画は基本的に遵守することが原則であるが、中日程計画を基礎としたPDSサイクルの徹底実践の過程で、必要に応じて改訂・最新化していく。

3 知財マネジメントによる事業化成功確率の向上

（1） 特許戦略の充実による参入障壁の構築

研究開発テーマを事業化して新製品や新サービスを市場投入できたとしても、熾烈なグローバル競争の中で勝ち残っていくためには、特許戦略を充実させて盤石な参入障壁を築き、他社からの攻勢を防御していく必要がある。最終的には、それが創業者利益の長期化につながっていく。

① 核となる基本特許の創造

特許によって盤石な参入障壁を築くためには、その核となる基本特許の創造が不可欠である。特に、製薬業界においては、1つの基本特許（物質特許）が新薬創出に直接的につながるケースが多く、基本特許の創造を最初から狙った事業化プロセスの構築が求められている。

基本特許の創造のためには、研究開発のアーリーステージから、研究者・技術者と知財スタッフが、共同して特許戦略を構想・企画していくことが重要である。研究者・技術者は、テーマの独創性や新奇性の発揮に集中するあまり、特許取得への意識が希薄になったり、権利化の範囲を狭く限定したりしてしまう傾向がある。

その意味で、知財スタッフの役割は大きい。特許戦略の専門家として、新製品・サービスの構想・企画段階から、先行特許調査やパテントマップ作成を通じた特許戦略の策定支援や具体的なアドバイス（最適な請求範囲の設定等）が期待されている。

②　強力な特許網の構築

基本特許が単独で強固な参入障壁となるのは、製薬分野における物質特許等、現実的にはかなり限定的と考えるべきであろう。エレクトロニクス分野では、1つの製品を完成させるために数多くの特許が必要となる。

つまり、価値ある基本特許を核としつつも、その周囲に関連・派生特許を戦略的に張り巡らせて、強力な特許網を構築することが、他社からの参入障壁を構築する上で不可欠となる。丸島（2011）は『間違いだらけの「知財立国論」』の中で、かつて米Xeroxが複写機事業において構築した、カールソン（C.F.Carlson）の発明を核とした約600件の特許網が、キヤノンの同事業参入への大きな技術的障壁になったと記している。同社は、Xeroxの特許網から回避する道を模索し、最終的に帯電、露光では潜像ができない方式の開発を突破口に事業化に成功したが、その時間と労力は膨大であったと推測される。

なお、特許網構築においては、グローバル視点がより強く求められている。日本（京都大学）は、iPS細胞に関する基本特許を複数保有するが、同分野の技術開発競争は激しく、国家間の熾烈な特許出願競争が続いている。日本が同分野で技術的競争優位を維持できるかどうかは、グローバルな特許網構築の成否に大きくかかっている。

③　知財のオープン化戦略

特許は、技術の独占化を狙うものであり、元来「クローズ」の性格を持つ。しかし、特許をまったく外部に閉ざしてしまえば、技術の独占の可能性は高まっても、技術の標準化が進まず、大きな市場を形成することが難しくなる。そういった背景もあり、特許のオープン化を進める企業がある。

古くはスウェーデンのVolvoが、半世紀以上前、「3点式シートベルト」のオープン化を行ったが、これは同技術の普及とともに、同社の安全性に関するブランドイメージ向上に大きく寄与したとされる。Googleは、自社が開発したスマートフォン用基本ソフト「Android」を機器メーカーに無償開放し、同社のビジネスモデル拡張に戦略的に活用している。トヨタ自動車は、FCVに続きHVについても、特許の無償開放の動きを見せている。

他方で、特許のオープン化により、他社からのライセンス収入を獲得する戦略も見られる。米半導体大手のQualcommは、無線通信に関する基本特許を含め、積極的な保有特許のライセンスを行い、獲得した利益を新たな知財投資へと循環させている。

ただ、特許を過度にオープン化してしまうと、技術の独占性や優位性の維持の面でリスクが高まる。1990年代、日本の電機業界が主導したDVDに関する重要特許のオープン化は、世界的な業界標準獲得を目指した動きであったが、普及期に新興国企業による低価格品攻勢を招き、製品のコモディティー化の流れを加速させてしまった。特許のオープン化は、用意周到な戦略のもとに進める必要がある。

④　オープン＆クローズ戦略

過度の特許のオープン化による失敗事例の教訓から、中核となる重要技術に関する特許はクローズのスタンスをとる一方、周辺技術に関する特許はオープン化を進め、市場普及・業界標準化と競争優位確立・利益獲得の両立を目指す「オープン＆クローズ戦略」という概念が生まれた。

1990年代半ば、米Intelは、パソコンのCPU（Central Processing Unit）関連特許は独占する一方で、マザーボードの規格は標準化し、他企業に技術供与していく戦略をとった。Appleも、スマートフォン事業において、「iOS」という中核ソフトやデザインに関する知財はクローズとする一方、端末製造に関する情報等は開放し、市場への普及と端末製造コスト低減を実現している。このオープン＆クローズ戦略は、既に特許戦略の主流となっている。

⑤　特許渉外機能の強化

基本特許を核に強力な特許網を構築し、技術的参入障壁を築いたとしても、それだけでは大きな価値を生み出すことはできない。特許の渉外機能を強化し、現実的な価値を生み出していかなければならない。

その第１のポイントは、他社との戦略的なライセンス契約能力である。クロスライセンスやライセンス供与に伴う契約締結の際に、自社に有利な交渉ができる組織能力が求められる。第２は、特許係争時の交渉・解決力である。プロパテント（特許重視）のトレンドの中で、特許や著作権などの知的財産権を巡る新規提訴が増加傾向にある。近年は、大型訴訟が相次いでおり、敗訴した際、高額のライセンス料・和解金・賠償金の支払いを強いられるケースが増えてきている。第３は、模倣品対策である。先進企業は、模倣品問題が頻発している国の現地当局と連携した摘発活動や警告の実施等の緻

図表9－13　知財マネジメントサイクルの構築

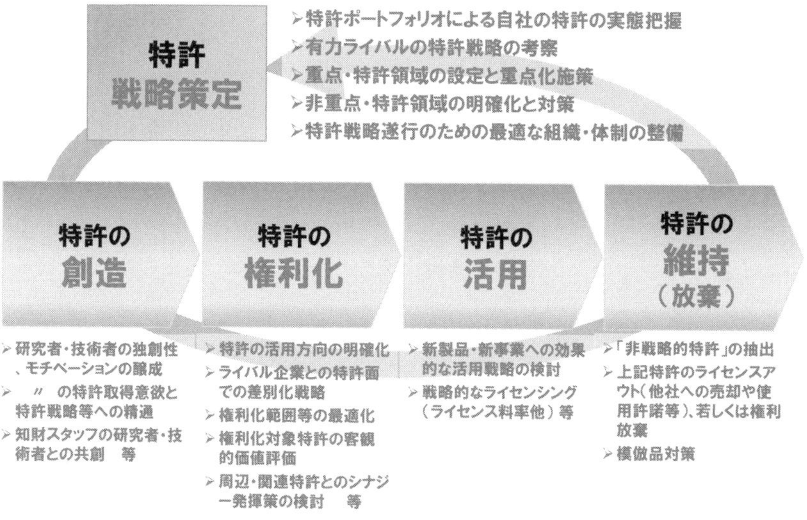

特許
戦略策定

➢特許ポートフォリオによる自社の特許の実態把握
➢有力ライバルの特許戦略の考察
➢重点・特許領域の設定と重点化施策
➢非重点・特許領域の明確化と対策
➢特許戦略遂行のための最適な組織・体制の整備

特許の
創造

➢研究者・技術者の独創性、モチベーションの醸成
➢　〃　の特許取得意欲と特許戦略等への精通
➢知財スタッフの研究者・技術者との共創　等

特許の
権利化

➢特許の活用方向の明確化
➢ライバル企業との特許面での差別化戦略
➢権利化範囲等の最適化
➢権利化対象特許の客観的価値評価
➢周辺・関連特許とのシナジー発揮策の検討　等

特許の
活用

➢新製品・新事業への効果的な活用戦略の検討
➢戦略的なライセンシング（ライセンス料率他）等

特許の
維持
（放棄）

➢「非戦略的特許」の抽出
➢上記特許のライセンスアウト（他社への売却や使用許諾等）、若しくは権利放棄
➢模倣品対策

密な対策を行っている。

特許渉外機能を一朝一夕に強くする秘策はない。価値ある基本特許を取得し、それを核に強力な特許網を張り巡らせて、競合他社に対する技術的な参入障壁を構築していく、さらに、戦略的なライセンス交渉を行い、必要時には係争を解決していく経験・ノウハウと実績を地道に積み上げていくしかない。これら一連の取り組みを知財部門と研究開発部門が緊密に連携して進め、図表9－13に示したような知財マネジメントサイクルを構築していくことが重要である。

（2） 技術ブランディングによる競争優位の永続化

① 技術ブランドとは

ブランドという言葉の語源は、古期スカンジナビア語の“brandr（焼きつける）”に由来するといわれる。自社の製品やサービスを顧客に知覚・識別・選別してもらう鍵となるのがブランドである。そして、このブランドの中の一要素が、技術ブランドである。商品（製品やサービス）の性能・機能や品質、デザインといった差別化要素によって、この技術ブランドの核が形成される。有名な米IntelのCPU（Central Processing Unit）における“Intel Inside”（インテル入っている）、ソニーの「ウォークマン」や「トリニトロン」、トヨタ自動車のHVの「プリウス」やFCVの「MIRAI」、Appleの「iPod」、「iPhone」、「iPad」といった商品ブランドの価値の一部は、技術ブランド価値から構成されていると考えられる。

② 技術ブランディングの重要性

技術ブランディングとは、技術を核にして、商品や企業のブランド価値を高めていく企業活動である。その第一歩は、独創性や優位性のある技術を機軸に、魅力ある新製品や新サービスを創出し、商品ブランドの礎を築くことである。強力な技術ブランドが構築できれば、研究開発テーマが事業化された後、「ダーウィンの海」を越え、事業として成功する確率は高まる。

「ニコン」という企業ブランド、商品ブランドが世界的に知られるようになったのは、1950年代に起こった朝鮮戦争が契機とされる。同戦争の報道において、同社のカメラとレンズの技術的優秀性がニューヨーク・タイムズに報じられたことにより、一気に商品及び企業の認知度が向上したようだ。同じくカメラの分野では、キヤノンが1976年に発売した世界初のマイコン搭載の完全自動式一眼レフカメラ「AE-1」が全世界で爆発的なヒットとなったことが、同社の商品ブランド、企業ブランドを高めることに大きく寄与したとされる。

このように、技術を核にして他にはないオンリーワン製品や性能・機能面での圧倒的No.1商品をつくり、価値ある商品ブランドを創造することが、技術ブランディングの第一歩である。

③ 持続的イノベーションによりブランド価値を高める

ブランドも、技術革新や競争条件の変化によって陳腐化するリスクを常に抱えている。シャープの液晶テレビは、2005年に世界シェアNo.1になり、「AQUOS（アクオス）」、「亀山モデル」といったブランドが一世を風靡した。しかしながら、熾烈なグローバル競争下にある現在、そのブランド価値を復活させることは容易ではない。

１つの商品や技術がどんなに優れていても、それだけで永続的な価値のあるブランドはつくれない。持続的なイノベーションによって、ブランド価値を育成・維持・向上していくことが不可欠である。ソニーは、初代ウォークマンモデルの大ヒットに甘んじず、２代目以降のモデルでも、競争優位性を維持した。さらに、メディアの変遷などの環境変化にいち早く対応し、継続的に技術やデザインの改善を重ねてきた。その結果、ウォークマンブランドは、初代商品発売の1979年以来、ソニーを代表するブランドとして永続している。

アサヒビールの「スーパードライ」は、1990年代の一時期、アサヒビールの国内シェアが10％未満まで落ち込んでしまった状況から、反転攻勢をかけてトップシェアを獲得する原動力となった。同商品は、当時、「コク」と「キレ」というビールの世界では二律背反とされた特性を同時実現させるイノベーションによって生まれた。そして、その後、世の中に強く支持され、メガブランドとなっていった。さらに、同社は、ブランド価値のさらなる向上のために、鮮度や品質の追求を続けている。特に、消費財分野においては、消費者は常に新しい感動を求めており、絶え間ないイノベーションにより新鮮な価値提案を続けることができなければ、一時代を築いた価値あるブランドも長期にわたって維持していくことは難しい。

第10章
研究人材マネジメントの革新

1　研究人材マネジメントの難しさ

（1）　外部環境の変化

今後、企業の人材管理が最も大きく変化するのは、研究開発部門ではないかと考える。

第1の理由は、従来とは比較できないほどの、専門性の高い人材への企業ニーズの高さである。実際、専門性の高い研究人材に対し、既存の人事制度の枠組みを越えた処遇をする企業が増えている。例えば、エレクトロニクス企業において、AI 分野の専門家に対し、社員平均の数倍の給与水準で処遇する例も見られるようになっている。

第2の理由は、第1の理由に関連するが、「働き方改革法」により導入された「高度プロフェッショナル制度」が、研究開発部門において、次第に普及していくことが予想されるからである。同制度は、労働時間と賃金のリンクを切り離し、成果を重視した制度であり、研究開発部門は同制度の適用対象となっている。適用企業はまだこれからといった状況にあるが、専門性の高い研究人材への厚遇と同制度がリンクし、今後、普及に加速がつくと考えられる。

第3の理由は、オープンイノベーションの進展である。それによって、社内の研究人材の市場価値が「見える化」していき、その存在価値が問われるようになるであろう。そうなると、社内で抱えるべき研究人材の要件が明確になるとともに、絞り込まれる可能性がある。一方で、起業家意識の高い研究人材は、自ら起業していく動きが多くなっていくかもしれない。

（2）　研究人材マネジメント自体の難しさ

研究人材には、概して以下のような特性があり、そのマネジメントはもともと難しい。

・専門知識や自然科学には興味はあるが、濃密な人間関係や組織調整はできれば避けたい。

・組織の階段を登るより、自らの信じる道を登りたい。

・この領域では、「自分が一番」と信じ切っている。

・自分自身の思考パターンと違うストーリーや結論は、なかなか受け容れられない。

・尊敬できるリーダーでないとフォローしたくない。

つまり、プライドが高く、自分の殻に閉じこもりがちな傾向があると思われる。

そして、この状況も手伝って、研究開発組織の中でリーダーシップを能動的に発揮していきたいという人材が不足しており、マネジメントを担うべき層には、以下のような状況が見受けられる。

・組織の進むべき方向を語っていない。

・組織として重視すべき理念や価値観について明示できていない。

・公正な組織運営や人間関係づくりの努力をしていない。

・メンバーの自尊心に対し、十分に敬意を払っていない。

・メンバーの成長や成功のために注力していない。

・メンバーのモチベーションに注視したマネジメントができていない。

・組織内コミュニケーションが自由かつ活発に行われるような場づくりをしていない。

このように、研究開発組織はリーダーシップもフォロワー（follower：追従者）によるフォロワーシップも発揮しにくい組織と考えるべきである。

（3） 3つのキャリアパスとその実現の難しさ

研究開発組織における研究人材の主なキャリアパスには、①マネジャー系、②スペシャリスト系、③事業創造リーダー系の3つがある（図表10－1参照）。

図表10－１　研究人材の３つのキャリアパス

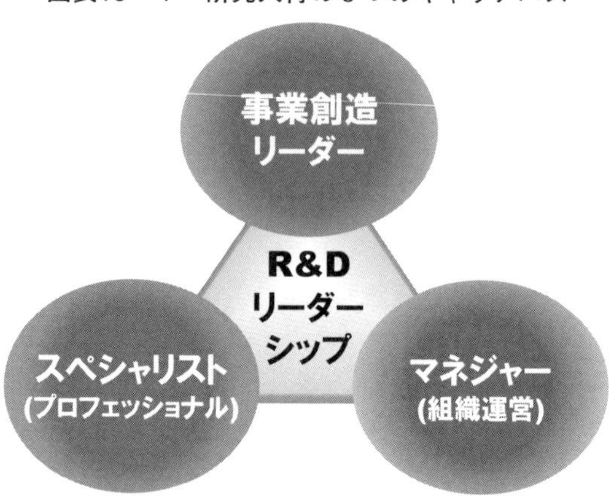

「マネジャー系」は、研究開発組織内の階層を着実に登っていくパス、「スペシャリスト系」は、専門性を追求していくパス、「事業創造リーダー系」は、プロジェクト管理能力を機軸に新製品・新事業創造の陣頭に立つ「社内起業家」となったり、「社外ベンチャー起業家」として転出していくパスである。

アステラス製薬は、創薬研究員に対し、従来型の①「管理職兼務の研究員」に加え、②特定領域で社内において不可欠な知識と経験を持つと評価された「リサーチ・プロフェッショナル」（後継者の育成や開発チームに対して助言する役割を担う）、③社内ベンチャー社長として自ら提案した事業に取り組む「プリンシパル・インベスティゲーター」といったキャリアパスを新たに構築し、運用しているようである。なお、同社①のキャリアパスは図表10－１では「マネジャー」、②は「スペシャリスト」、③は「事業創造リーダー」に該当する。

これらのうち、「事業創造リーダー」が、量（数）・質（知識や経験）とも、現在、最も不足している人材であろう。その育成については、次節以降で述べたい。「スペシャリスト」への希望者は多いが、組織として認定できる人数には限りがあり、その選定と専門性追求への組織的なバックアップが必要である。例えば、帝人では、社外科学者・研究者・大学教授とのネットワーク構築や国内外の最先端研究機関への若手研究者の派遣を積極的に行っているという。また、「マネジャー」は、組織管理能力の開発は当然であるが、「MOT（Management of Technology）」について学習し、組織の中で実践していくことが必要である。

2 研究人材マネジメント革新のポイント

前節で述べたように、研究人材マネジメントは多難の状況にある。その中で、特に優先的に取り組むべき課題として、①「R&Dリーダーシップ養成」と、②「事業創造リーダー育成」の２つがある。

（1） R&Dリーダーシップ養成

① R&Dリーダーシップとは

リーダーシップの定義には様々なものがあるが、総括すれば、「目的達成のために、組織メンバーの持てる能力と意欲を最大限に高めること」となるであろう。R&Dリーダーシップとは、この定義内の“組織”が“研究開発組織”に変わっただけである。

ただ、研究開発組織は、以下のような点で他の組織とは特性が異なる。

・専門能力の高い社員が多い。

・非定常（戦略）業務が中心である。

・固定的な組織ではなく、プロジェクト中心の組織運営になる。

・指示・命令、上意下達型の組織運営は通用しにくい 。

・自律型の組織運営（セルフマネジメント）が望ましい。

・権限委譲が進んでいる。

・モチベーションが成果・生産性を大きく左右する。

こうした研究開発組織の固有特性と前述した研究人材の特性が相まって、リーダーシップの発揮は極めて難しい。しかし、そのような中でも、リーダーシップを発揮していく能力の開発が求められている。その能力開発には、様々な方法があると思われるが、最も重要なテーマは、「ビジョンを機軸としたフォロワーとの相互信頼づくりと組織変革」であると考える。

② ビジョンを機軸としたフォロワーとの相互信頼づくり

研究開発組織の中でリーダーシップを発揮していく際の機軸は、「ビジョン」である。フォロワーとのビジョンの共有・共感・共鳴は、リーダーシップ発揮の極めて強力な武器となる。ただ、ビジョンに求心力・実現性がなかったり、リーダーの実行力や資質に問題があったりする状況では、リーダーシップは発揮できない。求心力のあるビジョンと図表10－2に示したような資質を持つリーダーが揃ってはじめて、ビジョンを機軸としたリーダーシップが可能となる。

ただ、現実には、7つのR&Dリーダーシップの構成要素のすべてが満点

図表10－2　R&Dリーダーシップの構成要素

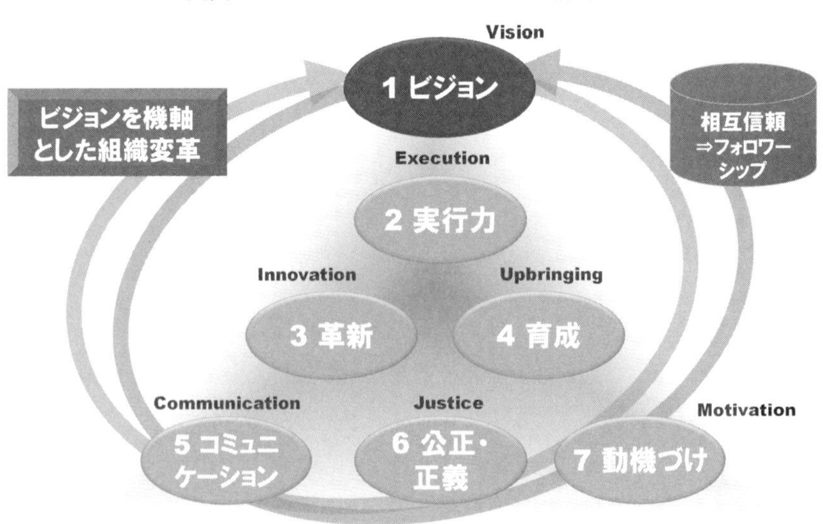

に近い人はいない。そのため、R&Dリーダー（候補含む）が以下のような項目について自己診断をして、問題点や課題に気づき、自己革新を進めていく場づくり（研修等）が必要である。

1-1　メンバーにチームの進むべき方向を指し示している
1-2　メンバー各々に期待するものを明確にしている
1-3　組織の使命や環境変化を踏まえた適正な目標を設定している
2-1　緊急課題だけでなく、真に重要な課題に取り組んでいる
2-2　責任感を持ち、逆境にあっても最後まで粘り強くやり抜いている
2-3　有言実行を心がけ、率先垂範している
3-1　未来志向の挑戦的な行動をしている
3-2　メンバーの革新的アイデアを積極的に取り入れている
3-3　挑戦的な行動を成功させるため、現状の組織等を変革している
4-1　部下の意向や将来のキャリアパスを配慮した育成計画を立てている
4-2　メンバーが現実的で価値のある目標を設定する手助けをしている
4-3　メンバーが成功を経験できるように、必要なタイミングで資源面や精神的な支援をしている
5-1　首尾一貫した敬意のこもった態度でメンバーと接している
5-2　メンバーと成功を分かち合うように心がけている
5-3　必要に応じ、メンバーに対して厳しく注意・助言をしている
6-1　メンバーの経験や思い、意欲の状態を理解している
6-2　率先してメンバーとの自由なコミュニケーションを促進している
6-3　部門間コミュニケーションを積極的にしている
7-1　メンバーの思いや期待を踏まえた業務遂行ができるよう心がけている
7-2　メンバーのミスを容認し、経験を通じて学ぶチャンスを与えている
7-3　メンバーの価値観と人間としての尊厳に敬意を払い、その気持ちを行動で表している

③　ビジョンを機軸とした組織変革

問題のない組織は存在しない。他方で、リーダーシップについての完成した理論体系は存在せず、組織変革の実践を通じた学習により体得することが最善の方法である。その意味で、リーダーがリーダーシップを発揮して組織変革に取り組んでいくことは、組織・リーダー双方にとって有意義なことである。

研究開発組織の変革のポイントは、第2章で詳述した「生産性」と「活力」の両面から組織を見つめ、変革課題を設定し、解決していくことにある。

（2）　事業創造リーダー育成

①　事業創造リーダーの不足

企業の成長戦略の重心が、既存事業の拡大から新規事業創造にシフトし、研究開発組織の最大の使命が、魅力的な新製品・新事業の創造となっている現在、その使命を果たすべき「事業創造リーダー」の存在が、極めて重要になってきている。しかし、研究者・技術者の大半は、技術革新への興味や関心は強いものの、自ら新規事業創造に積極的に挑戦していこうという意識を持ち合わせている人は少数である。

事業創造リーダー不足の背景には、日本の教育制度や日本人の気質を含めた極めて根深い問題があると思われる。しかし、この不足状態を放置しておくことはできない。外部招聘という方法もあろうが、地道にOJT（On the Job Training）や社外留学・外部研修・セミナー受講等のOff-JTを続けて育成していくことが重要である。

事業創造リーダーとしての育成対象は、次代の研究開発マネジメントを担う30歳代の中堅層が望ましい。20歳代は研究者・技術者としての専門能力を磨くことに精力を注ぐべき世代であり、40歳代半ば以降では遅すぎる。同対象者には、新規事業創造がこれからの研究開発の最大の使命であり、本人に事業創造リーダーとして大きく期待していることを説明し、共感・共鳴してもらうことが必須である。

② 事業創造リーダー育成のポイント
——イノベーションとマーケティング

ドラッカー（Peter F. Drucker）の「企業の基本機能は、イノベーションとマーケティングの２つしかない。それ以外は、コストである」という言葉は有名である。ドラッカーは、さらに、労働集約的な産業構造が産業革命を経て有形資本集約型になり、21世紀には知識（無形）資本集約型に変遷していく中で、企業におけるイノベーションとマーケティングによる新たな顧客の創造が重要になると説いている。

事業創造リーダーには、まさにこのイノベーションとマーケティングに関する知識・知見と実行力が求められる。この２つの要素をはじめとする能力開発を、OJT と Off-JT の両面から組織的に支援していくことが必要である。

3 事業創造リーダーの具体的育成方法

（1） 事業創造リーダー育成のコンセプト

① 事業創造リーダー像

事業創造リーダーとは、イノベーションとマーケティングの知識・知見を持ち、新規事業の創造や革新的な技術開発を主導していく意志と能力を持つ人材である。ただ、現実は、企業内の研究者・技術者の大半は大学院卒であり、スペシャリスト（専門家）志向がかなり強い。その一方で、企業家・起業家（アントレプレナー：entrepreneur ）志向は弱い。つまり、「先端・先進分野で独創的な研究をしたい」と思っている人材がほとんどで、自ら新たな事業を創造していく意志と能力（知識・経験）を持つ人材は、極めて少ない状況にある。

スペシャリスト志向、独創的研究への強い思いがあることは、決して悪いことではない。それなくしては、魅力的な新規事業や革新的技術の創造は困難となる。しかし、その傾向が過度に強くなってしまうと、事業化のスピードは減速し、成功確率も落ちてしまう。あるエレクトロニクスメーカーは、将来、管理職として育てたい人材を、研究所に入って約10年後に研究所の戦略スタッフに異動させて、研究所全体を担当・経験させる試みを始めている。さらに、企業内のコーポレートスタッフや事業部門と共創・協働する機会を設けて視野を広げるとともに、戦略的思考能力や組織的課題解決能力を高める努力をしている。このように、事業創造リーダーは組織として意図的に育成していく必要がある。

② イノベーションとマーケティングの同時追求

現在の日本企業に求められるのは、製品やサービスの改善・改良やコストダウンといった“HOW”の追求より、魅力的な新製品や新サービスを創造する“WHAT”の追求と実現であるといわれる。今、求められるのは、プロセスイノベーション（Process Innovation）ではなく、プロダクトイノベーション（Product Innovation）であるとの主張もある。

こういった主張も含め、日本企業に求められるイノベーションの変化を、図表10－3にキーワードでまとめた。第1に、先行指標や先行企業が不明確な「見えない世界」でのイノベーションが求められている。第2に、改善・改良といった漸進的なものから、急進的・抜本的なイノベーションへと期待水準が高まっている。第3に、個別の製品やサービスの性能・機能面での顧客要求の充足だけでなく、顧客の課題解決という価値の提供が期待されている。そして、最後（第4）に、製品やサービスの売り切りで終わってしまう「点」のビジネスだけではなく、顧客との永続的な関係づくりを目指したビジネスモデルの構築が求められている。

事業創造リーダーは、以上の4つのイノベーション変化を踏まえつつ、第6章で述べた「R&Dマーケティング」の思考と実行力を磨くことが求められている。

図表10－3　イノベーション・キーワード

(2)　事業創造リーダー育成プログラムの概要

事業創造リーダーを育成する方法は、OJTとOff-JTのいずれかしかない。ただ、OJTだけで同リーダーに必要な能力を体系的に習得することは難しい。そのため、実際にはOff-JT、中でも育成の場と期間を決めた集中的な研修プログラムを活用することが有効である。図表10－4は、計10のステップからなるプログラムの例である。

【Step1】リーダーシップ基礎

事業創造リーダーに求められる心構え、基本的な思考方法と行動様式について、理論と演習を通じて体得していく。このStepを最初に展開することで、この後のグループでの演習・実習において、検討・考察のスピードや深さを高めることができる。

理論面では、リーダーシップの歴史的変遷と、今、求められるリーダーシップ、さらに、知識創造型組織の代表である研究開発組織におけるR&Dリーダーシップの考え方を理解する。その後、積極的傾聴やコーチングの要

図表10－4　事業創造リーダー育成プログラム《10ステップ》

Step 1	リーダーシップ基礎
Step 2	経営戦略論と将来事業ビジョン構想
Step 3	財務基礎と現状分析
Step 4	技術戦略論と技術分析
Step 5	新規事業戦略論と新製品・新事業アイデア抽出
Step 6	マーケティング論と新製品・新事業テーマ企画
Step 7	事業化計画書の作成
Step 8	研究開発マネジメント論と組織診断
Step 9	研究開発組織のビジョン構想と革新課題研究
Step10	成果発表会に向けた発表ストーリーと準備計画

素を取り入れたコミュニケーション、会議等におけるファシリテーションの基本的な考え方や進め方について学ぶ。

実践面では、リーダーシップ自己診断結果を活用して、自らのリーダーシップの特性と強み・弱みを踏まえた問題点や課題を抽出し、革新活動計画を作成する。コミュニケーションについてはメンバー同士の積極的傾聴の演習、ファシリテーションについては編成グループごとに共通テーマに関する共創・協働作業を行って、現実の場でリーダーシップを発揮してテーマ解決活動を主導していく体験をする。

【Step2】経営戦略論と将来事業ビジョン構想

経営戦略論の基礎を学び、自社の当該事業を対象とした実習を通じて、将来事業ビジョン構想を進め、「事業の未来を描く」能力を高める。

経営戦略論では、同理論の歴史的変遷と、現在、有力とされる経営戦略論

（市場ポジショニング重視／能力・資源重視／創造性重視等）の概要を学ぶ。さらに、それらの理論を踏まえた基本的な経営戦略策定プロセスについて学ぶ。

実習面では、まず、意志や思いをベースに将来事業ビジョンを構想する。この段階では、詳細な各種経営分析による実現可能性の検証はせずに、「ありたい姿」について、長期視点に立ってグループメンバー間で徹底的に議論することに力点を置く。

【Step3】財務基礎と現状分析

将来事業ビジョン構想は、その実現可能性がなければ、「絵に描いた餅」になってしまう。そうならないためには、的確な現状分析が必要となる。その意味で、財務に関する基礎的な理論と、財務を含めた総合的な現状分析の考え方及び具体的手法を習得することが必要となる。

財務に関する基礎知識は、研究者・技術者が事業創造リーダーとなるための必須要素となる。貸借対照表（B／S）、損益計算書（P／L）、キャッシュフロー（C／F）計算書等の財務諸表の理解に加えて、主要な経営指標分析の考え方や進め方のポイントについても学ぶ必要がある。

具体的には、財務分析を含めた「3 C（Customer／Competitor／Company：顧客／競合／自社）」の観点、あるいは「3P（Position ／ Performance／Potential：ポジション／経営成果／競争力）」の観点からの、内外の事業環境分析に関する理論と実践手法を学ぶ。これらの分析結果をもとに、自社（事業）にとっての機会や脅威、強みや弱みを抽出・設定していく。その後、Step2で作成した「ありたい姿」をベースとした将来事業ビジョンを実現可能性の観点から検証して、「あるべき姿」へと進化させる。

【Step4】技術戦略論と技術分析

技術経営とは、技術を核として企業価値を高めていく経営である。それを実践するために、技術を単なる成長戦略の達成手段として受動的にとらえるのではなく、成長戦略の創造に能動的に活用していくための一連の技術戦略の策定プロセスを学ぶ。

技術革新の軸と事業革新の軸が融合・連動するような構図の中で、それぞれの技術ビジョン、主要な技術開発目標、重点技術領域、具体的施策等を実際に策定する。技術分析については、技術の棚卸しと評価の考え方・進め方を理論的に学んで実践し、4つの戦略技術（未来コア技術、重点基盤強化技術、差別化技術及び有望新技術）を抽出して、その具体的な強化策を策定する。

【Step5】新規事業戦略論と新製品・新事業アイデア抽出

世界的企業の過去の新規事業展開の成功・失敗事例を踏まえ、技術を核とした新規事業戦略の考え方と具体的アプローチを理解する。具体的には、既存事業とのシナジー（相乗効果）発揮を念頭に置いた新規事業戦略マップや事業展開シナリオと技術開発計画を融合させた戦略的な技術ロードマップに関する理論と実践手法を習得する。

さらに、新製品・新事業アイデア抽出については、

①シーズオリエンテッドな「用途開発」的アプローチ

②ソーシャル（社会）ニーズを起点としたアプローチ

③市場ニーズの変化に着目したアプローチ

④重点顧客の研究（Customer Focus）を通じた潜在ニーズや期待価値の発掘をベースとしたアプローチ

といった多様なアプローチから、アイデアの量と質をともに高めるための実践的手法を習得する。

【Step6】マーケティング論と新製品・新事業テーマ企画

研究者・技術者がマーケティングの理論や実務を学ぶ機会は現実的には少ないが、それらは事業創造リーダーにとって不可欠な要素である。マーケティングの基礎理論である「STP（Segmentation／Targeting／Position）」や「4P（製品／価格／流通／販売促進）」を学ぶとともに、先行／競合製品・サービスとの差別性やそれを超越した独創性を生み出すための新規事業企画

の実習を行う。なお、同企画の際には、以下の4視点を重視し、その内容を深化させていく。

①イノベーション

・従来の延長線上にない「オンリーワン」の発想があるか

・社内のみならず、業界にインパクトを与える技術革新の視点があるか

②ソリューション

・プロダクトアウト志向ではなく、顧客の課題解決（ソリューション）につながる提案内容になっているか

・その課題解決の価値に対し、顧客は適正な対価を払ってくれるか

③ビジネスモデル

・単発の製品やサービスの提供に終始せず、顧客接点の複数化・広域化・永続化という新たなビジネスモデル構築の仕掛けが考慮されているか

④グローバル

・最初からグローバル市場を対象とした企画内容となっているか

・グローバル市場で適正な価格・付加価値を獲得できる企画内容となっているか

新規事業企画の仮説ができたら、全体の整合性、ストーリー性、特長出し等、内容の完成度を高めていく。その過程で、適宜、研修受講メンバーに対して企画内容を相互にプレゼンテーションし、アドバイスを得る。

【Step7】事業化計画書の作成

新規事業企画書をもう一段、深化・進化させたものが、事業化計画書である。その具体的構成は、以下の通りである。

①新規事業の概要（製品・サービスの内容等）

②事業コンセプト

③事業化の背景

④事業環境認識（市場の魅力、競争力、技術動向）

⑤参入の基本戦略（事業成功の鍵、ターゲット・セグメンテーション、競争優位確立、収益源泉等）

⑥狙いの顧客に対する攻め方（ターゲット・プロファイル、重視する価値、ニーズ・ウォンツ、ソリューション構想、差異化ポイント等）

⑦事業目標

1）収益目標（売上高、利益、NPV、キャッシュフロー等）

2）革新目標（世界No.1／世界初／業界No.1等）

⑧市場戦略（販売国、発売時期、発売時数量、メインチャネル、販促戦略、販促コンセプト、販売時キャンペーン等）

⑨ビジネスモデル構築戦略（フック要素、ロック要素、チャージ要素からなるプロフィット・デザイン）

⑩技術・知財戦略（技術ブランディング、知財獲得・防衛等の戦略）

⑪収益計画（単価、数量、売上金額、金額シェア、要員計画、原価率、開発費、利益額、キャッシュフロー等）

⑫事業化ロードマップ（顧客・市場創造、新製品・新サービス展開、技術開発、アライアンス・M&A等）

⑬リスクマネジメント（想定されるリスクと回避策）

⑭事業化の推進体制

⑮事業化に向けた重点課題と解決方向

⑯短期のアクションスケジュール

事業化計画書は、行動計画であると同時に、経営者の意思決定を仰ぐための提案書・申請書という側面もある。その意味で、経営者が事業化の可否判断をより的確に行うために、最後に以下の点について簡潔にまとめることが重要である。

①戦略的価値（戦略適合性、市場価値、技術的価値）

②期待される経済価値（売上高、利益、ロイヤリティー収入等）

③実現可能性（技術優位性、事業化リスク等）

【Step8】研究開発マネジメント論と組織診断

研究開発マネジメントの歴史的変遷の中で、現在、求められている研究開発マネジメント（"Dynamic R&D"）のコンセプトと理論体系を学ぶ。その後、事業創造リーダー育成プログラムの対象者には、30歳代半ばから40歳前後のチームリーダークラスが多いことから、チームレベルでの組織診断を行う。

同診断の1つ目の内容は、チームの研究開発生産性の診断である。過去のチームの新製品・新事業の創出額やロイヤリティー収入等の直接成果と、特許出願件数や新技術開発数等の間接成果の推移を分析する。ただ、その際、過度に自信を持ったり、悲嘆に暮れたりすることなく、結果を冷静に受け止めることが重要である。過去は変えることができないので、未来志向での課題発掘につなげていくスタンスが重要である。2つ目は、チームのR&D活力診断である。リーダー自身の内省やチームメンバーとの議論を通じて、7つの視点からチームとしての問題点や課題を抽出していく

【Step9】研究開発組織のビジョン構想と革新課題研究

チームレベルの組織診断結果を踏まえ、当該組織のビジョン構想を行う。同構想のハイライトは、組織の直接成果と間接成果についての中長期的な目標設定である。その際は、組織の使命（Mission）や挑戦性、実現可能性等を含めた総合的判断が必要である。その後、当該組織の強みの再強化、弱みの克服、組織の生産性向上及び活力革新のための中長期視点での革新課題の設定と、解決計画の立案を行う。

【Step10】成果発表会に向けた発表ストーリーと準備計画

ここまで検討してきた内容を総合化し、経営幹部が参加する成果発表会に向けた準備をする。プレゼンテーション内容の完成度向上とともに、ストーリー性と主張点の明確化を行う。具体的には、講義を通じて、論理性やストーリー性を重視した資料構成のポイントや効果的なプレゼンテーションの進め方について学ぶ。その後、講義内容を踏まえて、実際のプレゼンテーション資料を作成する。全体のストーリーは、背景、目的·狙い、目標仮説、

実績・成果、結論・考察について、「起・承・転・結」の流れにまとめ、簡潔で明快に表現する。

さらに、全体を通して、1つのメイン主張とそれを支える必然性・有効性・実現可能性という3つのサブ主張、また、それらの背景・根拠となる事実・考察が、論理的かつ鮮明に表現されているか検証を加える。そして、最後に、個々のスライドの鮮明性・的確性・ビジュアル性を高めていく。

4 研究人材全体の体系的なR&Dマネジメント能力強化

これまで、「R&Dリーダーシップ養成」と「事業創造リーダー育成」について述べてきた。これらは、研究人材マネジメントの重要課題であるが、全体の一部にすぎない。つまり、研究開発組織の人材全体を対象としたR&Dマネジメント能力の強化も必要である。それを、概ねクラスごとにまとめたものが、図表10－5である。

図表10－5　クラスごとの使命とマネジメント能力開発の重点（例）

クラス	使命（Mission）	能力開発の重点
経営層	●技術経営の主導 ●長期視点でのR&D生産性の飛躍的拡大	●全社戦略プロジェクトの主導・協働力 ●戦略プロジェクト主宰力
チームリーダー	●チームのR&D成果の最大化 ●チームR&D活力向上	●チームマネジメント力 ●戦略プロジェクトの実質的リーディング力
テーマリーダー	●価値あるテーマ創出 ●テーマ・プロジェクト価値の最大化	●組織的なR&Dテーマ創造力 ●テーママネジメント力
第一線	●独創的なテーマ創出 ●担当テーマの確実な推進・スピードアップ	●テーマ発想力 ●課題解決力 ●目標実現化力

第11章
革新的組織風土づくり

1 イノベーションには革新的組織風土が不可欠

(1) 革新的組織風土とは

「風土」とは、その土地の「気候等の状況」という意味に加えて、人間の文化形成等に影響を与える「精神的な環境」という意味もあるようだ。つまり、組織風土とは、「組織文化に影響を与える精神的な環境」といえる。そして、その精神的環境がイノベーションを誘発・促進する状態であれば、「革新的組織風土」といえよう。

(2) 革新的組織風土の重要性

革新的組織風土には、イノベーションを誘発・促進させる効果があり、イノベーションが本業である研究開発にとって必須の条件といえる。革新的組織風土であれば、リスクは高くとも成功時の期待価値が大きいテーマへの挑戦頻度が高まる。逆に、そうでなければ、失敗する確率の低い短期的テーマに重心が移ってしまうだろう。

(3) 革新的組織風土の醸成・維持の難しさ

革新的組織風土が重要である一方、その醸成・維持は難しい。新しいことへの挑戦には精神的な苦痛やリスクが伴うため、人やその集合体である組織は、放っておくと保守的な方向に向かってしまう。こうして、気づかないうちに内部志向や慣例主義が蔓延してしまう。オムロン創業者の立石一真は、そういった組織風土の状態を、「大企業病」と命名したとされる。

この大企業病に代表される保守的な組織風土から革新的組織風土へ変革することは、企業規模の大小にかかわらず、研究開発組織が取り組むべき大きな課題である。

（4） 組織風土の「見える化」が変革の第一歩

組織風土は、人々の意識や行動に影響を与える精神的環境である。それは、誰の目にも見えないが、人はそれを感じ、モチベーションに大きな影響を受ける。

他方、前述したドラッカー（Peter F. Drucker）の「測れないものは変えられない」という指摘も重要である。組織変革を真剣に進めるのであれば、組織風土の状態を測定し、「見える化」することが成功の必要条件となる。

米ヘルスケア企業のJohnson & Johnsonは、長期にわたって増収増益を続ける世界的優良企業であるが、その組織運営上の精神的支柱となっているのが、「Our Credo（我が信条）」である。社員が果たすべき責任について、顧客、従業員、地域社会、株主という4つ（優先順）の対象に分け、具体的に明確化している。さらに、毎年、「クレドー・サーベイ（Credo Survey）」を行い、Credoに沿った事業運営がなされているか調査・分析し、対策を立てて実施している。Credoを浸透・定着させる努力を、粘り強く継続しているのである。

研究開発組織においても、同社のように組織風土の状態を「見える化」し、問題点を抽出して、スピーディーに対策を実施していくことが重要である。この「見える化」の有効な手段として、第2章で「R&D活力診断」を紹介したが、その他の組織風土診断や従業員満足度調査等を活用してもよい。診断は、定期的（可能ならば毎年）に実施してモニタリングし、新たな課題発掘と対策立案、既に実施した対策の効果推定を行う必要がある。

2 革新的な組織風土づくりの阻害要因

（1） 過去の成功体験の呪縛

クリステンセン（Clayton M. Christensen）の名著『イノベーションのジレンマ（“The Innovator's Dilemma”）』では、真摯な顧客研究や積極的な新技術投資によって高品質の製品・サービスを提供し、高収益を実現している企業が、圧倒的コスト優位にある企業の「破壊的イノベーション」によって壊滅的被害を受けるという事象が、様々な業界で起きていることを指摘している。そして、その背景には、成功している事業を担う組織の内部には、現在の収益構造や成功体験の否定につながりかねない革新的アイデアの実践が敬遠されてしまう「成功の復讐」があると述べている。

米Motorolaのアナログ携帯電話、米Kodakの銀塩写真分野での大成功が、両社のデジタル化の取り組みの遅れにつながったとの見方がある。同様に、ソニーにおいて、トリニトロン方式のブラウン管技術での成功が、液晶テレビ開発の遅れにつながったとの指摘もある。また、ウォークマンの成功が、携帯音楽プレーヤ分野における米AppleのiPodの独走を許してしまったとの評価もある。

現在の企業における研究開発組織の最大の使命は、市場創造型の魅力ある新製品・新事業を継続的に創出することである。つまり、絶え間ないイノベーションを起こす組織でなければならない。過去の成功に安住し、改善・改良の域にとどまってしまうことなく、時として創造的破壊を伴うイノベーションの実現を目指す研究開発組織づくりが求められている。

（2） 日本人の保守・中庸志向

スイスのビジネススクールである国際経営開発研究所（IMD）の「国際競争力ランキング」において、日本の地位は1990年前後の世界首位の座をピークに、長らく低迷状態が続いている。その中でも、特に「アントレプレナーシップ（entrepreneurship：起業家精神）」は、調査対象国の中で極めて低い評価となっている。

この結果は、日本人特有の「寄らば大樹の陰」といった安全・安定第一主義や中流・中庸を志向する気質などが長らく続いてきたためと思われる。農耕型文化が根強く残っていることもその背景にあろう。こういった日本人特有の保守的な価値観や思考・行動様式が革新的な組織風土づくりにマイナスに働いてしまうことは、前提・制約条件として受け入れざるをえない。

（3） 内部志向による大企業病の蔓延

人は誰しも、日々、安全・安心に過ごしたいと願っている。そのため、いったん組織の中に身を置くと、その閉ざされた空間の中で自己の最適化を図ろうとする。組織の中でのポジションや貢献、上司や仲間からの評価を高めることに注力し過ぎてしまう。所属している組織が市場志向でオープン、活気に溢れていることは稀であり、特に大企業では、組織が重層化・複雑化し、「閉じた世界」となっている。直接の顧客は社内の他部門であるケースが多く、市場や社外顧客から離れた組織では、さらにその傾向が強い。

ただ、大企業病は、企業規模にかかわらず蔓延してしまう危険性がある。その最大の特徴は、従業員が顧客・市場に対し鈍感になり、内部志向に陥ってしまうところにある。

（4） 組織の硬直化

研究開発組織は、知識創造型組織の代表である。そのため、研究者・技術者が、自由な環境の下、未来志向で知識やアイデアを融合させ、新たな知を創造していく組織づくりを行う必要がある。しかしながら、現実は、マネジャーが長期固定化している、プロジェクト・テーマリーダーが年功主義で選出されているなど、硬直化した組織運営となっていることが多い。テーマと組織の関係においては、取り組むべきテーマが先にあって、その後に組織編成を考えるのが本来の姿であるが、硬直化した研究開発組織では、組織が先でテーマが後の展開となってしまっている。

製造現場や第一線の販売部門、本社の管理部門等では、上意下達・指揮命令という縦方向の情報の流れや意思疎通が中心であるが、研究開発組織では、研究者・技術者同士の横方向の知識やアイデアの異質融合の方がはるかに重要である。その意味で、組織の硬直化はより大きな問題となる。さらに、組織硬直化は年功主義や内部志向を助長し、市場志向で世界と戦っている優秀な研究者や技術者のモチベーションを減退させてしまう。

（5） 偏向の成果主義

成果主義は、年功主義、能力主義を経て、現在の日本企業の人事評価システムの主流の考え方となっている。年功主義は日本経済の高度成長期の終焉、能力主義はバブル経済の崩壊が契機となり、そのコストを維持できなくなったことが見直しの大きな要因となった。一方で、成果主義は、限られた人件費枠をゼロサム的に配分していくことが比較的可能であることから、バブル経済崩壊以降、企業収益が長期にわたって伸び悩んでいた日本企業において、能力主義に代わって急速に普及していった。

成果主義は、個々の従業員が限られた期間（通常、1年）の中で生み出した成果を基準に人事評価を行い、処遇につなげていくという合理的な考え方ではある。期初に上司と部下との間で定量的な年度の成果目標を検討・設定し、期末にその目標の達成度によって評価を行うやり方が一般的である。しかしながら、期初に、誰の目から見ても公平・公正な成果目標の水準を設定することは難しい。特に、多種多様なテーマに取り組んでいる研究者・技術者の目標水準設定は難しい。加えて、中長期の研究開発テーマの1年後の成果目標水準を正確に予測することは不可能に近い。

このような状況の中、成果が確実で目標達成が容易な短期テーマが偏重されてしまう危険性は高い。未来志向の大きな成果が期待できるテーマへの挑戦意欲を喚起・維持・向上していく「真の成果主義」を実現させなければ、内部志向に陥り、研究開発組織の生産性や活力の向上は難しくなる。

（6） 志の低迷

研究者・技術者なら、誰しも、価値ある研究や開発を行い、世の中にインパクトのある成果を生み出したいと思っている。しかしながら、前述したような阻害要因によって停滞した組織風土の中でその意志は次第に減退していき、「この程度でいいじゃないか」といった意識が組織全体に蔓延し、負のスパイラルに陥ってしまう。世界初の新技術や新製品の創出、世界最高水準の技術開発といった高い目標に積極果敢に挑戦していく、研究者・技術者が元来持つ「志」を呼び覚ます組織風土改革が求められている。

3 革新的組織風土づくりの７つの成功要因

（1） 創造性重視の理念／価値観の浸透

研究者・技術者に最も求められるのが、創造性である。創造性とは、「今までにない新しいものを初めて創り出せる性質や能力」である。創造性が高まれば、独創的な新製品や新サービス、革新的な新技術を生み出せる可能性が高まる。ただ、創造性は、個々の研究者・技術者の頭の働き方に左右され、個々人の未来志向やモチベーションが低迷してしまえば、創造性発揮は難しくなる。その意味で、個々人が創造性をいかんなく発揮できる精神的環境づくりが重要となる。

旭化成グループは、「昨日まで世界になかったものを」というスローガンを企業情報発信の際に掲示し、創造性を重視する企業姿勢を内外にアピールすることで、自社に対し、内部志向を排除し市場志向を奨励する責任を課している。東レも、長期にわたって時流に迎合しない基礎研究重視の風土を醸成し、維持していると考える。炭素繊維事業を、収益面で長らく苦境にあった中でも中断せず、中核事業へと育成していった軌跡を見れば、それが推察できる。同社では、現在でも、社会的・経済的な多くの課題に対して真のソリューションを提供できるのは技術革新であり、材料の革新なくして魅力的な最終製品は生まれないとの基本認識で研究開発を進めている。

内部志向や組織の硬直化、志の低迷といった組織風土の悪化リスクを払拭し、絶え間ないイノベーションを起こす組織を構築し維持していくためには、研究者・技術者の創造性を重視する企業姿勢を内外に宣言し、不況期にあってもその姿勢を貫き、理念／価値観として浸透・定着させていく経営者の粘り強い努力が必要である。これが、前述した２社からの教訓である。

（2） 自由と規律のマネジメント

① 自由度の必要性

研究者・技術者が創造性を発揮するためには、一定レベルの自由度が必要である。アイデア発想やテーマ設定、研究計画の立案や日々の時間配分に、自由裁量の余地が必要である。上意下達・指揮命令一辺倒では、研究者・技術者の創意工夫が期待できなくなる。

特に、探索研究・基礎研究といったアーリーステージでは、より大きな自由度が必要となる。同ステージでは、精緻な計画作成は難しく、それを強要してしまうと、担当者のモチベーションを損なう危険性もある。研究者・技術者の探究心や想像力、セレンディピティを信頼し、大きめの自由度を与えて、個々人の能力をフルに発揮してもらう環境をつくるべきである。

キヤノンには、「自発」（何事にも自ら進んで積極的に行動する）、「自治」（自分自身を管理しながら積極的に仕事に取り組む）、「自覚」（自分が置かれている職責や役割を認識して行動する）、という「三自の精神」なる行動指針があるようだ。また、3M には、「汝、アイデアを殺すなかれ」という戒律があり、管理職は、確固たる反証材料がない限り、部下のアイデアを否定できないという。両社では、研究者・技術者の自由、自立的な行動による創造性の発揮を重視する組織風土が醸成されているものと考えられる。

創造性を期待するのであれば、性悪説ではなく、性善説に立って、研究者・技術者の意志を尊重し、能力を信じて、自由な発想と行動を奨励していくことが重要である。

② 規律の必要性

自由の一方で、研究開発には規律も必要である。規律の欠けた個人や組織では、自己満足のレベルにとどまってしまい、新たな市場創造につながる大きなイノベーションを起こすことは難しい。ただ、規律といっても、個々人の発想や思考の自由度を過度に制限するものであってはならず、テーマやプロジェクトの目指すべきゴールや方向性を明確にし、研究者・技術者間の知の融合と創造を組織的に誘発・促進させるためのものでなければならない。

定常的なテーマの進捗報告、ステージ移行時のステージゲート法を活用した組織的レビュー、研究所における年度末の成果発表会などが規律を重視した組織的活動に該当するが、管理は必要最低限とし、研究者・技術者の自由な活動を促進すべきである。

③ 自由と規律の同時追求

3Mは、研究者の自由な発想や自主性を重視する企業として知られており、研究者が自らの勤務時間の15%程度を自由な研究に使える「15%ルール」は有名である。ただ、その一方で、研究者には新規事業を生み出し、事業創造リーダーになっていくことが求められている。

自由と規律を、二律背反と考えてしまうのは間違いである。成果目標意識が希薄で規律のない活動は同好会的になってしまい、組織の英知を結集し、大きな成果を生み出すことは難しい。逆に、目標管理や進捗管理による過剰な規律の追求は、個々の研究者・技術者の創造性や挑戦意識を減退させる危険性がある。自由と規律のバランスを考えつつ、両方を同時追求していく研究開発マネジメントが求められている。

（3） ダイバーシティ・マネジメント

① ダイバーシティ・マネジメントとは

近年、経営の世界で、「ダイバーシティ・マネジメント」というコンセプトが重要視されるようになっている。「ダイバーシティ（diversity）」は、日本語で多様性や相違（点）を意味することから、ダイバーシティ・マネジメントとは、「多種・多様・異質な人材を活かす経営」と解釈できる。

かつて、日本企業は、日本人を中心とした民族・言語・価値観等の同質性を基盤とした組織結束力を強みの１つとして、高い国際競争力を築き上げた。特に、欧米企業に対しては、高品質・適正価格というコストパフォーマンスの高さによって、一時期は圧倒的な競争優位を確立した。

しかし、この戦略は、新興国企業の技術水準の向上等によって、次第に通用しなくなってきている。今の日本企業に求められているのは、世の中にない魅力的な新製品や新サービスを持続的に創出し、新たな市場を創造していくことである。

このような経営環境下では、組織メンバーを構成する際、同質性よりもダイバーシティの方が重要となる。企業内の研究者・技術者の多くは、同様の採用基準で入社し、同じ企業・組織風土、類似の職場環境の中で働き続けていくうち、徐々に同質化していく。それは、チームワークという観点ではプラスの影響を与えるが、新たな価値の創造にはマイナスに働くこともある。特に、独創的な新技術・新製品・新サービスを発想するためには、研究者・技術者一人ひとりの創造性に加えて、多様な発想や思考方法、才能の融合・新結合を目指すダイバーシティ・マネジメントが重要となる。

「三人寄れば文殊の知恵」という言葉がある。その３人が、異質の才能や思考方法、アイデアを持っていれば、より大きな価値を生み出すことが可能となる。

②　ダイバーシティ・マネジメントへの具体的アプローチ

ダイバーシティ・マネジメントの実践方向を、以下に提案したい。第１は、研究開発活動のグローバル化である。海外研究所の新設や外国人の積極採用・登用等によって、異なる価値観や思考様式、才能を持つ人材による異質融合の機会や範囲を拡大することが可能となる。第２は、女性研究者・技術者の積極活用である。文部科学省「令和元年版科学技術白書」によれば、

2018年時点における日本の女性研究者比率は16.2％と増加基調にあるものの、英国や米国と比較すると半分以下の水準であり、大きな開きがある。女性の感性や思考様式を、もっと研究開発活動に活かしていくことも重要な施策であろう。

第3は、異なる研究分野の組織的な融合である。2003年に設立された東レの先端融合研究所では、バイオテクノロジーとナノテクノロジーの融合領域の研究を進めている。2006年に開所された富士フイルム先進研究所も、幅広い分野の技術融合を大きな目的としている。その他にも、異なる研究分野の融合を促進させるために、研究室や実験室の壁をなくして、異分野の研究者・技術者のオープンな議論を誘発し、実験機器の共同利用を通じた交流の促進を進める企業が増えてきている。

第4は、企業内の組織の壁を越えた共創・協働である。独BMWは、近年、マーケティング担当者、技術者、デザイナーなど、様々な専門家で構成される開発チームを積極的に活用しているという。伝統的な組織の階層性を取り除き、マネジャーと第一線の従業員との壁を低くして、意図的にダイバーシティ状態を創り出している。第5は、第7章で述べたオープンイノベーションである。産学連携、他社との技術提携、技術M&A等、企業内での閉じた研究開発活動をオープン化することは、ダイバーシティの向上にもつながる。

③ ダイバーシティ・マネジメントの実践に向けた課題

研究開発におけるダイバーシティ・マネジメントは、特にテーマ創造の場面において重要となる。ただ、それは、テーマ解決（事業化）の場面と比べ、運用が難しい。テーマ解決の場面であれば、目的や狙い、成果目標が明確であるため、その達成のための実現手段（“HOW”）に焦点を当てた連携活動を進めることができる。

しかし、テーマ創造の場面では、“WHAT”そのものをゼロから創り上げることが求められるため、異質メンバー間の意思や思考を集約することがより重要となる。リーダーがテーマ創造の背景や目的・狙い等をメンバーに丁寧に説明し、メンバー間で共有・共感・共鳴状態を創り上げるところからスタートしなければならない。その後、リーダーがリーダーシップを発揮しながら、異質メンバーの多種・多様な才能やアイデアを発散・収束させ、テーマ創造を進めていく。

ただ、テーマ創造段階でのダイバーシティ・マネジメントは先行投資の意味合いが強く、短期的な成果を期待することが難しい。その意味で、その実践には、経営トップの強い意思と粘り強い支援が不可欠となる。

（4） 研究者・技術者の適正な評価・処遇とキャリアパス

① 納得感のある研究者・技術者の評価と処遇

金銭的報酬の多寡よりも、市場価値の高いテーマへの挑戦、成功によって社内外から得られる称賛の方を重視する研究者・技術者は少なくない。このように、短期的な評価や処遇に過度に心を奪われることなく、大義のために研究・開発業務に専念していく人材を増やすことが、経営の役割である。

しかしながら、研究者・技術者にとって理想的で納得性の高い画一的な人事評価・処遇システムは、世の中に存在しない。企業の研究者・技術者が、企業内の統一された人事制度の枠を越えることは、基本的に不可能である。AI等の専門性の高い研究者に対し、既存の人事制度の枠組みを越えた処遇をする動きや、高度プロフェッショナル制度の普及の可能性も出てきており、将来的には、研究者や技術者を対象とした理想的な人事評価システムの構築が可能となるかもしれない。ただ、それが叶わない多くの企業では、研究開発組織のマネジャーが、正義感、信念、責任感、メンバーへの敬意、そして、一定レベルの客観的事実をもとに丁寧に人事評価して、適正な処遇につなげていく以外にない。その際、以下の３点に配慮して進めるべきである。

第１に、研究成果は、評価対象期間（通常、１年）に新たに生み出された価値（技術、特許、新製品品等）の「絶対的な大きさ」によって評価すべきということである。目標管理制度を導入している企業では、期初目標に対する期末時点の達成率という「相対的な大きさ」によって成果評価を行っている。これでは、目標の達成率を過剰に意識してしまい、目標設定水準の低レベル化、研究者・技術者の創造性や挑戦性の低下につながってしまう。「減点主義」ではなく、「加点主義」の実践が必要である。

第2に、研究成果と研究能力は、ある程度峻別して評価し、処遇するということである。理論的には、研究能力と研究成果は正の相関にあると考えられるが、現実的には、そうならない場合もある。個人の能力とは無関係に、偶然、大きな発見・発明等の高い成果を生み出すことがあるし、逆に、能力が高くても、短期的には成果を出せない場合もある。そのため、限られた評価期間中の成果を偏重してしまうと、研究者・技術者のモチベーションを低下させてしまう危険性が高い。つまり、研究成果と研究能力をそれぞれ適正に評価し、能力は資格（月例給与）、成果は一時金（賞与等）に反映させるという人事評価・処遇の基本的な考え方を、研究開発分野にも適用していくべきである。

第3に、研究成果については、関係者の貢献度合いを適正に判断すべきということである。2004年の特許法改正（第35条）の前後、職務発明への対価問題が社会的にクローズアップされ、多くの日本企業が、大きな発明に対して高額な報酬を支払う制度に改めた。これによって、研究者・技術者が価値ある特許を創出した場合、高額報酬を得られる可能性が高まった。このこと自体は評価すべきだが、特許取得に関わった者の認定や各人の貢献率の設定について、問題が発生するケースが多い。そのため、その成果に対する関係者の貢献率の算定には、細心の注意を払うべきである。加えて、米製薬会社Pfizerの中央研究所のように、新薬の発明者だけに限らず、優れたチーム・プレーをしたメンバーにも「ゴールド・スター賞」を授与するなど、金銭的報酬だけでなく、経営者や同僚からの称賛によりその功績に報いていくことも重要である。

②　魅力的なキャリアパスの整備

研究者・技術者の多くは、企業に入社してスペシャリストとして働くことを期待している。IBMは、技術者の最高職位として「フェロー」を設け、3Mでは、「コーポレート・サイエンティスト」といった呼称で、世界のトップレベルにある研究者や技術者に対し、高い職位や大きな自由裁量権を与えている。

ただ、このように、スペシャリストの道を究めて市場価値の高いプロフェッショナルとして大成する人材は、極めて限定される。また、経営環境や経営方針によって、人数面での制限も出てくる。そこで、研究者・技術者に対して、スペシャリストとして全うできる道は残しつつも、それ以外の魅力的なキャリアパスを用意しておく必要がある。

その有力な道筋の１つが、研究成果を事業化し、事業として成功させていく事業創造リーダーである。起業家精神に溢れ、事業化に必要なマーケティングや財務、生産技術・製造に関する知識やノウハウを持つ人材である。3Mの研究者・技術者は、研究・開発業務に真摯に取り組みつつ、最終的に事業を成功させて「プロダクト・チャンピオン」になっていくことを重要なキャリアパスと位置づけている。スペシャリストを目指すだけではなく、事業創造リーダーになることも研究者・技術者の目指すゴールであるいう価値観の定着と、実際の道筋づくりが重要である。

２つ目は、これまで通り、研究開発組織の中でマネジメントの階層を登っていく道筋である。ただ、この道筋への志向が過度に強まることは望ましくない。それは、内部志向や大企業病が蔓延する原因にもなるためである。革新的組織風土づくりの阻害要因にもなるので、こうした状況は、極力、回避すべきである。3Mの研究開発部門には、「デュアル・ラダー（dual ladder：２本の梯子）制度」というものがある。研究専門職としての「テクニカルラダー」と、研究管理職としての「マネジメントラダー」の２つを、固定化することなく、キャリアアップ等の適切なタイミングでどちらかを自由に選択できる制度である。特に、マネジャー志向が強い企業においては、このデュアル・ラダー制度のように、スペシャリストや事業創造リーダーなどのキャリアパスを、自ら進んで選択していける環境づくりが重要となる。

（5） 市場価値志向の人材マネジメント

① 世界で戦えるプロフェッショナル人材の獲得・育成

激しいグローバル競争の中、研究者・技術者は、世界で戦える真のプロフェッショナルとなって、革新的な新技術・新製品・新事業を継続的に創出していくことが期待されている。しかし、企業内にスペシャリストは数多くいても、プロフェッショナル人材は極めて少ないのが実情である。

プロフェッショナルとスペシャリストの違いは、その市場価値にある。スペシャリストは、特定の分野について深い知識や優れた技術を持つ専門家であるが、それだけではプロフェッショナルとはいえない。プロフェッショナルには、スペシャリストとしての資質に加えて、常に市場価値を意識した行動と実績が求められる。

世界で戦えるプロフェッショナルを育成するためには、「最先端を目指す」という理念の浸透が必要である。米製薬大手Merckの研究者は、大学や研究機関と対等の立場に立つことを心がけ、一流の研究能力を持つことが求められる。同社は、研究者に対し、公式・非公式のネットワークを活用して、常に最先端の技術に触れることを支援するとともに、基礎研究によって得られた成果を、積極的に対外発信することを奨励している。社内外に開かれた研究環境を構築し、機能させることで、創造性溢れる優秀な研究者を引きつけ、市場価値の高い研究開発成果を生み出している。

② 実力主義による市場競争原理の徹底

実力主義とは、社内基準ではなく、価値ある特許の創出や権威ある学会誌・専門誌への掲載論文数、同論文の被引用件数などの社外基準によって、研究者・技術者の真の価値を評価し、処遇していく考え方である。しかし、現実には、年功主義や社内基準といった形式的な能力主義が色濃く残っている。このような内部志向で市場競争原理が働かない人材マネジメントは不公正である。

本来、テーマ・プロジェクトのリーダーには、実力主義を貫き、職位や資格、性別等に関係なく、最適な人材を充てるべきである。そうでなければ、組織のダイナミズムは失われ、特に、若く優秀な研究者・技術者のモチベーションを高めることはできない。

③ 事業創造リーダーの組織的育成

研究者・技術者がスペシャリストやプロフェッショナルを志向していくのは自然の流れであり、企業はその流れを加速する役割がある。しかし、優秀なプロフェッショナルが揃っていたとしても、事業化に向けてリーダーシップを発揮していく事業創造リーダーがいなければ、新規事業を創造し、成功させることはできない。米P&Gでは、マネジャーの昇進・昇格の審査の際、対象者の過去の新たな事業創造への挑戦的行動を積極的に評価する仕組みを運用し、事業創造を重視する組織風土づくりを意図的に行っている。

事業創造リーダーの育成には、明確な経営方針と一貫した仕組みや行動が不可欠である。研究者・技術者がスペシャリスト、プロフェッショナルを志向していく自然の流れとは違った、新しい流れをつくっていく企業努力が求められる。なお、事業創造リーダー育成の具体的な方法論については、前章で述べた通りである。

（6） イノベーションを加速する共創の場づくり

イノベーションの種・萌芽は、個人の思いや創造性によるところが大きい。しかし、個々の研究者・技術者が1人の世界に閉じこもってしまっては、新たな知の融合ができず、魅力的なアイデアを継続的に創出することは難しい。組織的にイノベーションを加速させる取り組みが必要である。

オープンイノベーションやダイバーシティもその取り組みにあたるが、それらに加えて、「共創の場」づくりが重要である。その場を効果的に機能させることによって、異なる価値観や思考方法、才能を融合させ、個人では発想し得ないひらめきやアイデアを生み出すことができる。共創の場づくりのための取り組みには、以下のようなものがある。

第1は、共創の核となる新たなアイデアを個々人が生み出すための時間を意図的に確保することである。前述した3Mの「15%ルール」やGoogleの「20%ルール」、東芝の「アンダー・ザ・テーブル制度」といった、研究者の自由裁量で非公認のテーマにも自らのリソースを活用できるような環境づくりである。

第2は、共創の場を実際に創設することである。リアル（現実）の場としては、前述したアイデア創出会議がある。共創の場を通じ、異なる価値観・思考方法・才能を持つメンバーが、新規事業創造に向けた新たなアイデアを生み出していく。その過程で、ニーズとシーズの融合という強制発想法を活用してみるのも有効である。また、近年では、アイデア創出やビジネスモデル構想のために行うグループ討議を意味する「アイデアソン（Ideathon）」や、開発を加速するための機能連携における検討会を意味する「ハッカソン（Hackathon）」を活用する企業が増えてきている。

（7） 経営トップのリーダーシップ

① 今、求められるイノベーションのリーダーシップ

リーダーシップ理論には様々な体系があるが、総括すると、以下のような大きな流れになる。リーダーシップの概念の源流は、古代ギリシャ時代のプラトンにあるとされる。その後、イタリア・ルネサンス期のマキャヴェッリ（Machiavelli）の『君主論』などを経て、第2次世界大戦の頃まで長らく主流だったのが、「リーダーシップ特性論」である。その基本概念は、偉大なリーダーには、共通する特性があるというものである。その後、リーダーの行動スタイルに着目した「行動論」が台頭していく。1960年代以降になる

と、組織が置かれている内外環境によって、求められるリーダーシップは異なるとする「条件適応理論」が広まっていった。さらに、1980年代以降になると、「変革型リーダーシップ理論」、あるいは、カリスマ（charisma）型とは正反対の「サイレント（silent：静かな）リーダーシップ」、「サーバント（servant：奉仕型）リーダーシップ」といった概念も登場するようになった。

ただ、研究開発の最大の使命は、絶え間ないイノベーションにより魅力的な新製品・新事業を創出し、企業成長に貢献することである。必然的に、イノベーションを誘発し、加速していくリーダーシップが求められる。

② イノベーション・リーダーシップとは

研究開発に相応しいリーダーシップを名づけるならば、「イノベーション・リーダーシップ」となろう。ただ、その実践は難しい。イノベーションは現状を否定する部分を多く含んでおり、個人も組織も、イノベーションへの挑戦を躊躇する方向に進んでしまうからである。特に、大企業では、安定した基幹事業において、成果の見えやすい改善・改良業務に従事したいと考える人材が少なくない。「イノベーションは辺境で起こる」とは、この現状を物語っている。

イノベーション・リーダーシップは、経営トップをはじめ、CTO、研究開発部門長、研究所長といった経営層に求められるリーダーシップでもある。経営層がイノベーションの必要性や期待、具体的な施策を語り、実践活動を支援していくことが必要不可欠である。イノベーションを第一線に100％依存してしまっては、経営層としての価値はない。経営層は、収益の大半を担う基幹事業に意識が集中する傾向にあるが、あえて、企業成長に不可欠な新規事業の創造に、意識と行動の多くを投入すべきである。これまでの成功モデルと異なる不確実性の高い事業に対して、大きな意思決定ができるのは、経営層しかいない。

東レは、長らく収益面で苦境にあった炭素繊維事業を、成長戦略の中核事業とすべく育成し、成功させている。近年では、米Boeing社から航空機向け複合材、独BMWから自動車車体の骨格材の材料として大型受注を獲得するなど、企業収益の柱となっている。ただ、同事業は、1971年に世界で初めて量産化して以降、長らく赤字が続いたといわれる。そういった状況の中でも、撤退せず、長期にわたって地道な研究開発を継続させてきた背景には、歴代経営トップの技術経営に対する強い思いがあったものと推察される。

Apple創始者のスティーブ・ジョブズ（Steve Jobs）は、カリスマ型経営者と考えられている。大型汎用機が全盛の時代に、個人のコンピュータが欲しいと考えた彼は、ガレージでパソコンを開発し、IBMがパソコンに参入すると、「マッキントッシュ」（Macintosh）を開発して対抗した。米XeroxのPalo Alto研究所が世界で初めて実現したマウスと画像モニタを用いたインターフェースも、それを最初に商用化したのはAppleといわれる。さらに、彼は、iPodにより音楽事業の拡大を加速するために、iTunes Music Store（現在はiTunes Store）のコンテンツ充実に向け、自ら音楽業界のトップと楽曲提供の交渉をし、成功させている。その後、この行動が独創的なビジネスモデル構築の礎となった。自ら行動するイノベーション・リーダーシップのケースと考えられる。

イノベーション・リーダーシップの類型は複数あると推察されるが、いずれにおいても、革新的組織風土づくりに対する経営層の強い思いと首尾一貫した行動が必須であることは不変である。

謝　辞

本書は、筆者が、1985年に企業の研究職からコンサルティング職へと、当時では稀有な転職をした後、多くのクライアント企業の方々やJMAC（㈱日本能率協会コンサルティング）の諸先輩・同僚との、コンサルティング実務や研究会を通じて得られた知識や知見をもとに作成している。

これまで筆者に関わっていただいたすべての方に、まず感謝申し上げたい。

その中でも、特に以下の方々（亡くなられた方を含む）には、多大なるご支援やアドバイスをいただいた。あらためて、深く御礼を申し上げたい。

高達秋良氏…日本能率協会における R&D コンサルティング事業の創始者

近藤修司氏…元 JMAC 社長で、筆者の転職の機会を創っていただいた

赤塔政基氏…経営戦略・事業戦略策定の面で、様々なご指導をいただいた

鈴江歳夫氏…R&D コンサルティング事業の再興のリーダーであり、R&D 戦略の実践において多くのご指導をいただいた

大岩和男氏…R&D コンサルティング事業拡大のリーダーであり、筆者の活動機会を多く創っていただいた（現 FMIC 社長）

最後に、出版にあたり絶大なるご厚意とご尽力をいただいた、㈱同友館の鈴木良二氏と神田正哉氏に厚く御礼を申し上げる。

筆者

参考文献

Bartlett, Christopher A. and Sumantra Ghoshal（2007）『個を活かす企業―自己変革を続ける組織の条件』ダイヤモンド社

米国商務省（1999）『ディジタル・エコノミー―米国商務省リポート』東洋経済新報社

Boer, F. Peter（2004）『技術価値評価―R&Dが生み出す経済的価値を予測する』日本経済新聞社

Branscomb, Lewis（1998）"Investing in Innovation", *The MIT Press*, pp.477-478

Branscomb, Lewis ／ Auerwald, Philip（2002）"Between Invention and Innovation", USA : NIST.

Buderi, Robert（2001）『世界最強企業の研究戦略』日本経済新聞社

Chan Kim W. 他（2005）『ブルー・オーシャン戦略』ランダムハウス講談社

Chandler Jr. Alfred D.（2004）『組織は戦略に従う』ダイヤモンド社

Chesbrough, Henry W.（2003）"A Better Way to Innovate", *Harvard Business Review*, 81(7), July, pp.12-14

Christensen, Clayton M（1997）*The Innovator's Dilemma: When New Technologies Cause Great Firms to Fail.* Boston, Mass.: Harvard Business School Press

Christensen, Clayton M / Raynor, Michael E.（2003）『イノベーションへの解』翔泳社

Collins, James C. ／ Porras, Jerry I.（1995）『ビジョナリー・カンパニー 時代を超える生存の原則』日経BP出版センター

Cooper, Robert. G ／浪江一公（訳）（2012）『ステージゲート法』英治出版

Day, George S.（2001）『ウォートンスクールの次世代テクノロジー・マネジメント』東洋経済新報社

Diamond Harvard Business Review April 2010「製造業の使命はイノベーションである」

Diamond Harvard Business Review December 2009「ドラッカーの思考」

Drucker, Peter F.（1985）『イノベーションと企業家精神』ダイヤモンド社

Drucker, Peter F.（2000）『プロフェッショナルの条件』ダイヤモンド社

Elizabeth Haas Edersheim（2007）『マッキンゼーをつくった男 マービン・バウワー』ダイヤモンド社

Gerstner, Louis V.（2002）『巨象も踊る』日本経済新聞社

後藤孝浩（2012）「富士フイルムのR&D変革とマネジメント」Business Research 2012.9・10, pp.10-18

Harvard Business Review Press（2019）『ハーバード・ビジネス・レビュー テクノロジー経営論文ベスト11 テクノロジー経営の教科書』ダイヤモンド社

長谷川克也（2008）「オープンイノベーション時代の技術戦略」『技術と経済』2008-7, pp.11-25

一橋大学イノベーション研究センター（2010）「価値づくりの技術経営 MOT」『ビジネスレビュー』57巻 4 号 , 東洋経済新報社
本多信幸・塚本芳昭（2003）「研究開発プロジェクトの成功・失敗要因分析：地域新生コンソーシアム研究開発事業を対象にした分析結果（ニーズを見据えた研究開発1）」『研究・技術計画学会誌』年次学術大会講演要旨集18巻，pp.465-468
広瀬義州（2006）『知的財産会計』税務経理協会
科学技術・学術政策研究所「科学技術指標2018･2019」
木村壽男（2015）『研究開発は成長戦略エンジン』同友館
木村壽男（2012）「企業の技術戦略策定に向けた技術の棚卸しと評価の 1 アプローチ」『研究技術計画』26（1/2), 2012-09-20, pp.52-61
木村壽男（2009）『開発成長企業の戦略』同友館
木村壽男・澤田芳郎他（2004）「未来志向の産学連携プログラム JMAC ＝京大 IIC 共同事業について」『産学連携学会第 2 回大会講演予稿集』pp.26-27
木村壽男（2002）『研究開発が企業を変える』学文社
Kline, Stephen J ／鴨原訳（1992）『イノベーション・スタイル』アグネ承風社
Kline, Stephen J.（1985）“Innovation is not a linear process,” Research Management, July-August Vol.28, No.4, pp.36-45
Kotler, Philip T.（2017）『コトラーのマーケティング4.0』朝日新聞出版
Kotler, Philip T.（2010）『コトラーのマーケティング3.0』朝日新聞出版
Laloux, Frederic（2018）『ティール組織』英治出版
Levy, Steven（2007）『iPod は何を変えたのか？』ソフトバンク クリエイティブ
前間孝久・魚住剛一郎（2003）「技術経営における技術資源管理に関する一考察（特集 技術経営と産業再生）」三菱総合研究所所報（42), pp.102-113
松居祐一（2008）『連鎖思考による技術価値評価―目利き（VISTA）マップ―』大学教育出版
丸山儀一（2011）『知的財産戦略』ダイヤモンド社
増山博昭（2006）『実践 知的財産戦略経営』日経 BP 出版センター
Miller, William L. and Langdon Morris（1999）“Fourth Generation R&D—Managing Knowledge, Technology, and Innovation”, John Wiley & Sons, Inc.
Mintzberg, Henry（2007）『H. ミンツバーグ経営論』ダイヤモンド社
三宅正之（2005）『知財ポートフォリオ経営』東洋経済新報社
文部科学省「令和元年版科学技術白書」
文部科学省「総合科学技術・イノベーション会議」資料
宗像正幸（1989）『技術の理論―現代工業経営問題への技術論的接近』同文舘出版
村上陽一郎（1986）『技術とは何か』日本放送出版協会
長広仁蔵（1995）『評点法による研究開発の進め方と評価』日刊工業新聞社
（社）日本不動産鑑定協会調査研究委員会鑑定評価理論研究会（2008）『知的財産権の適正

評価システム』住宅新報社
日本能率協会編（1982）『研究開発の評価と意思決定』日本能率協会
日本政策投資銀行技術経営研究チーム（2006）『技術評価で活きるモノづくり経営の勘どころ』金融財政事情研究会
日経情報ストラテジー JANUARY 2012, pp.10-13
西村吉雄（2003）『産学連携』日経 BP 社
丹羽清（2010）『イノベーション実践論』東京大学出版会
延岡健太郎（2010）「価値づくりの技術経営」『一橋ビジネスレビュー』57巻 4 号，pp.6-19
野中郁次郎・清澤達夫（1987）『3M の挑戦』日本経済新聞社
Porter, Michael E.（2018）『［新版］競争戦略論 I 』ダイヤモンド社
Porter, Michael E.（1985）『競争優位の戦略』ダイヤモンド社
Rosenbloom, Richard S. and William J. Spencer ／西村訳（1998）『中央研究所の時代の終焉』日経 PB 社
Roussel, Philip A. 他／田中訳（1992）『第三世代の R&D』ダイヤモンド社
斉藤史郎（2013）「東芝の R&D マネジメント」Business Research 2013.9･10, pp.30-38
産業能率大学テクノロジーマーケティング研究プロジェクト（2004）『テクノロジー・マーケティング―技術が市場を創出する』産能大出版部
Schumpeter, Joseph A. ／塩野・東畑・中山訳（1977）『経済発展の理論〈上〉』岩波文庫
妹尾堅一郎（2009）『技術力で勝る日本が，なぜ事業で負けるのか』ダイヤモンド社
志村幸雄（1996）『日本の産業技術に未来はあるか』NTT 出版
総務省「平成23～25年科学技術研究調査結果」
Steven, Prokesch（2009）「クロトンビルで始まった『チーム学習』GE―LIG プログラム（Feature Articles リーダーシップ 求められる資質）」Diamond ハーバード・ビジネス・レビュー 34(3), pp.22-36
高橋俊介（2004）『組織マネジメントのプロフェッショナル』ダイヤモンド社
高井紳二・宮崎洋（2009）『技術ブランド戦略』日本経済新聞出版社
高山千弘（2012）「エーザイにおける経営理念に基づく知識創造活動」Business Research 2012.1･2, pp.26-34
帝国データバンク（2001）『平成20年度産業技術調査報告書「技術評価による資金調達円滑化調査研究」』経済産業省
寺本義也他（2003）『最新 技術評価法』日経 BP 社
東レ（1999）『時代を拓く：東レ70年のあゆみ』日本経営史研究所
植之原・篠田（1995）『研究・技術マネジメント』コロナ社
浦川卓也（2010）『イノベーションを目指す“実践”研究開発マネジメント』日刊工業新聞社
若林直樹他（2007）「研究職のキャリア・マネジメントと複線型人事制度」京都大学大学院経済学研究科ワーキング・ペーパー，No.J-61

山本大輔・森智世（2002）『入門 知的資産の価値評価』東洋経済新報社
山本尚利・小川康（2006）「技術経営方法論のシステム化—技術評価法の視点から」国際経営・システム科学研究（37），pp.125-136
山之内昭夫（1992）『新・技術経営論』日本経済新聞社

■著者紹介

木村 壽男（きむら ひさお）

熊本市生まれ。1983年京都大学農学部食品工学科卒業。
現在、㈱日本能率協会コンサルティング シニア・コンサルタント。
「技術を核とした経営革新」をメインテーマとし、企業ビジョン・戦略の策定とその実現に向けた研究開発革新、新製品開発力強化、事業戦略・技術戦略策定の分野でのコンサルティング、研修、講演を行っている。

・2004〜2013年　京都大学 産官学連携本部 産官学連携フェロー。
・2010〜2015年　青山学院大学大学院理工学研究科・非常勤講師（研究開発特論）。
・単書に『研究開発は成長戦略エンジン』（同友館）、『開発成長企業の戦略』（同）、『研究開発が企業を変える』（学文社）、『企業ビジョンの実現』（マネジメント社）。共著・その他論文多数。

【連絡先】
・E-mail：hisaok3489@icloud.com
・携帯電話：080-5680-0177

2020年1月20日　第1刷発行

研究開発を変える
―イノベーションによる成長戦略の実現

著　者　木村　壽男
発行者　脇坂　康弘

発行所　株式会社　同友館
東京都文京区本郷3-38-1
郵便番号　113-0033
電話　03(3813)3966
FAX　03(3818)2774
https://www.doyukan.co.jp/

落丁・乱丁本はお取替え致します。　藤原印刷

ISBN 978-4-496-05446-4　Printed in Japan